세계의
교사

세계의 교사

특별한 선생님은 어디에나 있다

초판 1쇄 발행 2024년 5월 16일

지은이	안드리아 자피라쿠
옮긴이	장한라
펴낸이	이영선
책임편집	김선정
편집	이일규 김선정 김문정 김종훈 이민재 이현정
디자인	김회량 위수연
독자본부	김일신 손미경 정혜영 김연수 김민수 박정래 김인환

펴낸곳 서해문집 | 출판등록 1989년 3월 16일 (제406-2005-000047호)

주소 경기도 파주시 광인사길 217 (파주출판도시)

전화 (031)955-7470 | 팩스 (031)955-7469

홈페이지 www.booksea.co.kr | 이메일 shmj21@hanmail.net

ISBN 979-11-92988-62-7 03370

특별한 선생님은
어디에나 있다

세계의
교사

안드리아 자피라쿠 지음
장한라 옮김

서해문집

모든 곳의 모든 선생님께 바칩니다.

들
어
가
며

인생을 바꾼 사람이 누구냐는 질문을 던진다면, 여러분은 가장 먼저 선생님을 떠올릴 것이다. 나는 똑같은 질문을 던지면서 대중 강연을 시작하고는 하는데, 그 자리에 앉은 사람들이 동의한다는 뜻으로 너나없이 손을 들기 때문에 이를 잘 알고 있다. 교육자, 문제 해결사, 들어주는 사람, 창작자, 보살펴주는 사람, 지도자, 지지자, 그리고 믿어주는 사람에 이르기까지, 다면적인 역할을 도맡는 이타적인 사람이라고 할 수 있는 선생님은 청소년들에게, 그 가족에게, 또 그보다 넓은 사회에 오래 긍정적인 영향을 끼칠 수가 있다. 우리는 오랫동안 이들을 떠올리고 존경하고 기념하기도 한다.

그렇지만 이는 양방향으로 이뤄지는 일이다. 최고의 선생님은 한편으로는 학생들에 의해 만들어지기도 한다. 인생에서 가장 중요한 교훈을 선생님들에게 가르쳐주는 학생들 말이다.

바로 여기에서 나는 이 책을 쓸 영감을 얻었다. 세계의 빼어난 교육자들의 목소리를 모으고 싶었고, 선생님들에게 변화를 불러일으킨 학생들의 이야기를 들려달라고 청하고 싶었다. 직업인으로서든 개인적으로든 말이다. 이런 교훈은 선생님으로서 이를 배우는 데 그치지 않고, 부모가 자신의 아이를 더 잘 이해할 수 있게 해주며, 또 어른들이 청소년들과 의사소통을 잘 할 수 있게 해준다. 집에서건, 사회에서건, 일터에서건 그렇다.

이 책을 쓰면서 어떤 이들에게 말을 걸어야 할지 정확히 알고 있었기에 나는 운이 좋았다. 2018년 나는 '세계의 교사 상(Global Teacher Prize)'을 받았다. 175개 국가에서 선발된 후보자 3만 3000명 가운데서 내가 말이다. 이 상은 매년 바키(Varkey) 재단에서 수여하는 것으로, 교사라는 직업에 빼어난 헌신을 보여준 걸출한 선생님에게 주어진다. 수상은 내게 매우 중요한 순간이었다. 상은 나를 겸손하게 만들어주었으며, 전 세계의 교육을 더 깊이 들여다보도록 했고, 음지의 이름 없는 영웅인 선생님들에게도 빛을 비춰주었다. 이 상 덕분에, 그리고 스무 해 동안 이어온 일 덕분에, 나는 매우 경이로운 선생님들을 만났다. 그리고 그 가운데 서른 명을 이 프로젝트에 초대했다. 이들 선생님이 교실에서 어떤 경험을 했는지 탐구하고, 또 청소년들과 일하면서

들어가며

발견해낸 놀라운 진실을 드러내고 싶었다.

　선생님들은 저마다 일터에서 어려운 과제에 맞닥뜨린다. 커리큘럼, 문화적 터부, 인종차별, 아이를 방관하거나 과잉보호하는 부모, 정신 질환, 부패, 소녀 인권, 여러 세대에 걸친 트라우마, 흉기를 이용한 범죄, 부족한 재정, 전쟁으로 파괴된 나라에서 가르치는 일이건 간에 말이다. 이들의 고유한 이야기로 마음이 찢어지고, 경악스럽고, 때로는 우습고, 또 고통스럽지만, 언제나 나는 영감을 받는다. 그리고 선생님들과 이야기를 나누며 그 목소리를 여기에 기록한 건 매우 영광스러운 일이었다. 선생님들은 모두 똑같은 언어를 쓰지는 않았지만, 교육에 헌신하고 학생들의 안녕을 위한 마음은 하나였다. 어느 작은 마을, 어느 나라, 어느 대륙에 있건, 또 어떤 학교든, 그 안으로 들어가면 마치 고향에 온 것처럼 편안하리라는 것을 나는 잘 알고 있다.

　동료 선생님들에게 영향을 주었던 학생들에 관해 알려달라고 했으니, 내 이야기도 함께 꺼내어 포문을 여는 것이 맞겠다는 생각이 든다. 알바로라는 남자아이. 진짜 이름은 아니다. 이 책에 나오는 학생들의 이름은 신원을 보호하고자 모두 가명으로 바꾸었다. 알바로는 중학교 3학년 말, 그러니까 열네 살 때 우리 학교로 전학을 왔다. 알바로는 특수학교에서 전학을 왔는데, 그의 부모님은 알바로가 중등교육 자격 검정시험으로 이어지는 일반적인 교육을 받았으면 했지만, 그 시험을 통과하리라는 기대는 전혀 하지 않고 있었다. 알바로는 말을 하고 싶지 않을 때면 입을 닫았고, 배우는 데 어려움이 있었으며, 내가 맡은 미술 수업에 들어오지 않겠다고 했다. 젊었던 나는 내가 알바로를 바꿀 수 있다고 생각했지만, 수업을 몇 번 한 뒤 그를 가르치는 일에 절절매게 되었다. 학교 환경이 알바로에게 얼마나 트라우마를 남겼는지는 알 수 있었지만, 알바로와 소통하기가 어려웠다. 어떻게 나아가야 할지 알 수 없었다.

2주쯤 뒤, 여느 때처럼 알바로가 아무것도 하지 않던 수업 시간이 끝난 무렵, 모두가 자리를 뜨는 동안 나는 교실 앞자리에 앉아 있던 아이 두어 명과 이야기를 나누고 있었다. 그때 알바로가 내 책상 위에다 무언가를 올려두고는 문으로 달려가는 게 시야 한쪽 구석에 잡혔다. 나는 소리를 치며 멈추라고 했다. 알바로가 교과서에서 찢어낸, 줄이 그어진 종이 한 장 위에다, 내가 이제껏 본 것 가운데 가장 놀라운 기타 그림을 그려두었다. 나는 기뻐 어쩔 줄을 몰랐다. 알바로도 할 수 있었다! 더 엄청난 건, 알바로가 스스로 하고 싶은 것이 있었다는 점이다! 내가 알바로를 도와줄 수 있겠다는 생각이 들었다. 나는 알바로의 그림이 뛰어나다고 칭찬해주었고, 알바로는 그저 나를 쳐다보았다. 그 회색 눈에는 놀라움이 가득했다. 나는 알바로의 책가방에 미술 도구와 종이를 채워주고, 다음 주까지 다섯 가지를 그려 오라고 했다.

들어가며

다음 수업 시간에 알바로는 그림을 그려 왔다. 나는 그 그림을 반 아이들에게 보여주었고, 아이들은 진심으로 기뻐하며 알바로를 축하해주었다. 알바로의 자신감과 자기 작품에 대한 자부심은 빠르게 성장했다. 중등교육 자격 검정시험에서 D 등급을 받고 알바로와 부모님은 신이 났다. 나도 물론 신이 났지만, 시간이 조금 더 주어진다면 더 좋은 결과를 내리라고 확신했다. 알바로는 대학 입시 과정을 계속 이어나갔고, 예술과 사진 과목을 A 등급까지 올렸으며, 두 과목 모두 A 학점을 받았다.

알바로의 여정에서 가장 아름다운 대목은 알바로가 얻어낸 자격이 아니라, 그가 어떻게 바뀌었는가다. 알바로는 종종 내 교실에 들어와 뒤쪽에 자리를 잡고는 자기 작업에 착수했다. 알바로보다 어린 학생들이 있을 때 그들이 알바로와 이야기를 나누기도 해서 알바로를 방해하지 말라며 언질을 주고는 했지만, 마음속으로는 알바로가 바뀌어가는 모습을 보면서 신이 났다. 알바로는 학교 공동체의 중요한 일부가 되었고, 심지어는 학교 행사에서 공연을 할 만큼 자신감을 얻었다. 알바로는 자신의 열정을 찾아냈고, 그 과정에서 내게 가르침을 주었다. 학생들을 향한 기대치를 낮추거나 겉보기로만 판단하지 말고, 그 아이들이 어떤 사람인지, 또 어떤 걸 할 수 있는지를 드러내도록 시간과 공간을 충분히 내어주는 법을 말이다.

관계를 쌓고 또 교육을 통해 학생들의 여정을 뒤따라가며 나는 매일 학생들에게서 무언가를 배운다. 최근에 제이콥이라는 학생 덕분에 이 사실을 다시금 되새겼다. 제이콥은 미술 시간을 힘들어 하던 학생이었다. 제이콥이 미술 시간에 참여하게끔 할 수가 없었고, 많은 선생님이 그를 가르치기 어렵다고 했다. 수업 시간에 과제를 하려고 시도했지만, 얼마 지나지 않아 자기 작품을 찢고 스스로를 '쓰레기'라고 했다. 제이콥의 자신감과 자존감이 깎여나가는 게 느껴졌다. 그건 제이콥에게도, 내게도 진이 빠지는 일이었다. 정체성에 관한 새로운 과제를 시작했을 때, 이 과제는 너무 사적인 것이어서 제이콥에게 유독 더 힘들 것이라고 예상했다. 분명 애를 쓰며 힘겨워할 것이라 여겼다. 나는 제이콥이 그 어떤 부담도 느끼지 않기를, 그저 주제를 과감하게 다루고 과정을 즐기기를 바랐다.

제이콥은 미국의 예술가 장-미셸 바스키아를 떠올리게 하는 작품을 완성해냈다. 기발한 날것의 작품이었다. 나는 그에게 장-미셸이 어떤 사람인지를 컴퓨터에서 찾아 보여주었고, 제이콥은 그렇게 비교된 것에 황홀해했다. 수업에 들어오라며 열심히 꼬드겨야 했던 제이콥은 이제 작품에 집중하며 다작을 하는 예술가로 변모했다. 제이콥은 자신의 작품이 중요하다는 사실을, 그리고 다른 학생들과 마찬가지로 자신도 그 자리에 있을 자격이 있다는 사실을 깨달았다. 어떤 청소년은 스스로 엄청난 외톨이라고 느낀다. 그래서 어떨 때는 아주 단순한 일로도, 또 때로는 그보다 커다란 깨달음의 순간이 그들의 인생 경로를 바꾸도록 만든다. 우리 선생님들은 무엇이 이런 변화를 촉발하는지 잘 알지 못하더라도, 그런 변화가 벌어질 때를 제대로 활용해야 한다.

　이런 점이 이 책에 담겨 있는 동료 선생님들의 통찰력 넘치는 고찰 속에서도 공명한다. 선생님들은 수없이 많은 방식으로 학생들과 연결되는 방법을 찾아낸다. 학교에 라디오 방송국을 세운 아르헨티나의 마르틴 살베티 선생님처럼, 학생들을 공동체 재생 프로젝트에 참여시킨 스코틀랜드의 데이비드 미첼 교장 선생님처럼, 또는 학교를 호그와트로 바꾸어 한 주 동안 '해리 포터'를 주제로 수업을 진행하는 캐나다의 아르망 두세 선생님처럼 말이다.

　이렇게 가르치려면 어마어마하게 많은 에너지, 창의력, 추진력이 필요한 데다, 전통적인 학교 구조에서 벗어나 근무시간 외에 일할 용기도 필요하다. 학생들에게나 선생님들에게나 '용기'는 이들을 관통하는 중심 주제다. 이를테면 남아프리카공화국의 매저리 브라운 선생님과 영국의 앤드루 모패트 선생님의 용기 있는 싸움이라든가, 미국의 에스더 워치스키 선생님과 브라질의 레티시아 라일 선생님의 개성적인 교육 방식에서도 이를 볼 수 있다. 영국의 하워드 프리드 선생님과 인도의 스와루프 라왈 선생님은 아이들을 어엿한 개인으로 대하며, 학생이 스스로 선택할 수 있게 해주어야 한다는 사실을 부모에게 일깨운다. 케냐의 피터 타비치 선생님은 포기하지 말아야 한다는 것을 이야기하며, 캐나다의 매기 맥도넬 선생님은 자신을 더 나은 사람으로 만들어준 학생들의 이야기를 들려준다. 뭐니 뭐니 해도, 이들 선생님 하나하나는 자신들이 가르치는 아이들을 존중하고 믿는다.

이 책은 선생님을 위한 지침서처럼 보일 수도 있지만 사실, 교실에 필요한 해결책을 내놓는 것을 훨씬 넘어서서 용기, 희망, 사랑을 탐구하는 책이다. 살아가면서 아이들을 더 잘 이해하고 아이와 소통하고 싶은 부모와 어른에게 필요한 태도, 전략, 아이디어, 생각을 담고 있는 귀중한 원천이다. 여러분이 어떤 이유로 이 책을 손에 집어 들었든지, 필요한 것을 이 속에서 얻어가기를 진심으로 바란다.

안드리아 자피라쿠

큰 그림의 일부가 되는,
아름다운 용기

모든 아이가 회복력 있는
사람으로 자라나길

눈앞에서
아이가

피어나는
모습을

보았어요

나는 눈앞에서
아이가 피어나는 모습을
보았어요

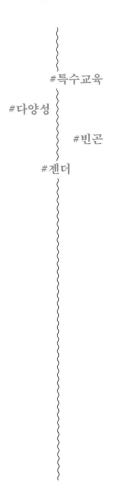

#특수교육

#다양성

#빈곤

#젠더

나디아 로페즈

45세, 뉴욕, 미국

아이들이 세상에 나아갈 준비를 하도록 아이들에게
경험을 선사해줘야 한다고 굳게 믿어요. 자율적으로
살아간다는 게 어떤 의미인지 탐구하는 것을 가로막는
장벽 같은 것 없이 말이에요.

학생 시절, 나디아는 수학이라면 질색이었다. 수학이라는 과목은 나디아를 불안하게 했고 수업에 집중할 수 없게 만들었다. 선생님은 나디아가 힘들어한다는 걸 알아채지 못했다. 그렇지만 나디아가 특수교육 교사가 되어 모든 과목을 가르칠 자격을 얻었을 때, 그를 매료시킨 건 바로 수학이었다. 그는 수업 시간에 애를 먹는다는 게 어떤 느낌인지를 잘 알고 있었고, 비단 학생들만이 아니라 그런 학생들을 가르치는 법을 알아야 할 선생님들도 돕고 싶었다. 이런 마음은 나디아를 뉴욕 브루클린에서 선생님이자, 교장이자, 코치이자, 멘토로 20년 동안 일하도록 한 바탕이 되었다.

특수교육은 대개 부정적인 이미지와 결부되어 있다. 이는 다양한 학습 영역에서 어려움을 겪는 학생들을 드러나게 하고, 겉보기에 더 능력이 많다고 여겨지는 또래 친구들과 구별되게 한다. 나디아는 이런 모습을 직접 목격했는데, 선생님으로서도 그렇고, 주변화된다고 느꼈던 학생들을 통해서도 그랬다. 학생들은 자신들이 아무것도 할 수 없다는 이야기를 들어왔다. 나디아는 이 시스템이 잘못되었다는 걸 증명하겠다고 결심한다.

"이 청소년들은 다른 사람들이 붙이는 꼬리표에 반응하고 대응할 거예요. 학생들이 제멋대로 구는 이유는, 충분히 시간을 들이며 그들과 이야기를 나누고 그들을 알아가려는 사람들이 없었기 때문이죠. 아이들이 저마다 탁월하고, 다른 방식으로 배울 수 있고, 그러면서도 어마어마한 재능을 보여줄 수 있다고 말한 사람이 단 한 명도 없었어요. 제가 이런 생각을 갖고 있었기 때문에 저는 방해꾼 취급을 받았죠. 이 분야 전문가들이 '당신은 할 수 없을 것'이라고, 또는 '아이들은 할 수 없을 것'이라고 말한 바로 그 일을 하려고 달려들었으니까요."

학생들이 자신만의 탁월함을 알 수 있도록 하는 것이 나디아의 가장 큰 목표이자 위대한 성취였다. 그는 아이들에게 불리한 조건이 잔뜩 쌓여 있다는 것을 잘 알았다. 아이들은 흑인, 라틴계, 방글라데시 공동체 출신이 많았으며, 그들 가족 가운데 40퍼센트 이상은 빈곤선 이하의 생활 수준을 영위하고 있었다. 그가 가르친 아이 중에는 트라우마와 정신 질환 문제를 겪는 경우도

많았다. 학대, 보호소 생활, 강제로 보육원에 보내진 것이 원인
이다. 나디아는 이런 학생들을 돕는 전반적인 서비스를 구축하
고, 학교 운영 시간을 연장했다. 월요일부터 토요일까지, 그리고
저녁 6시까지 학교를 열어두었다.

나디아는 부모들이 학교에 관해 품고 있는 양면적인 감정을
분명하게 알고 있었다. 아이들에게 가장 좋은 것을 선사해주고
싶은 마음 한편으로, 나디아가 하려는 일이 때로 부모들 자신의
부족함을 전면에 드러낼 수도 있었기 때문이다. 이들 부모는 학
생 시절 자신들을 저버렸던 시스템에도 의심을 품고 있었다. 이
들이 경험한 학교란 곧 자신들을 신경 쓰지 않는 기관이었다. 나
디아가 부모들과 신뢰를 쌓는 데는 시간이 걸렸고, 또 그러고 나
서도 정기적으로 부모들을 위로하고 안심시키고는 했다.

"부모들에게 이렇게 얘기했어요. 위협을 하려는 게 아닐뿐더
러, 그들이 이 세상에 내놓은 가장 소중한 보물을 내가 다룰 수
있게 해주어 고맙다고요. 우리 부모도 이민자였고, 그분들이 내
게 주었던 유일한 가치는 바로 교육이라는 얘기를 한 것도 중요
했죠."

그는 부모들이 교육과정에서 겪어온 길에 관해서도 함께 이
야기를 나누었다. 많은 부모가 자신의 아이 나이 무렵에 중퇴를
한 경험이 있었다. 그러니 아이들이 계속 학교에 다니면서 좋은
결과를 보인다는 사실 자체로 그들에겐 크나큰 성취였다. 나디

아는 부모가 활동에 참여하도록 끌어들였고, 수학여행 때도 자원봉사자로 함께하도록 독려했다. 어떨 때는 부모가 어릴 때 배우지 못했던 것을 가르쳐주기도 했다.

나디아는 사샤를 떠올렸다. 졸업한 직후에 나디아를 찾아와 도움을 줄 수 있겠냐고 물어보았던 학생이었다. 사샤는 자신의 어머니가 문맹인데, 자기가 대학을 가게 되면 글을 읽어줄 사람이 없어 어머니를 두고 떠나기가 걱정된다고 했다. 나디아는 사샤의 중학교 1학년 때 선생님과 이야기를 나누었고, 그분은 기꺼이 사샤의 어머니와 일대일 수업을 해주겠다고 했다.

"우리는 사샤의 어머니를 학교로 불러서 딸과 함께 자리에 앉으시라고 했죠. 사샤는 자기 엄마가 교육을 얼마나 중요한 1순위로 삼았는지를 감동적으로 이야기해주었어요. 이제는 엄마가 배울 차례라고, 엄마가 무언가를 배우는 혜택을 누렸으면 좋겠다고 했어요. 열여섯 살짜리 학생이 교육을 가치 있게 여기고, 또 교육의 힘을 엄마와도 나누고자 하는 모습을 보니 멋졌어요. 수업은 성공적이었고, 어머니는 읽는 법을 배우셨죠."

처음에는 선생님으로, 또 그 뒤에는 교장 선생님으로 나디아가 만들어낸 것은 성공을 스스로 규정하고 이를 축하하는 공동체였다. 이 공동체는 학생들이 배움을 진지하게 여기게끔 북돋아주고, 서로에게 책임을 지도록 힘을 실어주었다. 오랜 시간을 거치는 동안 나디아의 마음속에 머무는 학생이 많아졌다. 나디

아가 교사 일을 시작한 지 3년째 되던 해에 만났던 수줍음 많은
니카처럼 말이다. 니카는 학생 열두 명, 선생님 한 명, 도우미 한
명으로 이뤄진 가장 제약이 많은 특수교육반에 있다가, 나디아
와 다른 선생님이 협동해서 운영하는 다음 단계의 반으로 옮겨
왔다.

"니카는 멋을 부렸어요. 옷과 운동화를 보면 알 수 있었죠. 그
렇지만 말을 하는 법이 없었어요. 수업 시간에 니카를 바라보면,
무언가 말을 하고 싶어 한다는 건 알 수가 있었는데 매번 단념하
고는 했죠. 그런데 어느 날, 사고가 일어났어요. 너무 사소한 사
고여서 어떤 것인지도 기억이 안 나는데, 그 사고를 처리하려고
했죠. 그러는데 니카가 울기 시작했어요. 밖으로 데려가 무슨 문
제가 있느냐고 물었죠. 니카가 뭐라고 했는지 아세요? 이렇게
말했어요. '사람들이 한 번도 내게 관심을 준 적이 없어요.' 니카
는 자기에게 그렇게 관심을 기울여주는 사람에게 배워본 적이
없었던 거예요."

예전에 있던 반에서는 니카가 유일한 여학생이었는데, 그 반
선생님은 반 아이들을 통제하기가 불가능하다고 생각했다. 그
래서 니카는 종일 남자아이들과 싸우며 지냈다. 남자아이들은
니카에게 부적절하게 다가가거나, 아니면 놀리는 게 전부였다.
니카의 학교생활은 일종의 전쟁 지역에 있는 것과도 같았기에,
무언가를 배울 만한 시간이 거의 없었다. 그렇지만 나디아의 반

나는 눈앞에서 아이가 피어나는 모습을 보았어요

에서는 학생들이 누군가를 놀리거나 건드리는 게 허락되지 않았다. 그리고 대개 툭하면 주먹다짐으로 이어지고는 하는, 장난 삼아 싸우는 일 역시 금지되었다. 구체적인 원칙이 있었고, 나디아는 그 규칙을 실행했다.

"니카는 교실에 있는 게 무섭지 않은 건 처음이라고 얘기했어요. 니카의 엄마는 이제 니카에게 억지로 학교 가라고 할 필요가 없어졌다고 했죠. 실제로도 집에 돌아가면 니카는 학교에서 있었던 일을 말하고 또 책을 읽었어요. 점심시간이 되면 니카와 니카가 새로 사귄 친구 스테파니가 다른 여자아이들에게 춤을 가르쳐주고는 했어요. 나는 눈앞에서 이 아이가 피어나는 모습을 보았고, 내 교사 생활에 엄청난 전환점이 되었죠. 한 아이가 학교에서 경험하는 것의 깊이를 그렇게까지 깨닫지는 못했었고, 그런 경험이 아이의 미래를 깨부수거나 혹은 만들어낼 수 있다는 것도 몰랐어요. 니카는 스스로 주도성을 키웠고, 자신이 어떤 대접을 받는지를 알았어요."

니카가 반을 옮겨서 자신에게 관심을 기울이는 선생님을 겪어보지 못했더라면 학교를 중퇴했을지도 모른다고 나디아는 생각한다. 나 역시도 같은 생각이다. 계속 자신을 방어하느라, 구체적인 교육적 요구를 충족시켜주는 배움에 집중하기가 너무 힘들었을 것이다. 그렇다면 니카는 어떻게 됐을까?

"니카는 정말 뛰어났어요. 몇 년 뒤 니카를 만났는데, 시티 칼리지(City College)에 가서 학위를 딸 계획이라고 했죠. 그 대화는 나를 크게 뒤흔들었어요. 그 순간이 말이죠."

이 얘기를 들으며 나는 소름이 돋았고, 나디아가 선생님으로 일해온 중에 이 순간이 어째서 결정적이었는지를 알 수 있었다. 이 경험은 학생들을 자세히 살피는 일이 얼마나 중요한지를 보여줄 뿐만 아니라, 선생님과 학생이 맺는 좋은 관계란 단순히 우리가 어림짐작하는 무언가로만 그치지 않는다는 것을 알려주었다.

"중요한 건, 우리가 다른 사람과 관계를 맺을 때처럼 아이들에게도 많은 시간을 할애해야 한다는 점이에요. 아이들을 상대로 할 때 우리는 조바심을 내고, 아이들이 우리를 잘 알지도 못하는데도 마음을 열기를 바라죠. 어른들 사이에서는 그런 일이 벌어지지 않는데, 대체 왜 아이들에게 그런 걸 기대해야 하나요? 아이들의 신뢰를 먼저 얻지 않고 마음을 열어주기를 기대할 수는 없는 거예요."

나디아는 가장 다가가기 어려운 학생들과도 관계를 맺는 법을 발전시켰다. 어떻게 말을 걸어야 할지, 또 언제 말을 걸어야 할지 이 학생들에게서 많은 것을 배웠다. 학생이 말하기를 꺼린다면, 나디아는 그 학생을 자기 교무실로 불러 TV를 틀어주거나 책을 건네주었다. 그리고 종이도 한 장 주었다.

"내 방을 어떻게 갖춰두었냐 하면요, 학생들이 만든 작품, 우리 가족사진, 글귀를 벽에 붙여두었어요. 내가 어떤 사람인지를 보여주는 것이었죠. 이렇게 내 공간으로 불러들인다는 건 곧 학생들을 믿는다고 얘기하는 것과 다름없었어요. 학생이 앉아 있을 동안 일을 좀 하고 있겠다고 얘기를 했죠. 종이는 학생들이 어떤 문제가 있는지 쓸 준비가 되었다고 느낄 때를 대비해서예요. 얘기할 준비가 되었을 때 알려달라고 했죠. 학생들에게 말을 하라고 시킨 적은 한 번도 없어요."

이런 접근 방식이 지닌 힘을 알려준 카터라는 학생이 있었다. 카터의 가정환경은 녹록지 않았다. 감옥에 다녀온 적이 있는 아버지는 위협을 일삼았다. 카터는 아버지의 거친 행동을 그대로 따라 했고, 제 무리의 친구들과 함께 건들거리며 학교를 돌아다녔다. 어느 날 오후, 나디아는 계단에서 울며 벽을 발로 차는 카터를 발견했다.

"카터를 빈 교실로 데려가 무슨 문제가 있는지 물었어요. 그렇지만 얘기하지 않으려 했죠. 그래서 종이를 한 장 줬어요. 카터가 본인이나 다른 사람을 해칠까 봐 걱정되니 이대로 학교 밖으로 내보낼 수 없다고 얘기했어요. 하지만 무엇 때문에 힘든지 적어준다면 내가 도와줄 수 있다고 했죠. 카터는 딱 세 마디를 썼어요. '나는 남자를 좋아해요.' 그러고는 아버지에게는 절대로 얘기하지 말라고 했어요. '그러면 아버지는 절 죽일 거예요'라고 말했죠."

나디아는 제일 먼저 있는 그대로의 카터를 사랑한다고 얘기해주었고, 이 사실을 알려줘서 고맙다고, 그리고 카터가 인생이 끝난 것처럼 생각하지 않았으면 좋겠다고 했다.

"학교에 혹시 좋아하는 아이가 있느냐고 물어봤어요. 카터는 있다고 했지만, 그렇다고 무슨 행동을 할 수는 없다고 했죠. 그저 남자아이들과 같이 있을 때 가장 행복하다고 느낄 뿐이었어요. 나는 잘 알겠다고 했죠. 그리고 나와 있을 때는 안전하다는 걸 알았으면 좋겠다고 했어요. 어떤 일이든 의논할 수 있다고요. 적당한 때가 되면 카터가 아버지에게 얘기하는 걸 도울 수 있을지도 모른다고요."

졸업하기 전, 카터는 자신이 졸업식 때 연설을 할 수 있을지 물었다. 카터는 무언가 할 말이 있는 것 같았다. 자기 아버지만이 아니라 모든 부모에게, 자기 자식을 독립적인 개인으로 바라봐야 한다는 얘기를 말이다. 나디아는 전율을 느꼈다.

"카터가 연설 중에 커밍아웃하지는 않았지만, 카터에 관해 아는 사람이라면 카터가 무슨 말을 하는지 똑똑히 알았을 거예요. 카터는 젠더 고정관념에 순응하지 않거나 자신의 정체성을 찾아나가고 있는 친구들과 작은 무리를 이루고 있었고, 그 친구 모두를 대신해 말했죠. 정말이지 강력했어요. 연설이 끝나고 카터는 울음을 터뜨리며 나를 끌어안았고, 카터의 아버지가 찾아와 정말 훌륭한 연설이었다고 말했어요. 우리 선생님들의 행동이 누군가의 목숨을 구하거나 인생을 바꿀 수 있어요."

아이들은 자기 부모보다 선생님에게 더 쉽게 이야기를 꺼내는 것 같다. 아마도 부모가 어떻게 반응할지 걱정이 되거나, 가족의 기대가 너무 크거나, 부모를 화나게 만들까 봐 두려워서 그러는 것 같다. 어떨 때는 가족에게 망신을 안겨 사람들이 피해 다니게 만들거나 부모의 고국으로 쫓겨날까 봐 걱정하기도 한다. 부모가 이런 얘기를 듣는 게 쉽지 않을 거라는 건 잘 알지만, 과연 우리는 아이들에게 마음을 열려는 의지가 얼마나 있을까? 아이들에게 그들이 하는 일이 죄다 잘못되었다는 기분을 안겨주지 않으면서 말이다.

우리는 말을 걸지 않음으로써 아이들이 입을 열도록 힘을 실어주는 법을 배워야 한다. 우리는 본능적으로 빨리 답을 듣고 문제 해결로 나아가려고 하는데, 그럴 것이 아니라 인내심을 갖고 신뢰와 진솔함이 깃들 수 있는 환경을 만들어내야 한다. 이를테면 자신의 정체성에 관해 고민하는 아이에게는 자신이 어떤 걸 느끼는지 탐구할 공간이 필요하다. 입을 다물도록 만들거나, '그렇게 하지 말라'고 설득하거나, 비판을 하기보다는 말이다. 이는 나디아가 곧잘 맞닥뜨리는 문제이기도 하다.

"부모는 아이의 잘잘못을 따지는 걸 그만두어야 해요. 이건 다만 아이가 고유하고, 아름답고, 빛나고, 각별한 일일 뿐인 거죠. 부모는 아이가 어떤 걸 바라는지를 결정할 수가 없어요. 그렇지만 아이가 사랑받는다고 느끼고, 또 부모가 어떤 조건도 따지지 않고 아이를 위한다면 바람직한 관계를 만들어나갈 수 있어요. 중요하게 따져봐야 할 건 오직 이 한 가지뿐이에요."

나디아는 상황이 얼마나 나빠질 수 있는지, 또 학생들이 불행할 때 자기 자신에게 얼마나 심각한 위협이 될 수 있는지를 직접 목격했다. 자해와 마약 남용 등등 말이다. 나디아는 학교의 규칙과 전통을 지켜나가면서도 모두를 포용하는 환경을 조성하려고 열심히 노력했다. 물론 그렇게 하기가 늘 쉽지만은 않았다. 화장실(나디아는 성별 이분법적이지 않은 성인용 화장실을 지정했다)이나, 졸업식 가운 색깔(여자아이는 보라색을, 남자아이는 검은색을 입었다)이나, 학생 개개인을 지칭하는 대명사(남성형 여성형 구분 없이 모두를 '학도'라 부르기로 합의했다) 같은 사안에 관해서도 말이 많았다.

"젠더 고정관념에 순응하지 않는다는 것이 어떤 의미인지, 또 그것이 사회적으로나 정서적으로나 어떤 의미인지 처음엔 잘 몰랐어요. 그래서 이 사안을 콕 집어 다루는 단체를 찾았고, 이 단체가 학교에 찾아와 직업 훈련 프로그램을 진행하고, 또 알맞은 학생들을 대상으로 소규모 단체 활동을 했어요. 이 분야에서 우리 교육 시스템이 얼마나 멀리까지 나아갈 수 있는지 한계를 밀고 나가보았죠. 다양성이나 포용이라는 말을 많이 하지만, 그게 과연 학교 울타리 안에서는 실제로 어떤 모습을 보일까요?"

그 모습이 어떨지는 선생님마다 생각이 다를 수 있다. 나디아에게는 바로 아이들이 자기가 있을 공간이라고 느끼도록 만들어주는 것이다. 아이들이 환경에 잘 스며들고, 만약 그러지 못할 때면 목소리를 낼 수 있어야 한다고 나디아는 생각한다. 목소리를 낸다고 해서 벌을 받는 일이 없어야 함은 물론이다. 학교는 대개 아이들이 가족 외에 바깥세상을 처음으로 경험하는 곳이며, 능력을 죽이는 게 아니라 아이들이 능력을 키우며 성장하고 꽃을 피우도록 해줘야 하는 공간이다.

"아이들이 세상에 나아갈 준비를 하도록 아이들에게 경험을 선사해줘야 한다고 굳게 믿어요. 자율적으로 살아간다는 게 어떤 의미인지 탐구하는 것을 가로막는 장벽 같은 것 없이 말이에요. 그러니까 내 생각에는, 우리 선생님들은 여러 면에서 우리 부모와 부모의 영향력을 대리한다고 봐요. 긍정적이건 부정적이건 말이에요. 우리는 그 점을 잘 인지하고 똑같은 실수를 아이에게 반복해서는 안 되죠. 그래서 계속 소통할 수 있도록 열려 있어야 해요."

부모로서 자리를 지킨다는 것은 중요한 일이며, 이 사실을 계속 되새겨야 한다. 이 점은 놓치기가 쉽다. 나디아는 딸 덕분에 이 사실을 깨우쳤다. 나디아의 딸은 어렸을 때 엄마의 직업에 화를 냈다. 조금 더 큰 뒤에야 딸이 느꼈던 감정에 관해서 조금 더 솔직하게 이야기를 나눌 수가 있었다.

"다른 아이들과 너무 오래 시간을 보내서, 우리 딸은 그것 때문에 힘들어했어요. 딸은 내가 학생들을 더 많이 사랑한다고 생각했죠. 학생들과 오랫동안 시간을 보내고, 학생들에게 무언가를 사주고, 학생들과 얘기를 많이 나누었으니까요. 그때를 돌이켜보며 딸은 자기가 자라면서 다른 학생에 비해 얼마나 많은 것을 누렸는지를 깨달아요. 딸이 어떤 뜻으로 말한 것인지는 알았어요. 딸에게 충분히 시간을 내어주지 못했던 거죠. 딸은 다른 아이들이 있는 내 공간에 들어와 있었지만, 나는 딸이 원하는 공간에 딸과 함께 있지 못했어요. 그래서 이제 나는 딸의 공간에 확실히 들어가죠. 내가 배워야 했던 건 바로 그거예요."

이누이트 학교와
자전거 도둑

#토착민

#공동체개발

#생존자

#대안교육

매기 맥도넬

노바스코샤, 캐나다

나는 아이들의 현실을 다 아는 전문가가
될 수는 없어요. 그렇지만 아이들과 함께
꿈을 꾸는 전문가는 될 수 있죠.

살루이트는 캐나다 퀘벡주 누나빅의 북극 지역에 있는, 비행기로만 갈 수 있는 이누이트 공동체다. 기온은 영하 60도까지 떨어지고, 겨울은 여덟 달 넘게 이어진다. 허드슨 베이 근처에 자리한 이곳은 빠르게 증가하는 이누이트 인구 2000여 명의 삶의 터전이다. 이누이트는 이 지역에 1만 5000년 넘게 살아온 토착 집단이다. 그러나 식민주의 때문에 최근 몇 세대에 걸쳐 크나큰 격변을 겪었다. 파노라마처럼 펼쳐진 툰드라도, 또 많은 주민이 가슴속에 묻어두고 결코 잊지 못하는 식민지 시기의 트라우마도 우리의 숨을 멎게 한다. 이런 점은 높은 실업률, 성적 학대, 젠더 불평등, 빈곤, 그리고 점점 증가하는 젊은 층의 자살률에 반영되어 있다.

이누이트 학교와 자전거 도둑

노바스코샤 태생인 매기 맥도널이 토론토 대학에서 석사 학위를 받은 뒤 선생님으로 일하게 된 곳이 바로 이곳이다. 매기는 몇 년 동안 동부 아프리카 지역에서 공동체 개발 분야의 일을 하며 자원봉사를 했다. 그 과정을 거치는 동안 새로운 능력을 익히고, 또 식민주의가 끼친 파괴적인 영향도 알게 되었다. 대학에서 전공 공부를 하며 젠더, 포용, 인종, 역량 강화와 같은 주제에 이끌렸다. 백인 여성 캐나다인인 그는 자기 나라의 역사를 더 깊이 알고 싶었다. 그 역사의 상당 부분이 토착 집단에 대한 억압을 바탕에 두고 있었다.

"나는 동부 아프리카 지역에서 공동체 개발 분야의 일을 하고 있었어요. 그런데 똑같은 접근 방식을 캐나다에 적용해도 정말 가치가 있겠다는 생각이 들었죠. 이런 생각이 들었어요. 캐나다에 있는 토착민 공동체 몇몇과 연락을 해볼 수도 있겠다고요. 그렇게 동떨어진 공동체에는 교사가 부족하다는 만성적인 문제가 있다는 건 잘 알려져 있죠. 그 점이 공동체와 나를 연결하는 통로가 되었어요."

매기는 이누이트가 직면하는 문제 대부분은 식민주의 역사에 연원을 두고 있다는 사실을 알았다. 그런 역사 때문에 젊은이들은 많은 트라우마에 맞닥뜨린다. 역사를 살펴보면, 이누이트 가족은 정부에 의해 쫓겨나서 정착지로 떠밀려 갔다. 정부는 거주지, 의료 서비스, 교육을 제공하겠다고 약속했지만 공동체는 대부분 버려졌고, 약속은 깨졌다. 그 결과 숱한 트라우마가 생겨났으며, 정부를 향한 거대한 분노와 불신만 남았다. 그뿐만이 아니라 아이들도 빼앗겼다.

최근에야 이누이트 공동체가 겪은 끔찍한 폭력과 억압이 조명을 받으며 더 많은 캐나다 사람들에게 알려지게 되었다. 매기는 이 일에 관한 소리 없는 분노로 가득 차 있다.

"여러 세대에 걸쳐 토착민 아이들은 대여섯 살이 되면 가족에게서 떼어냈어요. 그리고 수천 킬로미터 떨어진 기숙학교에 보냈죠. 이들 학교는 보통 가톨릭 성당이나 다른 기독교 종교 단체에서 운영했는데, 정부 지원을 받는 곳이었죠."

아이들은 자신의 언어를 쓸 수 없었고, 문화적인 특성도 드러내지 못하게 했다. 학교를 운영하는 신부들이 어린 여자아이들을 임신시켰다는 끔찍한 이야기도 있다. 그 신부들은 아기를 학교 소각로로 보냈다. 마지막 학교가 문을 닫은 것은 1996년이었다.

캐나다 전역에 있는 이런 학교에 이누이트 아이들의 대규모 묘지가 있다는 충격적인 발견은 2021년에 전국적으로, 또 국제적으로 뉴스가 되었다. 물론 이런 학교에서 살아남은 이누이트 생존자들이 얘기해왔지만, 이들의 경험은 대체로 축소되거나 무시되었다. 이제는 부인할 수 없는 물리적인 증거가 드러나면서 이 사실이 널리 알려졌기 때문에 대량 학살 사건으로 여겨진다.

"우리는 이런 학교 시스템을 겪었던 성인을 '기숙학교 생존자'라고 불러요. 살아남지 못한 아이가 많거든요. 그리고 생존자들은 학교 주변 들판에 구덩이를 파라는 지시를 받았던 기억이라든가, 학교 친구가 느닷없이 실종되는 일이 흔했다는 사실을 들려주죠. 집에 한 번도 가지 못했던 아이도 많아요. 지금 전국에서 700구가 넘는 유해를 발견한 걸로 알고 있는데요, 수치가 비약적으로 증가할 거라고도 내다보고 있어요. 수천 구는 드러날 거라고 말이죠. 인종적인 긴장도 여전히 높고, 백인 정착민에 대한 크나큰 불신도 자리 잡고 있어요. 당연히 그럴 만하죠."

매기는 이렇게 세대를 거듭하며 이어진 트라우마를 품고 있는 학생들을 가르치기만 하는 게 아니었다. 이 학생들은 여전히 문제가 많은 시스템 안에서 살고 있었다.

"교육 예산도 부족하고, 의료 시스템은 재앙 수준이죠. 인터넷도 원활하지 않고, 북극으로 이어지는 고속도로도 없어요. 그곳 사람들은 경제, 사회, 환경 차원에서 끔찍한 어려움을 겪고 있어요."

매기가 그곳에서 처음 학생들을 가르치기 시작했을 무렵, 그가 담당하는 학생들은 식량 문제, 주거 위기(소파 서핑*을 하는 아이

---

*　남의 집 소파를 찾아다니며 숙박을 한다는 뜻.

들이 있었다), 학교 시스템을 향한 커다란 불신 앞에서 살아남으려 애쓰고 있었다.

"이누이트족이 대부분 학교를 운영하기는 하지만, 여전히 정부가 예산을 상당 부분 통제하고 있어요. 아직은 신뢰를 훨씬 더 많이 쌓아나가야 하죠. 뭐, 아이들이 학교에 가는 걸 문화적으로 딱히 기대하지 않는다는 사실도 별로 놀랍지는 않아요. 자퇴 비율이 최고 90퍼센트에 이르는 공동체가 많아요."

스스로 목숨을 끊는 청소년의 수는 최악에 이르렀고, 지금도 여전하다. 매기가 마주해야 했던 가장 어려운 상황은 두말할 것도 없이 자살 때문에 학생들을 비극적으로 잃는 일이었다. 그는 자살한 학생의 장례식에 참석했고, 그 이튿날에는 빈 책상과 의자가 놓인 교실에 들어섰다.

"자살한 아이의 장례식에 참석한 일은 기억 속에서 떨쳐낼 수가 없어요. 위급하다는 기분도 들었죠. 우리가, 그러니까 저와 학교가 아이들의 현실을 더 잘 다룰 수 있도록 어떤 식으로든 방향을 틀어야 했어요. 학생들이 얼마나 많이 졸업할지를 생각하지 않아요. 때로는 아이들이 살아 있는 것만으로도 승리를 거두는 것이기도 하죠. 어느 학생의 생일 축하 케이크를 굽던 일이 기억나요. 그 아이가 뭐라고 얘기했냐면요, 자기는 절대로 열여섯 살까지 살아 있을 줄 몰랐다고 해서 깜짝 놀랐죠. 그 학생은 정말 많은 사람을 자살로 잃었어요. 그래서 자신도 그렇게 끝을 맺을 거라고 생각했던 거예요."

매기는 더 강한 회복력을 지닌 학생들에게서 어떤 것을 배웠는지를 들려준다. 그는 공동체에서 사랑받던 어느 학생이 스스로 목숨을 끊었던 이야기를 한다. 그 소식을 듣자마자 그는 이 일에 영향을 받을 만한, 그 학생과 가까웠던 사람 모두가 떠올랐다. 어쩌면 그 사람들도 자살할 정도로 영향을 받을지도 몰랐다.

"정말 비극적인 순간이었어요. 그 아이에게나, 가족에게나, 친구에게나 말이죠. 머리가 바쁘게 돌아갔어요. 어떤 사람들이 연결되어 있는지 일종의 사회적 지도를 그려보고, 영향이 얼마나 멀리까지 퍼질지를 떠올려보느라 말이에요."

매기가 가장 걱정했던 사람은 바로 그 남자아이의 형이었다. 그런데 다른 학생들이 그에게 보호막이 되어주었다. 그 아이가 어디를 가든지 당번을 정해 번갈아 가며 동행했고, 상황에 맞춰 다른 보호자에게 인도했다. 선생님이나 부모가 시킨 일이 전혀 아니었다. 아이들이 정서적으로 보인 반응이었다.

"마치 비공식 스케줄 같았죠. 그 아이는 절대로 혼자 있는 법이 없었어요. 학교에서 운동 센터까지 걸어갈 때도, 청소년 센터를 나와서 저녁을 먹으러 사촌네 집으로 걸어갈 때도요. 모두 그 아이가 얼마나 위태로운 상태인지 알고 있었고, 그 아이를 위해 자리를 지켜주었죠. 아이들의 동정심을, 팀워크를, 그들이 완벽하게 상황을 이해하던 일을 결코 잊지 못할 거예요. 사람들을 밀쳐내고픈 마음이 들 수도 있는, 마음 깊이 고통을 겪고 있는 사람과 함께 지낸다는 건 쉬운 일이 아니죠. 아이들은 단단히 버티고 서서 그 아이를 계속 살렸어요. 제가 아는 한에서는요."

매기는 청소년과 관련된 그 어떤 위기 상황에서건 십 대 아이들이야말로 정말로 최전선에서 힘을 쓰는 사람이라고 생각한다. 아이들은 사회복지사나 상담사, 간호사보다 훨씬 더 많은 것을 알고 있고, 커다란 문제에 어떻게 대처해야 하는지를 직관적으로 파악한다.

"관찰하고 귀를 기울이는 게 중요해요. 내게는 두 눈과 두 귀, 그리고 아무런 판단도 하지 않고 꽉 다문 입 하나가 필요하죠. 그저 아이들을 자주 지켜보고 알아가야 해요. 그리고 어떤 식으로든 관계를 맺어야 하죠. 소셜 미디어를 통해서라도요."

매기는 자퇴 경험이 있거나 그럴 위험이 있는 아이들이 있는 대안 학급을 맡았다. 가장 버겁고 무관심하고 환멸에 가득 찬 11~18세 아이들 무리를 맡았다. 공식적인 교육과정에서는 그 교실이 아이들에게 마지막 기회였다.

"아이들이 나와 관계를 맺지 않으려 하는 역사적인 이유를 넘어서서, 이 아이들과 진심으로 관계를 맺어야 했어요. 아이들의 허락을 받아서 그들과 그들이 속한 공동체를 만나고 싶었죠. 그리고 조금 더 깊이 들어가도록 아이들이 허락해준다면 마법이 일어날지도 모르는 일이었어요."

정말 비극적인 순간이었어요. 그 아이에게나,

가족에게나, 친구에게나 말이죠. 머리가 바쁘게

돌아갔어요. 어떤 사람들이 연결되어 있는지

일종의 사회적 지도를 그려보고, 영향이 얼마나

멀리까지 퍼질지를 떠올려보느라 말이에요.

아이들에게 손을 뻗을 방법을 찾기 시작했을 때에는 말도 못하게 힘들었다. 그러다 자그마한 깨달음을 얻게 되었다.

운이 좋게도 매기는 대안적인 방식으로 가르칠 수 있도록 자율권을 주는 프로젝트 기반 교실에서 수업했다. 매기의 교실에는 '인생 기술'이라는 이름이 붙어 있었다. 그는 학생들이 변화를 만드는 주인공이 될 수 있도록 힘을 실어주고 싶었고, 교육을 활용해 아이들의 현실을 더 낫게 만들고 싶었다.

"우리 교실 아이들이 대부분 자전거 도둑이라는 사실을 알게 되었어요. 그리고 공동체 안에서도 이 아이들을 향한 분노가 크다는 걸 확인할 수 있었죠. 나는 아이들의 행동을 하나의 자산이자 재능으로 보기로 마음을 먹었어요. 희망적인 것이라고 말이에요. 아이들을 도둑으로 보기보다는, 자전거를 좋아하는 아이들이라고 여기기로 했어요! 좋아, 이걸 가지고 해보자, 이렇게 생각했죠."

매기는 자전거 워크숍을 꾸렸고, 스스로 아나키스트라고 하는 한 자전거 수리공과 협력 관계를 맺었다. 그의 태도는 규칙, 질서, 정해진 일상을 좋아하는 전형적인 선생님의 모습과는 정반대였다. 매기는 이 사람이 아이들과 소통하는 법을 잘 알 것이라 생각했고, 3주 동안 워크숍을 해주면 충분한 보수를 주겠다고 약속했다.

"나는 아이들의 현실을 다 아는 전문가가 될 수는 없어요. 그렇지만 아이들과 함께 꿈을 꾸는 전문가는 될 수 있죠."

자전거 수업 첫날, 학생이 세 명 왔다. 둘째 날에는 두 명밖에 오지 않았다. 그렇지만 일주일 만에 매기의 교실에 있는 열다섯 명 모두가 수업에 들어왔다. 아이들은 자기만의 자전거를 수리하고 만들었으며, 그다음에는 자전거 길을 만들어가기 시작했다.

"아이들이 자기만의 자전거를 만들면서 행복해하는 모습을 공동체에 보이게 되었죠. 그리고 다른 사람의 자전거를 훔치는 일도 그만두었고요. 그러다 훨씬 더 놀라운 일이 벌어졌죠. 아이들을 싫어하던 바로 그 사람들이, 자기 자전거를 가져와서 아이들에게 고쳐달라고 하는 거예요. 우리 학생들이 훔치고는 하던 바로 그 자전거였죠. 그래서 어떻게 얘기하냐면요, 그 아이들은 단순히 자전거를 수리하는 법을 배운 게 아니라, 공동체와 맺는 관계를 수리하는 법을 배웠던 거예요, 하고요."

그들이 좋아하는 것을 활용해 청소년에게 다가가는 길을 찾는 일은 매기에게 크나큰 성취감을 주었다. 그리고 이를 다시 공공의 이익을 위해 활용할 수 있었다는 사실은 마치 "행복으로 가는 마법 열차를 탄 것" 같았다. 매기의 표현을 그대로 따오자면 그렇다.

매기는 운동을 활용해 우울이나 만성적인 스트레스에 시달리는 학생들을 도울 수단을 마련했다. 학교 영양 프로그램을 시작하면서 이 자전거 프로젝트를 한 발짝 더 멀리 이끌고 간 것이다.

"이 멋진 자전거에 믹서를 연결해서 페달을 밟으면, 믹서에 전원을 공급할 수 있다는 사실을 알아냈어요. 모두 줄을 서서 스무디를 만들었죠. 7학년 남자아이가 얼마나 많은 에너지를 품고 있는지 아세요? 그 에너지를 20분 동안 페달을 밟는 데 썼어요. 그렇게 스무디 100잔을 만들었고, 학생들은 학교 전체에 스무디를 나눠주었죠. 그래서 다른 학생들이 이 '자퇴' 학생들을 무슨 수를 써서라도 피해 다니는 게 아니라, '라즈베리 스무디 좀 만들어줄래?' 하며 어울리게 되었어요. 우리 학생들에게 리더십 역할을 만들어내서 다른 학생들을 도울 수 있게 한 거죠. 모든 역학관계가 온통 달라졌어요. 우리 학생들은 더는 무섭고 못된 자전거 도둑이 아니었어요. 오히려 사람들에게 자전거를 고쳐주고 맛있는 스무디를 만들어주었죠!"

매기가 달리기 동아리와 함께 만든 스포츠 프로그램도 학생들이 담배를 버리게끔 해주었다. 또 학생들은 세계 마라톤 경주를 뛰게 (그리고 우승도 하게) 되었다.

"항상 학생들에게 얘기하죠. 혼자서 달리면 빨리 달릴 수 있지만, 다른 사람과 함께 달리면 멀리 달릴 수 있다고요. 탄자니아 속담이에요. 심오한 공동체 의식과 집단주의적인 메시지를 담고 있죠."

매기가 만들어낸 모든 프로그램은 학생들의 회복력, 희망, 자기 신뢰를 가꿔내는 것을 중시한다. 그렇지만 그가 어떻게 해서 이 청소년들이 미래를 믿을 수 있도록 힘을 불어넣었는지, 나는 궁금하다. 매기가 선택한 학교와 공동체에서 일할 만한 힘이나 용기를 지닌 사람은 많지 않을 것이다. 그를 이끌어준 힘은 무엇이었을까?

"내가 캐나다 사람이어서, 또 그 모든 어마어마한 특권을 누릴 수 있어서 정말 운이 좋아요. 그렇지만 우리가 수많은 사람의 어깨 위에 서 있다는 사실을 인지해야 하죠. '위대한 백인 구원자' 이야기처럼 들리지는 않았으면 좋겠어요. 나는 그런 사람도 아니고, 그런 생각도 하지 않으니까요. 사람답게 사는 일에 관한 얘기예요. 사회적 불의를 향해 눈을 떠야 하는 어마어마한 책임이 내게 있다고 생각해요. 살 만한 가치가 있는 삶이란, 설령 그 삶이 엉망이고, 못생기고, 어둡고, 또 온통 문제투성이더라도 뛰어들 가치가 있지 않나요? 진정한 삶을 살아가는 일이죠."

살아가면서 매기 선생님을 만나 과연 마음을 빼앗기거나 변화를 겪지 않을 학생이 있기는 할지 상상할 수 없다. 늘 교장실에 불려가고 정학 처분을 받다가, 대학을 졸업하고 학교에서 보조 교사로 일하게 된 어떤 학생처럼 말이다. 이는 매기의 가르침이 만들어낸 영향 가운데 겨우 한 가지 사례에 불과하다.

"학생들이 나를 더 좋은 사람으로 만들어주었어요. 나 자신과 세상에 관한 것을 가르쳐주었죠. 사람들은 북극에 찾아와서 이 땅에 매료되지만, 내게 영감을 불어넣어주는 건 이곳에 살아가는 청소년들이에요. 그들이 진정한 오로라라고 생각해요."

동감한다. 매기, 당신은 속이 깊고, 용감하고, 멋진 여성이다.

유아부터 대학원생까지 가르쳐요, 삶의 기술을요

#PTA

#학습장애

#연극

#문제해결기술

스와루프 라왈

63세, 뭄바이, 인도

아이들이 결정을 내리도록 해주세요. 그러지 않으면 결정을
내리는 법을 모른 채로 어른이 될 거예요. 어떤 일을 할지, 무슨
옷을 입을지, 어떤 친구를 사귈지, 무얼 먹을지 아이들이 고르게
해주세요. 그래요, 실수를 저지르겠지만, 그것도 아이들이 내린
결정이에요. 그걸 통해서 배울 거예요.

스와루프가 열일곱 살에 대학을 중퇴했을 때는, 발리우
드 영화업계에 내던져질 거라는 사실을 전혀 예상치 못했다. 수
줍은 성격을 타고나기는 했지만 사진 찍히는 일을 즐겼고, 모델
일을 하며 영화와 연극 분야에서 경력을 쌓았다. 그리고 스물한
살 나이에 미스 인디아 자리에 올랐다. 그는 영화배우 파레시와
결혼을 하자마자 연이어 두 아들을 낳았으며, 기쁜 마음으로 일
을 포기하고 어머니가 되었다.

아이들이 학교에 들어가자 스와루프는 PTA(Parent-Teacher Association, 부모-교사 협회)에서 기금을 모금하는 역할을 맡았다. 그
리고 연극 경력을 활용해 여름 드라마 캠프를 운영했다. 수업은
크나큰 성공을 거두었고, 아이들은 수업을 더 열어달라며 야단

이었다.

"이 세상에 나를 거부할 수 있는 아이는 없을걸요! 거만하게 하는 얘기가 아니라, 그저 아이들을 사랑하고 아이들도 그걸 느낀다는 뜻이에요. 그러면 아이들은 사랑으로 보답해주죠. 이렇게 아주 간단한 일이에요. 함께 지낸 모든 학생에게서 이 사실을 배웠죠."

스와루프와 시간을 보내고 나니, 그의 매력을 거부하기란 쉽지 않다는 사실을 분명히 얘기할 수 있다.

스와루프가 PTA에 있을 동안, 학교 교직원을 대상으로 학습 장애에 관한 강좌가 열린 적이 있다. 당시 1990년대 후반까지만 해도 인도에서는 거의 관심을 받지 못한 주제였다. 어느 선생님도 그 강좌에 참석하려 하지 않아 스와루프가 대신 갔는데, 참석자가 아무도 없으면 학교에 나쁜 영향을 끼칠 것이라 생각했기 때문이다.

"얼마 지나지 않아 남편이, 내가 정말 쓸데없는 책을 읽고 있는 걸 보고는 왜 소중한 시간을 낭비하느냐고 물었어요. 남편 말이 맞았죠. 남편이 나를 평가하려는 건 아니었어요. 그렇지만 두 아들은 온종일 학교에 가 있고 집안일을 도와주는 사람도 있었으니, 변명할 거리가 없었죠. 다른 사람들을 위해 무언가를 해야 했어요."

스와루프는 영문학 석사 학위를 따고, 학습 장애가 있는 아이들을 위한 치료소에서 자원봉사 일을 했다. 스와루프는 연극을 가르쳤다. 첫 수업 시간에 그는 다양한 학생이 섞여 있는 무리를 담당하게 되었다. 학습 속도가 느린 아이, 언어에 문제가 있는 (실어증) 아이, 과잉 행동 장애가 있는 아이, 그리고 뚜렷하게 밝혀지지 않은 학습 장애가 있는 아이 몇 명이 있었다.

"한 해 동안에 그 아이들이 모두 달라졌어요. 실어증을 앓던 프리샤는 반에서 가장 몸집이 작았지만 가장 우두머리 노릇을 하게 되어 모든 아이의 '할머니'가 되었죠. 그리고 학습 속도가 느렸던 온카르는 놀이에는 참여하지 않겠다고 했지만 대신 조수를 하고 싶어 했어요. 공연하는 날, 내가 무언가를 깜박했는데 온카르가 알려주었죠. 정말 기뻤어요. 아이들에게 가르쳐준 건 사회적 기술이 전부지만, 그게 아이들의 삶을 바꿔놓았죠."

마흔 살이 되어 스와루프는 학습 장애가 있는 아이들의 삶의 기술을 향상하는 데 연극이 하는 역할을 주제로 박사과정에 들어갔다. 스와루프가 연구를 하는 동안 만난 한 아이는 그에게 중요한 의미를 가져다주었다. 열한 살이었던 살라는 수업 시간이면 힘들어했는데, 살라의 부모는 그런 살라의 어려움을 '어린애처럼 군다'며 일축했다. 살라의 부모는 그의 오빠를 대놓고 편애했다.

"수업에 들어오는 살라는 마치 작은 강아지 같았어요. 항상 내 곁에 있으려고 했죠. 한번은 보충이 필요한 아이들을 데리고 도서관에 갔는데, 도서관에서 나오니 살라네 반 남자아이들이 살라를 놀리고 있었죠. 뭐, 살라가 '특별' 교실에 가야 한다는 식으로, 놀릴 때 으레 하는 얘기였어요. 저는 곧바로 돌아서서 살라가 실제로 특별한 아이이고, 나와 함께하도록 유일하게 허락받은 가장 사랑스러운 아이라고 그 애들에게 말했죠. 그냥 그 말의 뜻을 바꿔버렸어요."

스와루프가 도와준 덕분에 살라의 자신감이 커져갔다. 7년쯤 뒤 스와루프는 살라의 전화를 받았다. 대학 수업의 일환으로 인도 최고의 패션 디자이너 밑에서 인턴으로 일하고 있다며, 자신이 참여하고 있는 패션쇼에 스와루프를 초대했다.

"패션쇼장에 도착하니 앞줄에 자리가 마련되어 있었어요. 살라의 부모는 뒷자리에 앉아 있었죠. 그 사실을 살라에게 얘기했더니 뭐라고 했는지 아세요? '선생님, 저를 달라지게 해준 건 선생님이잖아요'라고요. 절대로 잊지 못할 거예요."

스와루프는 학습 장애를 진단받은 많은 아이가 평균 이상의 지능을 가지고 있다고 생각한다. 살라는 심각할 정도로 자신감이 부족했지만, 스와루프가 살라를 믿어주고 또 살라가 스스로를 얼마나 믿을 수 있는지를 보여주면서 변화가 찾아왔다.

"있죠, 우리는 수학을 배우는 큰일을 해냈지만 어른이 되고 나면 계산기를 써요. 어른이 되면 컴퓨터로 글을 쓰고 자동으로 맞춤법 검사를 하죠. 아이들도 학교를 나서기만 하면 세상 속에서 자기 자리를 찾아낼 수 있어요. 우리 아들은 손글씨가 정말 최악이었지만 시나리오와 극작 분야에서 석사 학위를 땄죠. 그냥 모든 걸 타이핑하면 되니까요."

스와루프는 박사 학위 논문에 자신의 나라에 있는 모든 아이의 삶을 바꾸겠다고 썼다. 당시 스와루프는 고작 아이 열 명을 가르치고 있었는데, 이 여성의 굳은 결심을 존경할 수밖에 없다. 그의 박사 학위 논문을 읽은 사람들은 그의 주장이 너무 야심차고 성취할 수 없는 것이라 생각했다. 스와루프는 《바가바드 기타》에 나오는 성스러운 구절 하나를 인용한다.

"크리슈나 신께서는 목표에 초점을 맞춰야 한다고 말씀하세요. 실패나 성공은 걱정하지 말고, 그저 계속하라고 말이죠. 그 일을 크리슈나 신의 이름으로 하고 있다는 것을 기억하는 한은 말이에요. 저는 정말 좋다고 생각했어요. 저는 신자이기도 하고, 신께서 제가 할 수 있도록 돕고 계신다는 걸 알았거든요. 또 한 학교에서만 일해서는 제 임무를 완수할 수 없다는 것을 깨달았죠. 더 크게 생각해야 했어요."

스와루프는 공립학교에서 일하겠다고 다짐하는 한편, 구자라트주에 있는 선생님들을 교육하기 시작했다. 그는 더 많은 선생님과 함께 일할수록 더 많은 아이에게 영향을 끼칠 수 있을 것이라 판단했다. 아이들을 가르치는 일을 포기하지 않는 것도 중요했다. 그래서 교실에서 '인생 기술' 워크숍과 훈련 프로그램을

유아부터 대학원생까지 가르쳐요, 삶의 기술을요

이어갔다.

"유치원 아이부터 대학원생까지 다 가르치는 교사는 아마 세상에서 내가 거의 유일할 거예요. 유아원 아이들도 가르쳐요. 아동 노동을 하는 어린이와 길에서 생활하는 어린이도 가르쳐요. 엘리트 학교에 다니는 아이와 공립학교에 다니는 아이들도 가르쳐요. 대학원생도 가르치고요. 인도 전역의 다양한 주를 오가면서 주 정부, 유니세프, 세이브더칠드런과 함께 일하죠. 일터에서 노동을 하는 아이가 교실로 돌아갈 수 있게 돕고 싶어요."

스와루프는 연극을 중심에 둔 나선형 교육과정을 고안했다. 유아부터 대학원생까지 적용할 수 있도록, 아이들이 자라나면서 나이에 따라 생각을 깊고 넓게 하도록 하는 교육과정이다.

"예를 들어보면요, 감정을 주제로 다룬다면, 어린아이들은 좋은 선택과 나쁜 선택을 살펴보게 돼요. 대학생을 대상으로 수업을 할 때면 잘못된 선택 하나가 인생을 어떻게 바꿀 수 있는지를 가르치죠."

스와루프가 의사 결정과 문제 해결 능력을 다루기 위해 활용하는 한 가지 방법은 학생들에게 일기를 쓰도록 하는 것이다. 학생들은 일기에다 크건 작건 그날 하루 자신이 내린 결정을 적고, 그 결정이 좋은 결과를 가져왔는지 나쁜 결과를 가져왔는지를 써야 한다. 좋은 결과가 생겼다면 잘된 일이지만, 결과가 나빴다면 자신이 할 수 있었던 다른 대안을 생각해서 적어야 한다. 그러면 아이들은 결과를 인식할 수 있고, 실수를 바탕으로 배우는 힘이 생긴다. 다음에는 다른 선택을 내릴 수 있다.

스와루프는 자신이 가르쳤던 한 대학생 이야기를 들려준다. 아제이는 스무 살이었는데, 교실에 있는 모든 학생과 다툼을 일으켜서 스와루프의 옆자리에 앉혔다. 그는 팬데믹 기간에는 컴퓨터 게임을 하고 온라인으로 친구들과 교류하며 대부분 시간을 보냈다. 이 시기에 아제이는 친구들에게 스와루프의 인생 기술 수업 얘기를 했고, 스와루프가 가르쳐준 문제 해결 게임을 친구들에게 알려주기 시작했다.

"그렇게 하니 아제이와 친구들이 스트레스에 대처하는 데 도움이 되었어요. 팬데믹을 넘어선 삶의 감각을 안겨주었죠. 이 아이들에게는 끔찍한 시기였을 거예요. 세상이 얼마나 어떻게 바뀔지 두려움을 품은 채 독립을 목전에 앞둔 아이들이었으니까요."

아제이는 스와루프가 알려준 기술을 친구들과 나누는 데 그치지 않고, 살면서 무서웠던 순간에도 이 기술에 의지했다. 아제이가 부모와 함께 차를 타고 가던 도중에 고속도로에서 끔찍한 교통사고가 났다. 아제이의 어머니는 의식을 잃었지만, 아제이는 다행히 어머니와 아버지를 차에서 데리고 나올 수 있었다. 아제이는 계속 차분함을 유지했고, 어머니가 정신을 차리도록 한 다음 경찰과 구급차를 불렀다.

"아제이는 자기가 침착함을 유지했고 미소를 지으며 병원으로 걸어 들어갔다고 얘기했어요. 의사가 도우러 와서야 아제이는 주저앉았죠. 그 트라우마를 겪는 동안, 저랑 교실에서 했던 문제 해결 게임을 계속 떠올렸다고 말했어요. 매 시점 알맞은 결정을 내려야 한다는 사실을 알고 있었다고 했죠. 아제이는 자신의 감정을 잘 다스렸고, 그런 아제이가 정말 자랑스러워요."

또 스와루프가 끊임없이 싸워야 했던 이유 중 하나는 바로 여자아이들이 최대한 교육을 받게 하기 위해서였다. 라니친 선생님처럼 말이다(이 책의 166쪽). 경제적인 형편과 딸의 안전상의 이유로 고충을 겪는 부모는 대체로 딸이 열다섯 살 무렵에 이르면 약혼을 시키고 곧이어 결혼을 시키는 데 혈안이 된다. 법적으로 혼인할 수 있는 나이는 열여덟 살부터인데도 말이다. 소날도 이런 학생 가운데 하나였다. 소날은 계속 공부를 하고 싶었지만, 가족이 반대했다.

"결혼을 반대하지는 않아요. 그렇지만 너무 어린 나이에 결혼하면 청소년들이 살면서 원하는 것을 이루지 못하도록 막아버리죠. 소날은 부모와 함께 자리에 앉아, 우리가 배운 문제 해결 절차를 활용해서 이야기를 했어요. 이러저러해서 소날은 자기가 공부를 계속할 수 있도록 부모님을 설득했고, 이제 소날은 의사가 될 예정이에요. 아름답지 않아요? 소날은 내가 가르친 기술 덕분에 힘을 받았던 거예요. 소날은 의대에서 의사 가운을 입고 있는 사진을 보내왔어요."

왜 상으로 받은 책을 가지고 가지 않았는지 소날에게

물어보았어요. 소날은 가난해서 책을 읽지 못하는

다른 여자아이를 위해서 남겨두었다고 했어요. 책을

살 돈이 없는 또 다른 소날이 어딘가에 있을 테니까요.

소날은 학생 시절에 유명한 독서상을 수상했고, 책을 상으로 받았다. 소날은 그 책을 모두 읽은 뒤에 자기가 지내고 있던 기숙사에 남겨두었다.

"왜 상으로 받은 책을 가지고 가지 않았는지 소날에게 물어보았어요. 소날은 가난해서 책을 읽지 못하는 다른 여자아이를 위해서 남겨두었다고 했어요. 책을 살 돈이 없는 또 다른 소날이 어딘가에 있을 테니까요. 공감 능력을 가르쳐준 건 바로 선생님이라고, 소날은 얘기했죠."

책은 무엇보다 두 아이의 어머니로서, 그리고 선생님으로서 스와루프 역할의 핵심을 차지한다. 그는 아이들에게 매일 책을 읽어주는 일이 중요하다는 것을, 이런 행동이 학습 장애가 있는 아이들에게 얼마나 중요한지를 잘 알고 있다. 그가 들려주는 또 다른 조언은 선택에 관한 것이다.

"아이들이 결정을 내리도록 해주세요. 그러지 않으면 결정을 내리는 법을 모른 채로 어른이 될 거예요. 어떤 일을 할지, 무슨 옷을 입을지, 어떤 친구를 사귈지, 무얼 먹을지 아이들이 고르게 해주세요. 그래요, 실수를 저지르겠지만, 그것도 아이들이 내린 결정이에요. 그걸 통해서 배울 거예요."

스와루프가 인도에 있는 모든 아이에게 손을 내밀겠다며 박사 학위 논문에서 대담한 주장을 내놓은 지 20년이 지나, 이제 그는 그 목표를 눈앞에 두고 있다.

"정부가 새로운 교육정책을 만들고 있는데요, 철학과 관련된 것이에요. 마지막 정책이 1986년에 만들어진 것이니 이제 바꿀 때가 되었죠. 정부는 이 일을 함께할 사람 100명을 인도 전역에서 선발했는데, 저도 그 가운데 한 명으로 뽑혔어요. 교육법과 교육과정을 만드는 집단에 들어가 있는 거죠. 인도 아이들을 위한 교육과정을 세우는 데 제가 중요한 역할을 한다고 생각하니 소름이 돋아요."

나는 스와루프를 떠올리면 신이 난다. 그리고 스와루프가 성공을 거둔 일은 전혀 놀랍지 않다. 그는 교실을 재미있게 만들고, 예술과 스포츠에 집중하는 일에도 열심이다. 그뿐만이 아니라 모든 학생의 자존감을 높이는 데에도 신경을 쓰고 있다.

"아이들 이름을 함부로 부르면서 멍청하다거나 게으르다는 꼬리표를 붙여 아이들을 존중하지 않는 선생님들을 목격했어요. 그렇게 하면 아이들은 그 얘기를 믿게 돼요. 그러면 자기실현적인 예언이 되고 마는 거죠. 정말 화가 나요."

스와루프는 어느 아이에게서나 장점을 찾고 이를 축하해준다. 때로는 아이들을 시스템이나 선입견에서 지켜내는 싸움터 한가운데에 있다는 기분이 들고는 한다. 그렇지만 그는 평생 아이들을 위해 계속 싸워나갈 것이다.

"한 손에는 펜을, 다른 손에는 칼을 들고 모든 아이를 위해 싸울 거예요."

유아부터 대학원생까지 가르쳐요, 삶의 기술을요

멋진 전사 세대를
이끄는 교육혁명가

#어학

#국제교육

#입학상담

시 왕

50세, 베이징, 중국

아이들에게 최고라고 이야기하지 마세요. 최고라는 걸 어떻게 정의 내릴 수 있겠어요? 물론 아이들에게 힘을 실어주고, 참을성 있게 받아들이고, 아이들을 개인으로서 존중해야겠죠. 그렇지만 아이들에게 최고라고 얘기하지는 마세요. 그러면 아이들에게 너무 큰 부담을 안겨주거나, 아이들이 정말로 자기가 누구보다도 더 낫다고 생각해버릴 수도 있어요.

시는 전 세계적으로 이름이 난 중국의 베이징 제4고등학교에서 20년 넘게 영어를 가르쳤다. 중국 최고의 학교로 여겨지는 이 학교에서는 영국의 이튼 스쿨과 같이 다른 뛰어난 고등학교와 교환학생 프로그램을 운영한다. 그리고 해외 유학을 결정한 학생들 가운데 90퍼센트 이상이 미국 대학에 진학한다. 초대 교장이었던 왕 다오유안의 말이 조각상에 쓰여 있는데, 이런 얘기로 학생들에게 힘을 실어준다. "네 발로 스스로 서고, 도덕적인 행동을 지지하고 따라라. 가장 도움이 되는 것은 다른 사람들의 힘이 아니라 너의 지식이다. 지금이 너의 가장 좋은 시절이고, 꿈을 크게 꾸어라. 공동체와 사회에 크게 기여하는 사람이 되기를 선택하겠는가?" 새김글은 대략 이런 내용이었다. 이 글이 시에게 반향을 일으켰으며, 오늘날 교육자로서의 그의 모습에 반영되어 있다.

제4고등학교에서 선생님으로 일한 지 2년째 되던 해, 시는 학생 몇 명과 함께 매사추세츠주의 자매결연을 맺은 고등학교로 가게 되었다. 그러고는 미국을 "동쪽에서 서쪽으로, 또 북쪽에서 남쪽으로" 가로지르며 주요 대학을 모두 방문했다. 사람들은 그가 여행하면서 대체로 학문적인 데 초점을 맞추고 도서관에서 많은 시간을 보낼 것이라 생각했으나, 그는 문화적 경험과 언어 훈련에 목말라 있었다. 시는 외국 대학에 지원하려는 학생들을 돕는 한편으로, 이튼에서 열리는 여름 학교에 참석하는 학생들과도 동행했다. 이 경험이 그의 방향을 혁신적으로 바꾸었고, 그는 중국 공립학교에서 학생들에게 대학 입학 상담을 제공하는 첫 전문 상담사 가운데 한 명이 되었다. 현재 시는 베이징의 칭화대학 부속 고등학교에 소속된 국제 학교의 초대 교장이다. 또 중국에서 전국적인 상담사 협회를 설립하기도 했다. 그는 최고의 혁명가다.

"우리는 학생들의 진로에, 학생들이 어떤 사람인지, 또 무얼 원하고 무얼 필요하다고 느끼는지에 관심이 없었어요. 오로지 결과만 보고 달려갔고, 완벽주의를 중시했죠. 유일한 기준은 시험뿐이었어요. 실수하면 패자가 됐죠. 지금은 이곳 교육계에서 변화가 일고 있어요. 우리는 개인을 바라보죠. 힘이 솟고 희망적인 일이에요."

교육 분야에서는 부유층과 빈곤층의 차이가 여전히 극명하다. 부유층은 가장 좋은 학교와 대학에 가기 위해 사교육에 돈을 들이는 데 견줘, 빈곤층에는 기회가 별로 없다.

"어려운 환경에서 자란 학생이 우수한 대학에 들어갔다는 이야기는 일종의 전설 같아요. 어쩌다 한 번 일어나는 일이죠. 그렇지만 이런 점을 바꾸기 위해서도 열심히 노력하고 있고, 태도도 달라지고 있어요. 학생들은 자기 생각만 했지만, 이제는 도움이 필요할지도 모르는 주변 사람들도 인식하고 있죠."

시는 편협한 공부와 성취를 향한 전통적인 교육 방식을 선호하는 사람들과 이런 주제를 이야기하기는 힘들다고 했다. 그는 누구의 속도도 늦어지게 하고 싶지는 않았지만, 그렇다고 그 누구도 떼어놓고 가고 싶지도 않았다. 그는 틀을 깨고 있지만, 사람들은 새로운 사고방식을 탐구하는 것을 불편해한다. 다행히 그는 변화를 확인할 수 있었다.

"제4고등학교에서 가르쳤던 다렌이란 남학생이 떠올라요. 학생회장이었고, 아주 성숙했죠. 이미 중년에 접어든 것 같은 인상을 풍겼어요. 다렌은 나와 함께 이튼을 방문했고, 미국에 있는 예일 대학교에 들어갔죠. 섬세하고, 똑똑하고, 인기가 많았어요."

다렌은 예일 대학교에서 영화를 전공했는데, 과정 중에 프랑

멋진 전사 세대를 이끄는 교육혁명가

어려운 환경에서 자란 학생이 우수한 대학에

들어갔다는 이야기는 일종의 전설 같아요. 어쩌다

한 번 일어나는 일이죠. 그렇지만 이런 점을 바꾸기

위해서도 열심히 노력하고 있고, 태도도 달라지고

있어요. 학생들은 자기 생각만 했지만, 이제는 도움이

필요할지도 모르는 주변 사람들도 인식하고 있죠.

스에서 1년을 보내기도 했다. 졸업한 뒤 그는 뉴욕에서 다큐멘
터리를 만들었고, 시는 뉴욕에 갔을 때 다렌을 만났다.

"우리는 타임스퀘어에서 커피를 한잔했어요. 다렌은 자기가 게이라고 얘기했죠. 열린 마음으로 솔직하고 편하게 얘기를 해 준 용기 있는 대화였어요. 다렌이 자랑스러웠죠. 부모에게는 말씀을 안 드린 상태였지만, 중국에 있는 집으로 가서 얘기할 계획이라고 했어요. 실제로 그렇게 했죠. 처음에 다렌의 부모님은 다렌의 성적 지향을 받아들이지 않았지만, 그렇다고 다렌을 주눅들게 하지도 않았어요. 그리고 차츰 생각을 바꾸게 되셨죠."

1년 뒤 다렌은 다시 돌아와 상하이와 홍콩 사이에 위치한 지역으로 이사를 갔고, 그곳에서 프로즌 요거트 프랜차이즈와 커피숍을 열었다. 나중에는 자신처럼 사업을 하고자 하는 사람들에게 컨설팅을 시작했다.

"정말 감명 깊었어요. 단순히 사업가여서만이 아니라, 자기가 원하는 것을 진정으로 아는 사람이어서요. 다렌은 자기 자신과 자신의 선택을 존중했어요. 엘리트 교육을 받은 사람들이 으레 가는 은행권이나 기업 경력을 따르지도 않았고, 자기 길이 맞는지 확신이 안 서는 상황에서 영화를 계속하지도 않았죠. 지금 다렌은 가게 주인이자 행복한 사람이죠! 계속 연락을 하면서 지내요."

다렌이 학교교육으로 얻은 것은 바로 자신이 어떤 사람인지,

또 무엇을 원하는지를 아는 능력이었다. 이는 그 모든 성취 가운데 가장 큰 것이었다. 예상을 뛰어넘은 것은 시의 또 다른 학생 알렉스도 마찬가지다.

"알렉스는 똑똑했어요. 제4고등학교에 가고, 이튼에 가고, 그 다음에는 미국에 있는 하버드 대학교에 갔죠. 보스턴에 있는 글로벌 경영 컨설팅 회사에서 1년을 일하다가 일을 그만두고 중국으로 돌아왔어요. 봉사 활동을 시작하면서 후원을 받아 중국의 가난한 지역에 있는 학생들에게 아이패드 기술을 보급했죠."

알렉스는 어디에 자원이 필요한지를 살폈고, 그런 자원을 공급하고자 노력했다. 지금은 빈곤층 학생들의 수학 공부를 돕는 소프트웨어를 개발하고 있다.

"알렉스는 전혀 다른 길을 갈 수도 있었죠. 그렇지만 중요한 사회적 현안을, 그러니까 자신이 도울 수 있는 문제를 인식했어요. 자신의 환경을 활용해서 다른 사람들을 돕기에 딱 알맞은 자리를 찾아냈죠. 열심히 노력했고, 또 어떻게 하면 가장 크게 도울 수 있을지를 논리적으로 생각했어요. 알렉스는 문제에 똑똑하게 접근하죠."

두 학생 모두 중국의 관습적인 교육을 받아왔으나, 어른이 된 다음에는 그 쳇바퀴에서 내려와 자신들의 운명을 끌어안았다. 시는 자신들의 지식과 전 세계적인 경험을 활용해 사회에 도움을 주는 멋진 젊은 전사 세대를 이끌고 있다. 그는 이와 같은 성공담을 지금의 학생들에게 들려주며 자신만의 길을 찾을 수 있도록 영감을 불어넣는다. 설령 그 학생들이 기대받는 것과는 다르다 하더라도 말이다. 그 학생들은 자유롭게 생각한다.

"사람들은 다렌도 알렉스도 해외에 머물 거라고 생각했지만, 둘은 중국으로 돌아왔어요. 여기서 경력을 쌓았고 생활을 했죠. 수라는 여학생도 마찬가지였는데요, 비슷한 경로를 따르다가 중국으로 돌아와서 상하이에 있는 하버드 비즈니스 센터에서 '차이나 싱크 빅(China Thinks Big)' 프로젝트에서 일했죠."

경쟁은 학생들이 중국 곳곳의 도시에서 하버드 교수들과 힘을 합쳐 문제를 해결하고자 노력하도록 만든다. 이들은 기회를 창출하고, 개발을 돕고, 또 난징의 하수 문제 같은 사안을 다루며, 이를테면 새로운 공동체 공간을 디자인하거나 저수지를 짓는다.

"이런 일은 학생들에게 단순히 교과서만 관심을 품을 것이 아니라 주변의 세상을 생각하는 법을 가르쳐주었어요. 수는 학생들과 함께하는 프로젝트 연구를 좋아하고, 또 이런 프로젝트에서 환경, 공동체, 가족에 관심을 두는 것을 좋아하죠. 다른 학생들과 마찬가지로 수는 국제적인 교육 분야에서 계속 일해야겠다는 영감을 내게 불어넣어줘요. 학생들에게 도움이 된다는 게 보이니까요. 자기 미래에 대한 다른 관점을 얻게 되죠."

시는 어떤 사람이든 저마다 세상 속에 각자의 자리가 있다는 얘기를 학생들에게 들려준다. 학생들은 사회에서 똑같이 중요하다. 그리고 이 메시지를 부모와도 열심히 공유하고자 한다.

"아이들에게 최고라고 이야기하지 마세요. 최고라는 걸 어떻게 정의 내릴 수 있겠어요? 물론 아이들에게 힘을 실어주고, 참을성 있게 받아들이고, 아이들을 개인으로서 존중해야겠죠. 그렇지만 아이들에게 최고라고 얘기하지는 마세요. 그러면 아이들에게 너무 큰 부담을 안겨주거나, 아이들이 정말로 자기가 누구보다도 더 낫다고 생각해버릴 수도 있어요."

이것과 정반대 모습은 바로 아이들에게 가망이 없다고 얘기하는 부모다. 이들은 가혹한 사랑을 이야기하며 충격요법으로 아이들이 더 노력하도록 만든다. 시는 이런 모습을 보면 화가 치민다.

"이런 방식도 효과는 없어요. 말이 안 돼요. 중국에서는 도 아니면 모인 것 같아요. 아이에게 디딤돌을 내어주거나, 아니면 절대로 오를 수 없을 거라고 얘기하는 식이죠. 그보다는 학생들 하나하나가 서로 다르다는 사실을 기억해야 해요. 누가 더 낫고 못하고가 아니에요."

시는 학생들 이야기를 할 때면 얼굴이 환해진다. 학생들 덕분에 최신 흐름을 파악할 수 있다고 한다. 뉴욕 대학교에서 음악 엔지니어링을 전공하는 벤 같은 학생 덕분에 말이다. 벤은 줄곧 음악에 관심이 있었는데, 특히 비트박스와 랩을 좋아했다. 시가 학교와 관련해 어떤 아이디어를 냈을 때, 누구에게 연락하면 좋을지 딱 떠올랐다.

"대학에 지원하는 학생들을 안심시켜주는 영상을 만들고 싶었어요. 그래서 영상에 곁들일 랩 가사를 썼고, 벤에게 연락했죠. 벤이 음악을 넣고 영상을 도와줬으면 했어요. 딸은 우습다고 하더라고요. 딸은 클래식 음악을 더 좋아하거든요. 그렇지만 나는 아무튼 랩이 좋아요."

예전 학생들의 경력과 도움 덕분에 시는 지금의 학생들에게 울림을 줄 수 있는 무언가를 만들어낼 수 있었다. 그는 이것이 자기 일 중에서 가장 뿌듯하다고 손꼽았다. 한 세대가 다음 세대를 이끄는 일이므로. 그와 대화하면서 내 기억에 남는 한마디가 있었다.

"있죠, 세계는 청소년의 것이에요."

그리고 실제로 그렇다. 청소년들이 미래를 향해 발을 내디딜 수 있도록 알맞게 준비해주고 힘을 실어주는 올바른 길 위에 우리가 서 있기만을 바랄 뿐이다.

희망의
라디오 방송국

#기술
#라디오방송국
#직업교육

마르틴 살베티

49세, 부에노스아이레스, 아르헨티나

나를 행복하게 만드는 일은, 또 희망을
가득 채워주는 일은 바로 우리 학생들이
공감 능력을 발휘하면서 서로를 챙기는
모습을 보는 것이에요.

마르틴은 공동체 안의 기반암과도 같다. 선생님이자 멘토인 그는 시청에서 일하는 공무원이기도 하다. 선생님이 될 생각은 없었지만 대학 학비를 벌고자 부에노스아이레스에 있는 어린 시절 다녔던 학교에서 학생들을 지도하는 일을 하다 보니, 이 길이 자신의 운명이라는 사실을 깨달았다. 마르틴은 자신이 가르치는 학생들보다 나이가 살짝 더 많은 정도였고, 어떨 때는 불과 한 살밖에 차이가 나지 않을 때도 있었다. 28년이 흐른 뒤 마르틴은 여전히 그 학교에 있다.

"가르치는 일이야말로 잘하는 일이고 즐기는 일이에요. 가르치는 일 덕분에 나는 사람들이 지적으로 정서적으로 발달하는 과정에 동참할 수 있어요. 그 점이 나를 행복하게 만들어주죠."

마르틴이 일하는 실업학교인 템펄리(Temperley)에는 넉넉하지 않은 다양한 가정 출신의 학생이 다닌다. 이 학생들은 아르헨티나의 높은 청년 실업률에 맞서기 위해 직업교육을 받고 있다. 학생 1600명 가운데 여학생은 250명뿐이다. 예전보다는 높아진 수치지만 여전히 적다. 여자아이의 비중은 기술 교육에 관한 시각을 그대로 반영하는 수치다.

마르틴은 독창적인 방식으로 학생들의 관심을 끌었다. 젊은 선생님인 마르틴은 학생들을 잘 이해했고, 가르치는 과정에서 아이들과 관계를 쌓는 방법을 모색했다. 마르틴은 학교 축구 동아리를 만들어 교직원과 학생을 단합시켰다. 이는 서로를 존중하며 우호적으로 상호작용할 수 있도록 힘을 실어주었다. 마르틴은 학생들이 적극적으로 활동하며 팀의 일원이 될 때 얼마나 집중을 잘하는지에도 주목했다. 이런 경험은 선생님으로서 마르틴의 모습을 만들어가는 씨앗이 되었다.

마르틴은 재료 지식, 기계 도면, 내부 기관 엔진 담당 교사라는 역할을 활용해 기계학, 금속, 전자공학을 전공하는 학생들과 함께 '말에게 차를(A Car for a Horse)'이라는 협동 프로젝트를 만들었다. 이 프로젝트에서 학생들은 시에서 압류한 오토바이에다 수레를 달아서 재활용할 수 있었다. 그리고 이렇게 개조한 오토바이를 빈곤한 사람들에게 나눠주었다. 이들은 여전히 말과 수레를 이용해 길거리에서 재활용 쓰레기를 모으고 다녔는데,

이 프로젝트 덕분에 잔혹한 환경에서 살아가던 말도 구해줄 수가 있었다.

마르틴은 언제나 자신의 가르침을 지역적 사안과 전 지구적인 사안에 연결한다. 그렇게 함으로써 학생들이 공동체와 주변 세상을 더 폭넓게 경험하도록 해준다. 이를 보여주는 완벽한 사례 하나는, 바로 예술 프로그램 지원금을 활용해 학교 라디오 방송국을 세웠던 일이다. 몇 년이 지나 이 프로젝트는 아르헨티나 최고의 교육 프로젝트 상을 받았다. 마르틴은 상금을 시설에 투자해서, 시 최초로 공립학교에서 운영하는 라디오 방송국으로 인가를 받는 데 활용했다. 첫 방송은 2008년에 내보냈으며, 지금은 하루 24시간, 일주일 내내 방송하고 있다. 오로지 학생의 손으로만 운영하는 방송국이다.

"라디오 방송국은 학생들을 저널리스트로 만들려고 운영하는 것이 아니에요. 교육적인 도구죠. 또 선생님들이 교실에서 관습적으로 하던 것과는 다른 방식으로 학생들을 평가하는 기회를 제공해주기도 해요."

이런 접근 방식은 수많은 학생에게 귀중하다. 학생들 가운데 90퍼센트는 학습 지원이 필요한 실정이기 때문이다. 이들이 받는 존경 역시도 값지다. 선생님들만 학생을 존중하는 것이 아니라, 다른 지역 학교에서도 라디오 방송국을 정기적으로 찾아와 마르틴의 학생들에게서 배워간다. 방송하는 내용은 학생들이 쓴 시와 창작물을 비롯한 오락거리인데 괴롭힘, 성교육, 종교, 아동 권리와 환경 문제 같은 중요한 주제도 다루고 있다. 방송국 학생들은 인권 단체인 '플라자 데 마요의 어머니들(Mothers of the Plaza de Mayo)'과도 인터뷰했다. 이들은 40년 전에 강제로 실종된 아동 희생자를 위한 캠페인을 벌이는 단체다.

"이는 모두 학생들의 소속감과 소명 의식을 기르는 일이에요. 학생들이 기술 분야에서 최고가 아닐지는 몰라도, 최고의 사람은 될 수 있죠. 세바스티안처럼요."

세바스티안이라는 열네 살짜리 학생은 라디오 방송국에서 일해도 되느냐고 마르틴에게 물어왔다. 세바스티안은 아나운서 역할을 하고 싶어 했지만, '에스(s)' 발음을 잘하지 못해서 애를 먹었다. 학습하는 데 문제는 없었지만 지원이나 지지를 받지 못하는 가정환경에서 자라났다. 세바스티안은 한 번도 책을 받아 본 적이 없었다. 그래서 마르틴은 세바스티안을 도서관으로 보내서 읽을 책을 골라보라고 했다. 그 뒤에 벌어진 일은 전혀 예상치 못했다.

"세바스티안은 카프카의 《변신 이야기》를 사흘 만에 읽었어요! 두 달 안에 책 일곱 권을 읽었죠. 그러고는 아르헨티나의 저널리스트 겸 역사학자를 인터뷰할 수 있을지 물었어요. 과거에 체 게바라와 했던 인터뷰로 널리 알려진 인물이었죠. 인터뷰는 정말 훌륭했어요. 둘은 쿠바혁명에 관해서 이야기를 나눴죠."

세바스티안은 전기·기계 분야를 전공하고 있었지만, 역사학으로 방향을 틀었다. 라디오 방송국은 세바스티안이 원하는 모습으로 거듭날 수 있도록 자신감과 능력을 불어넣었다. 마르틴은 교실에서는 할 수 없었던 방식으로 모든 학생이 목소리를 내고 잠재력을 보여줄 수 있는 공간을 만들었다. 마르틴은 나이 많은 학생이 어린 학생을 가르치도록 힘을 실어주었는데, 그렇게 해서 학생들은 교육자라는 역할을 이해하게 되었다. 이런 과정을 거친 덕분에 한 학생은 특수교육 교사라는 자신의 소명을 발견하게 되었다. 마르틴의 멘토링 덕분에 다른 진로도 일궈갈 수가 있었다. 그 가운데는 오토바이 수리점을 연 학생도 있고, 공연과 음악 산업 분야에서 일하게 된 학생도 있다.

"나를 행복하게 만드는 일은, 또 희망을 가득 채워주는 일은 바로 우리 학생들이 공감 능력을 발휘하면서 서로를 챙기는 모습을 보는 것이에요. 선생님이 되어서 나의 방법과 철학을 받아들여 교실에 접목하는 학생들한테서 이런 모습을 보고는 해요. 이것은 의미 있는 배움이자, 학생들이 미래로 가지고 갈 수 있는 기술을 배운 것이라고 봐요."

도움을 주기가 어려운 학생도 있다. 8년 전과 6년 전, 안드레아스와 토마스는 그림 그리는 일을 힘들어 했다. 마르틴이 아무리 열심히 노력해도, 또 온갖 방법을 동원해도 소용이 없었다. 할 수 없었다. 마르틴은 여전히 두 학생 모두와 연락하며 지내고, 모두 그 일을 가지고 농담을 한다. 그렇지만 마르틴은 어떤 면에서 자신이 그 아이들에게 실망을 줬다고 생각한다는 점을 잘 알 수가 있다. 마르틴이 가르쳤던 수많은 아이 가운데 그 둘을 유독 떠올리는 것이니까. 미술 선생님인 나는 마르틴의 심정이 이해가 간다. 그림 그리는 일을 두려워하는 학생도 정말 많고, 여러 가지 이유로 그림 그리는 데 애를 먹는 학생도 많다. 이를테면 선으로 모양과 형태를 잡는 일을 자신 없어 하는 경우가 있으니 말이다. 학생들은 3차원 도형이나 서로 겹치는 이미지를 파악하기 어려워할 때가 많다.

마르틴은 학생만이 아니라 그들 부모와 관계를 일구는 데에도 열심이다.

"부모에게 선생님과 학교를 믿어주면서 소중하게 여겨달라고 부탁해요. 그런 신뢰가 있을 때 우리가 최고의 성과를 낼 수 있으니까요. 그리고 아이들이 학교에서 어떤 일을 하는지, 또 집에서는 어떻게 도와주면 좋을지 살펴봐달라고 부탁하죠. 한 가족 한 가족이 교육 공동체의 일원이 되어야 해요. 물론 어려운 일이라는 것은 잘 알아요. 가정환경이 정말로 다양하니까요. 그러니까 모든 부모에게 똑같은 모습을 기대할 수는 없죠."

마르틴은 선생님으로서나 공무원으로서나 모두에게 더 나은 미래가 펼쳐질 수 있도록 헌신하고 있다. 이런 목표가 불가능하다는 사실은 인정하면서도 마르틴은 결코 포기할 마음이 없다.

"우리는 아르헨티나의 교육제도를 바꿔야 해요. 그리고 학생이 타고난 모습대로 어른이 될 수 있도록 이끌어줘야 하죠."

마르틴과 나는 똑같은 언어를 사용하지는 않을지언정, 교육과 학생을 바라보는 같은 관점을 공유하고 있다. 마르틴은 내게 '등대' 같다고 얘기하지만, 변화를 실현할 수 있는 사람이 있다면 그건 바로 마르틴이라고 생각한다.

학교를
호그와트 마법 학교로

#해리포터

#창의성

#공교육

아르망 두세

43세, 뉴브런즈윅, 캐나다

매일 학생들을 중심에 놓아두죠. 그러면 아이들에게는
사다리를 한 칸 더 올라갈 기회가 생겨요. 아이들이 한
발짝 물러서면 그때 아이들을 다시 올려주죠.

079

아르망은 우리 모두 슈퍼파워가 있다고 믿는다. 자신의
슈퍼파워는 사람들과 관계를 맺는 능력이고, 나도 똑같은 능력
을 품고 있다고 아르망은 생각한다. 우리가 처음 만난 건 5년 전
교육 컨퍼런스에서였다. 아르망은 캐나다 뉴브런즈윅에 살고
나는 영국에 살고 있어서, 줌으로 이야기를 주고받을 만한 가장
좋은 시간대를 찾고는 한다. 우리가 얘기를 나눌 때면 대개 아이
들 한두 명이 아르망을 타고 매달려서, 그의 집에는 소리와 웃음
이 가득하다. 매주 일요일, 아르망과 그의 아내는 가족이나 근처
에 있는 친구들이 먹을 스파게티를 한 솥 가득 만드는데, 어떨
때는 25명에게 음식을 대접하기도 한다.

나는 사람들이 교사로서의 여정을 어떻게 밟아가는지, 또 자

신의 직업 생활을 이어가고자 어떤 결정을 내리는지에 어김없이 매혹된다. 아르망은 자신의 여정은 전통적인 선형 접근 방식이라기보다는 어지럽고 구불구불한 선이라고 표현한다. 그가 선생님이 되겠다고 깨달은 것은 한 번의 통찰로 일어났다기보다는 '아하!' 하는 순간이 쌓여 이뤄졌다. 환상적인 설명이다. 내게는 이런 설명이 훨씬 더 실질적으로 느껴진다. 그가 자신이 올바른 일을 하고 있다는 생각을 주기적으로 강화하는 것처럼 말이다.

아르망은 대대로 교육자와 지역사회 사업가인 집안에서 태어났지만, 자신이 미래에 교육계에서 일할 수도 있다는 식의 말은 모두 일축했다. 축구 코치를 하면서 청소년 국가 대표 프로그램의 하나로 전 세계를 돌아다닌 것 말고는 그렇다. 아르망은 대학에서 신체 운동학을 전공했다가, 의예과 과정으로 전공을 바꾼 뒤 한 가지 사실을 깨닫게 되었다. 그는 이 깨달음을 탁월하게 표현한다. "피를 보는 걸 견딜 수 없었고, 엄청난 바늘 공포증이 있었어요." 그래서 역사학으로 전공을 바꿨다. 학계와 책에 둘러싸여 사는 삶 역시 알맞지 않았고, 그래서 다시 신체 운동학으로 돌아갔다.

가르치는 일이 언제나 사명은 아니며, 또는 적어도 설령 그것이 사명일지라도, 아르망은 거기에 귀를 기울이지 않았다는 사실을 보여줄 필요가 있겠다. 그는 내 표현으로는 아이디어와 생각이 들어차 있는 '팝콘 두뇌'를 지니고 있었지만, 그 아이디어는 뒤죽박죽이었다. 그래서 대기업에서 영업과 마케팅 분야에서 일하며, 개인 시간에 스포츠 코치 생활을 6년 동안 이어갔다.

2009년 아르망은 회사를 설득해 한 달 휴가를 받았고, 가장 친한 친구와 르완다와 탄자니아로 여행을 갔다. 친구의 어머니는 아루샤에서 열린 인종 학살 재판과 관련된 일을 했다. 아르망은 여행하며 인권, 다양성, 포용, 평등에 관해 많은 것을 배웠고, 이는 이듬해 그가 남아프리카공화국 방문을 계획하도록 영감을 불어넣었다(우연히도 피파 월드컵 개최 시기와 맞아떨어졌다). 그 뒤로 '아하' 하는 순간이 두 번 더 이어졌다. 첫 번째 순간은 로벤섬에서 자신의 영웅인 넬슨 만델라에 관해 더 많은 사실을 알게 된 것이었다. 넬슨 만델라는 자신의 가치를 올곧게 믿으며 이를 위해 분투한 사람이다. 두 번째 사건은 집으로 돌아와서 가족이 알고 지내는 선생님이 그를 앉히고 얘기했을 때였다.

"그가 이렇게 얘기했죠. '아르망, 교육 쪽으로 진지하게 생각해봐. 우리가 너를 고용할 수도 있어.' 그는 자신이 생각하는 내 강점과 약점이 무엇인지, 또 그 무렵 교육 시스템이 어떻게 굴러가고 있는지를 말해주었어요. 전에도 수없이 했던 대화였지만, 이번에는 귀를 기울였죠. 교육계와 나는 잘 맞는다고 생각해요. 노력하면서 최대한 좋은 유산을 남기고 싶어요."

교직 생활을 해온 10년이 넘는 기간 동안 그는 역동적인 창의성으로, 그리고 자신의 소임과 학생들을 향한 진심 어린 헌신 덕분에 전 세계 청중을 만날 수 있었다. 그는 이 덕분에 자신이 하는 모든 일에 추진력을 받을 수 있었다고 얘기한다. 자신의 아이들과 더불어서 말이다. 내게 마법 같은 기쁨을 선사하는, 아르망이 자기 학교에서 시작한 프로그램 하나는 바로 해리 포터 프로그램이다. 그는 공간을 호그와트로 변신시켰다. 일주일 내내 선생님들은 소설 속 등장인물을 맡았고(아르망은 덤블도어 역할이었다), 모든 수업을 소설과 연관 지으며 교육과정과 연계했다. 이 프로그램을 기획하고 학교를 호그와트로 바꾸는 데에는 6개월에 걸친 100시간과 덧붙여 주말이 4일 더 필요했다. 악명 높은 대강당도 만들었는데, 그곳에는 전기 촛불을 매달아서 떠다니는 것처럼 보이게 했다.

"창의성 얘기를 하고 싶으신가요? 그건 창의적이었으니까 말이죠."

레딧(Reddit) 조회 수는 180만이 넘었고, 학생들은 이 프로그램을 정말 좋아해서 서둘러 집으로 돌아가 저녁 식사 때 올빼미의 펠릿에 관한 지식을 나누고는 했다. 부모는 아이가 일찍 일어나 학교에 가고 싶어 안달하는 모습을 보며 매우 놀랐다.

아르망은 중학교를 떠나오자 서로 동등하게 협동하던 일이 그리웠다. 고등학교에서 학생들을 가르치고 표준화된 시험을 대비시키는 일은 갑작스러운 변화였지만, 이곳에서 잘 해낼 수 있다는 생각을 하기도 한다.

"당신은 잘 알잖아요, 안드리아. 잠은 죽어서 자겠다고 나는 항상 얘기해요."

그는 교육 시스템, 학생, 부모, 선생님이라는 직업의 평판에 초점을 맞춘다. 해야 할 일이 많지만, 그렇게 할 수 있는 사람이 있다면 그건 바로 아르망이다.

"공교육이 정말로 중요해요. 나는 전 세계적으로 이 싸움을 벌여왔어요. 누구나 공교육을 받아야 한다고 생각하거든요. 공정하고 포용적으로 공교육을 개혁해야 해요. 진정으로 모두가 윤택한 삶을 살 수 있게 해주는 네트워크와 플랫폼에 모두가 접근할 수 있어야 하죠. 그러기 위해서 세금을 2퍼센트 더 내야 한다면, 그래서 모두가 잘 지낼 수 있다면, 그렇게 만들어야죠."

아르망은 가르치는 일은 싸움이라고 말한다. 나는 그런 식으로 생각해본 적이 없지만, 그의 말이 맞다. 이건 싸움이다. 비단 아이들이 목소리를 찾고 활용할 수 있도록 가르치는 것만이 아니라, 선생님들이 하는 일을 인식시키기 위한 싸움이다. 아르망은 이 문제는 어느 정도는 바로 우리 선생님과 관련이 있고, 또 오늘날의 매체와 의사소통이 쌍방향으로 이뤄진다는 것을 이해하는 일이라고 한다. 아르망은 아일랜드 작가 조지 버나드 쇼의 말을 인용해 "의사소통할 때 가장 큰 단 하나의 문제는 바로 의사소통이 일어났다고 착각하는 것"이라 한다. 쇼가 이 말을 했을 때나 지금이나 똑같은 울림이 있다.

"이 문제가 생겨난 이유는 일정 부분에서는 우리가 가르치는 일을 적절한 전문적인 직업으로 지켜내지 못해서라고 생각해요. 관리하는 차원에서는 가부장적이었지만, 80퍼센트가 여성으로 이뤄져 있어요. 우리가 들고 일어서서 목소리를 내기 시작해야 해요. 단순한 밥벌이가 아니라 전문적인 직업이기에 길에 돌아다니는 아무나 이 일을 할 수는 없다고 말이죠."

아르망은 우리가 학생들의 부모나 보호자와도 관계를 더 잘 맺어야 한다고 생각한다. 요즈음에는 가족이 어떤 형태를 갖추고 있건, 부모에게 어마어마한 중압감이 가해진다. 부모는 대부분 일하고 있으며, 자기 아이에게 쏟아붓는 시간을 생각하면, 또 과연 아이의 머릿속에서 일어나는 일을 제대로 알고 있을까 생각하면 죄책감이 느껴진다. 나 역시도 두 딸은 둔 어머니로서 그렇다. 그래서 나는 이 문제를 양쪽 모두의 시각에서 바라볼 수 있다. 아르망은 선생님이 길을 찾아내야 하는 것이 과제라고 생각한다. 부모에게 손을 내밀어 이들이 마주한 싸움을 이해하는 일은 조화롭게 가르치고 양육하는 데 도움이 될 수 있기 때문이다. 그러면 우리가 맡은 소임을 잘할 수 있다.

"선생님이 된다는 건 영광이에요. '무대에 오른 현자'라든가 '조력자' 같은 말을 쓰는 걸 좋아하지 않아요. 물론 우리는 이 역할 안에서 많은 일을 하죠. 학생, 가족, 공동체를 위한 대장이자 응원단이니까요. 그리고 이런 것을 끊임없이 주고받죠. 이 모든 일 한가운데에는 가장 귀중한 재화인 시간이 있어요. 누군가에게 시간을 진심으로 내어준다는 것은, 그에게 관심을 쏟고 있으며 그 사람을 중요하게 여긴다는 사실을 보여주는 것이죠. 그렇지 않은가요? 아이들 가운데 집에서 부모와 이런 것을 경험하는 아이가 과연 얼마나 되겠어요?"

아르망에게 선생님으로 지내오면서 가장 훌륭한 성취라고 생각하는 게 무엇인지를 묻자, 그는 잠시 당황했다. 그는 자신이 했던 국제적인 작업이나 자신이 받은 상 이야기를 꺼내지 않았다. 그에게 가장 큰 영향을 끼치는 일은 학생들이 하루하루 잘 지내는 모습을 보는 것 그리고 그 과정의 일부가 되는 것이다.

"매일 학생들을 중심에 놓아두죠. 그러면 아이들에게는 사다리를 한 칸 더 올라갈 기회가 생겨요. 아이들이 한 발짝 물러서면 그때 아이들을 다시 올려주죠. 그런 작은 일이 가장 훌륭한 성취라고 생각해요. 선생님들은 자기 자신이 이처럼 훌륭하게 자주 성취한다는 걸 깨닫지 못하는 것 같아요."

이 일상적인 여정의 단점은 기회를 놓칠 수도 있다는 점이다. 성공담이 있기는 하지만, 자신들이 할 수 있거나 해야 했던 일을 다 하지 못하는 학생도 있다. 그리고 그런 아이의 선생님으로서 우리는 이를 아주 개인적으로 받아들일 수 있다. 선생님이라면 누구나 떠나간 학생 이야기를 최소 하나쯤은 지니고 있을 것이

다. 아르망은 초기에 코치 일을 하던 때를 기억한다. 가르친다는
게 어떤 의미인지를 아직 배워가고 있었을 시절의 일이다. 당시
항상 유쾌하고 열심히 노력했지만 집안 사정이 어려웠던 남자
아이가 하나 있었다.

"브래드네 집에 가족 문제가 있다는 걸, 그리고 브래드가 여
러 가정을 옮겨 다니며 지냈다는 걸 알고 있었어요. 어느 날부터
브래드가 더는 오지 않았죠. 알고 보니, 새로운 보호자가 훈련
장소에 차를 태워다 주지 않겠다고 했어요. 조금 더 경력이 있
었다면 브래드를 지켜줄 방법을 찾아냈겠죠. 차로 마중을 나가
거나 해서든지요. 그 훈련이 브래드에게 얼마나 중요한 생명줄
이었는지를 알 수도 있었을 텐데, 미처 깨닫지 못했어요. 그렇게
브래드는 자취를 감췄죠. 10년이 지난 뒤 브래드가 살인죄로 감
옥에 있다는 사실을 알게 되었어요. 길을 잃고 만 것이죠. 브래
드를 구해줄 수도 있었을 거라는 얘기를 하는 것은 아니에요. 그
렇지만 도와줄 수도 있지 않았을까, 하는 생각을 종종 하죠."

듣기 쉽지 않은 이야기지만, 말하기는 더욱 쉽지 않은 이야기
다. 이 일이 얼마나 아르망에게 끈덕지게 따라다닐지 나는 잘 알
수 있다. 아르망은 완벽주의자이지만, 다른 사람이 내리는 결정
을 그가 통제할 수는 없다. 아르망은 자신이 도와주었던 그 모든
아이를, 자신이 그 아이들에게 끼친 영향을 기억해야 한다. 아이
들은 아르망을 어떻게 얘기할까?

"아, 완전히 제정신이 아니라고 얘기하겠죠! 또 자신들에게 다가가기 위해 해야 하는 일을 한다고도 말할 것 같아요. 관심을 가진다고 말이죠. 다른 그 어떤 일을 다루기에 앞서 아이들에게 정서적으로 필요한 것부터 나는 최우선으로 챙겨요."

아르망은 매슬로의 욕구 단계설을 믿는다. 이 이론은 '누구든지 무언가를 배우기에 앞서 감정을 보살펴야 한다'고 하며, 이런 접근 방식이 미래의 교육법의 하나라고 생각한다. 그렇다면 미래의 교육은 어떤 모습일지 아르망은 어떤 조언을 해줄 수 있을까?

"캐나다에 트래지컬리 힙(Tragically Hip)이라는 위대한 밴드가 있었어요. 〈Ahead by a Century(한 세기 앞서서)〉라는 노래를 불렀죠. 가사에는 삶은 마지막 리허설이 아니라는 얘기를 담고 있어요. 소중한 얘기죠. 그리고 매일 나에게 오늘을 최고로 잘 보내는지를 물어보아요."

성장의 공기를,
결코 포기하지 마세요

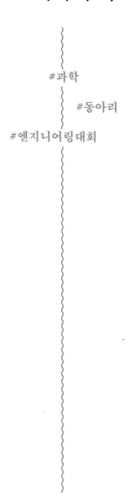

#과학

#동아리

#엔지니어링대회

피터 타비치

40세, 나쿠루, 케냐

절대로 포기하지 마세요. 어떻게 하면 도와줄 수 있을지
최고의 해결책을 계속 찾아다니세요. 때로는 아이들과
관계를 맺는 다른 창의적인 방법을 떠올려야 해요. 그러면
달라지는 게 보여요.

피터 타비치는 훌륭한 선생님이 되려면 행동을 더 많이
하고 말을 더 적게 해야 한다고 얘기한다. 프란시스코회 수도사
인 그는 자기 삶의 모든 영역에서 이 철학을 실천한다. 케냐 시
골 지역에 있는 작은 학교에서 과학, 수학, 물리학을 가르치는
선생님 역할을 맡을 때도 물론이다. 그는 월급의 80퍼센트를 교
육, 지속 가능성, 평화에 초점을 맞추는 지역 공동체 프로그램에
내어준다. 또 자신의 학생들에게 더 나은 삶을 만들어주는 데 열
성적이다. 피터는 내가 수상한 바로 이듬해에 '세계의 교사 상'
을 받았다. 그와 함께 보낸 한 시간은 가치를 이루 매길 수 없고,
영감을 안겨주는 특별한 선물이었다. 그와 이야기를 나눌 때면
어김없이 의식이 고취되었다.

성장의 공기를, 결코 포기하지 마세요

아버지가 교사였던 피터는 선생님으로서의 길이 자기 운명이라는 것을 알고 있었다. 그는 아직 어린아이였을 적에 어머니를 떠나보냈다. 상실의 아픔을 마음에 받아들이기에는 힘든 나이였다. 그는 세상이 모두 산산조각이 나는 것 같았다. 그렇지만 이는 초등학교에서 중등학교, 그다음 대학교에 이르기까지, 학교를 거쳐오며 그가 겪었던 고난 가운데 하나일 뿐이다. 그는 매 단계를 헤쳐 나가고 또 그다음으로 넘어갈 수 있었던 것이 정말 놀라운 일이었다고 한다. 기적 같은 일들, 그리고 이를 가능케 해주었던 아버지와 선생님들의 지원을 언급한다.

"저는 제가 초등학교를 마칠 수 있을지조차 몰랐어요. 제 가정환경은 변변치 않았고, 좋은 교육을 받기가 쉽지 않았어요. 제게는 그게 행운이었죠. 저는 힘든 환경에 처해 있을 때면 바로 그 환경에서 긍정적인 변화가 생겨난다고 생각해요. 그 환경에 갇혀 있지 마세요. 그러지 않고서 대체 무얼 해결할 수 있겠어요?"

피터는 자신이 성장했던 공동체와 비슷한 곳에서 아이들을 가르친다. 정부의 지원금을 받는 케리코 주간 공학 중등학교는 반건조 지역인 프와니 마을에 있다. 이 마을은 케냐 대지구대의 외딴 구석에 자리 잡고 있는데, 여기서는 가뭄, 기근, 빈곤, 식량 부족과 싸우며 지낸다. 다양한 종교적·문화적 배경을 지닌 아이들은 매일 학교에 가기 위해 머나먼 거리를 걸어 다니는 것을 비롯한 여러 장해물에 부닥친다. 피터가 가르치는 학생 대부분의 집안은 가난하다. 거의 3분의 1 가까이가 고아다. 그리고 마약 남용, 자살, 조혼, 십 대 임신에 취약한 상황에 놓여 있다. 집에서 건 학교에서건 마주치는 어려움이나 부족한 시설과 기반 앞에 서도 피터의 낙관주의는 절대 사그라지지 않는다. 피터는 이런 상황에 아주 익숙하다.

"내가 어렸을 때, 진흙으로 만든 오두막이 학교였어요. 어느 것도 충분치가 않아서, 도서실도 없고, 불을 켤 전기도 없고, 신 발도 없고, 심지어는 탄탄한 나무 바닥도 없었어요. 어디나 먼지 투성이었어요. 항상요. 우리가 침을 뱉으면 먼지가 가득했죠. 우 리가 배우는 모든 것은 우리 앞에 서 있는 선생님들한테서 나오 는 것이었어요. 우리는 선생님들께 의지했죠."

피터는 자신을 가르쳐주었던 바로 그 선생님이 되었고, 또 그 이상이 되었다. 그는 여러 동아리를 설립해 학교의 다양한 영역 과 더 넓은 공동체에 도움을 주었고, 하나하나 모두 큰 성공을 거두었다. 피터의 과학 동아리는 2018년에 케냐에서 높이 평가 받는 과학 엔지니어링 대회에 나가 전국에서 손꼽히는 다른 학 교들을 제치고, 청각장애인과 시각장애인에게 도움을 주는 측 정 장치 발명품으로 우승을 했다. 이 동아리는 계속해서 미국에 서 열린 국제 대회에서도 실력을 드러내어, 식물로 전기를 만드 는 기술로 상을 탔다.

성장의 공기를, 결코 포기하지 마세요

피터는 당시 학생들이 얼마나 자랑스러웠는지 이야기한다. 특히나 변변치 못한 것으로 너무나 큰 성취를 이루어냈고, 또 이런 긍정적인 영향이 비단 케냐만이 아니라 아프리카 전체를 위해서 얼마나 중요한지를 말이다. 이처럼 폭넓은 접근 방식은 그가 교실 바깥에서 지역 농업 공동체에 기근을 버틸 수 있는 작물을 기르는 법을 가르치는 노력을 보면 더욱 분명해진다. 그리고 부족에서 일어나는 폭력에 맞서는 평화 활동을 통해서, 공동 의회를 만들어 일곱 개 부족의 학생들을 통합하고, 이들이 차례대로 돌아가며 부족의 의식을 이끌도록 했다.

그가 학교에서 학생들을 가르치는 동안, 학생 수는 두 배로 늘어났고 학생들의 행동도 눈에 띄게 향상되었다. 그러니 학생 한 사람 한 사람에게 할 수 있다고 힘을 실어주는 일이 중요하다고 피터는 이야기한다.

"자신들이 특정한 목표를 이루기 위해 노력한다는 걸 학생들이 깨닫게 되면, 그들은 선생님을 지지하게 돼요. 그러면 우리 모두 그 목표를 향해서 노력할 수 있어요."

그는 최근에 그가 성공을 거둔 것이 학생들에게 곧바로 힘을 실어주었다는 사실을 잘 알고 있다. 가능성을 향해 눈을 뜨도록 한 것이다. 또 학생들에서 그치지 않고, 더 넓은 공동체도 눈을 뜰 수 있게 해주었다.

"이제 나는 조금 더 영향력을 끼치는 위치에 서게 되었고, 사람들은 이를 보면서 변화가 생겨나죠."

피터는 조금 더 추가적인 도움과 지원이 필요한 학생들에게 주말 가정 방문을 한다. 다른 많은 경우와 마찬가지로, 이런 학생들은 대개 가족과 한방에서 살고 있거나 공간을 함께 쓰고 있어서, 사생활도 거의 없고 공부를 할 만큼 집 안 환경이 조용하지도 않다. 우리가 이를 어려움이라고 보는 까닭은 우리에게 비교 대상이 있기 때문이지만, 그 학생들 처지에서는 괜찮다. 생활을 잘 꾸려가고 있고, 행복하고, 학생들이 알고 있는 것은 지금 이것이라는 사실이다. 그가 지켜보기 힘든 것은 바로 음식, 물, 옷, 전기, 학습에 필요한 물건이 부족한 상황이다. 이 모든 것은 어떤 상황에서 태어나 살아가건 간에, 모든 아이가 기본적으로 갖춰야 하는 필수품이다. 다음 끼니를 어떻게 마련할지 골몰하는 상황에서는 부모도 아이도 학교를 우선순위로 삼기가 어렵다. 피터는 이들도 교육의 가치를 알고 있지만, "가장 중요한 일은 돈을 구하는 일, 그리고 음식을 구하는 일, 그게 전부"라고 말한다.

그렇지만 시대가 바뀌고 있고, 젊은 세대는 교육이 자신들에게 가장 중요한 기회라는 사실을 알고 있다. 단순히 살아남는 게 아니라 번영하려면 말이다. 피터는 더 많은 여자아이가 학교에 오도록 만드는 데에도 열심이다. 여자아이들은 열여섯 살 무렵이면 시집을 보내기에 학교가 시간 낭비처럼 여겨지기도 한다.

성장의 공기를, 결코 포기하지 마세요

내가 어렸을 때, 진흙으로 만든 오두막이 학교였어요.

어느 것도 충분치가 않아서, 도서실도 없고, 불을

켤 전기도 없고, 신발도 없고, 심지어는 탄탄한

나무 바닥도 없었어요. 어디나 먼지투성이었어요.

우리가 침을 뱉으면 먼지가 가득했죠. 우리가 배우는

모든 것은 우리 앞에 서 있는 선생님들한테서

나오는 것이었어요. 우리는 선생님들께 의지했죠.

그래서 이런 마음가짐을 변화시키는 것이 피터에게는 중요한 우선순위였다. 지난 몇 년 동안은 그의 노력이 보상을 받아서, 학교에서 매년 치르는 네 번의 시험에서 여자아이들이 남자아이들보다 성적이 좋았다. 그렇지만 부족 문화에서 아직 해야 할 일이 더 많다고 한다.

"돈, 그리고 신랑이 신붓집에 치러야 하는 지참금이 많이 문제가 돼요. 지참금을 소로 치르건, 부동산으로 내건, 현금으로 하건 간에요. 깨기 어려운 전통이죠. 바로 이 때문에 부모가 딸의 교육을 중요하게 여기지 않는 경우가 많은 거예요."

피터에게 가장 자랑스러운 업적이 무엇인지 묻자 어쩔 줄 몰라 했다. 피터는 이루 말할 수 없이 겸손한 사람이고, 자기 얘기를 하는 걸 불편하게 생각한다. 그래서 곧바로 이 답변을 학생들의 성공을 아우르는 얘기로 돌려, 최근 팬데믹을 어떻게 헤쳐 나왔는지를 이야기한다. 고등교육을 받게 된 학생들은 이제 더 특권적인 가정환경과 자원이 풍부한 학교생활을 누린 학생들과 뒤섞여 생활하고 있다. 그렇지만 피터의 졸업생들은 그곳에서 지낼 능력과 자격이 충분하다. 이 사실이 피터를 웃게 만든다. 기쁨을 뿜어내는 크고 환한 미소다.

"학생들이 대학에 다니거나, 전국적이고 국제적인 수준에서 대회에 나가 경쟁하는 모습을 보면, 또 그렇게 해서 성공을 거두는 모습을 보면, 그 아이들이 자라난 환경을 떠올리며 무엇을 이룰 수 있는지를 생각해요. 내게는 정말 엄청난 결과예요. 내가 하는 일이 헛되지 않다는 희망을 안겨줘요."

그렇다고 해서 실패하지 않았다는 뜻은 아니다. 피터는 메리라는 학생의 이야기를 해준다. 메리는 팀원과 함께 과학 프로젝트를 위해 열심히 노력해서 국제 챔피언십에 출전할 자격을 얻었지만, 대회에 참석할 자금을 지원받지 못해 크나큰 슬픔에 빠졌다. 교훈을 얻는 과정은 결코 녹록지 않았다. 특히나 이듬해에는 메리가 곁에서 지켜보는 가운데, 메리의 또래 학생들이 재정적인 지원을 받아 미국에 갔기 때문이다.

"메리에게 이게 끝이 아니라고 얘기했어요. 메리는 실망하기는 했지만 내 말을 귀담아듣고 열심히 노력했던 것 같아요. 일 년 뒤 메리와 팀원은 미국에 갈 기회를 얻었고, 자신들의 프로젝트를 의과대학과 의료 단체에 선보였죠. 메리네 팀은 발표하는 법에 관해 멘토링을 받았고, 나보다 훨씬 훌륭해졌죠. 바로 이런 걸 하기 위해서 내가 존재하고 지지하는 것이기도 해요. 누군가가 성취를 이루어 더 나은 사람이 되는 일 말이에요. 그리고 메리는 포기하지 않았어요. 지금 메리는 장학금을 받아 미국에서 지내고 있고, 성적표를 보내와요. 우수한 성적이죠."

피터와 시간을 보내면서 나는 역경을 딛고 승리를 일군다는 속담이 떠올랐다. 피터에게도 그렇고, 운이 좋게도 피터에게 가르침을 받았던 학생들에게도 말이다. 그 학생들은 피터에 관해 어떻게 얘기할지가 궁금했다. 물론 대답하기 쉽지 않은 질문이라는 점은 잘 알고 있다고 나는 말했다.

"아마도 내가 자신감과 호기심을 품는 법을 가르쳐준다고 하지 않을까요? 그리고 사람들에게 다가가는 방법도요. 자신의 힘을 다른 사람들에게 도움을 주는 데에도 쓰는 거죠. 이건 자기 신뢰와 인간성과도 연결된 일이에요. 비록 우리가 모두 가난한 환경에서 자랐다고 해도, 그게 끝은 아니에요. 학생들은 성공을 거둘 것이고, 삶을 바꿔갈 거예요."

현재와 과거의 졸업생들이 피터를 얼마나 소중하게 여기는지, 또 예전 학생들의 근황을 접할 때마다 얼마나 힘이 솟을지 확실히 느껴진다.

"크나큰 변화를 볼 수가 있어요. 학생들이 학교생활을 시작했을 때부터 지금 학생들이 서 있는 위치를 살펴보면요. 더 좋은 것은, 학생들이 내게 도전을 해온다는 거예요. 그러면 정말 기운이 나죠."

절제된 표현의 달인이다.

오늘날의 피터라는 사람을 만들고 또 피터에게 영향을 끼친 사람들의 목록을 나열하자면 길지만, 피터는 그 가운데서 특히 세 명을 꼽는다. 첫 번째는 그의 아버지다. 피터의 아버지는 피터가 공부를 진지하게 받아들이도록 이끌어주신 데다, 사람들과 함께 살면서 이들을 존중하고 좋은 기독교인이 되는 법을 가르쳐주었다.

"아버지는 가치 체계를 세워주셨는데요, 내가 총체적인 접근 방식으로 교육을 대하는 건 그 가치 체계에 뿌리를 내리고 있어서예요. 누군가 찾아와서 음식을 달라고 해서 오늘 음식을 준다면, 내일 그 사람은 또 배가 고파지겠죠. 그러니 장기적으로 봐야 해요. 그 사람과 이 아이들의 미래를 보는 거죠."

피터에게 두 번째로 영감을 준 사람은 케냐의 활동가인 왕가리 마타이라고 했다. 왕가리 마타이는 2004년에 아프리카 여성으로서는 최초로 노벨평화상을 수상했다.

"어떤 기분이었냐면요. 아, 나랑 비슷한 환경에서 누군가가 나타나 전 세계적으로 이름을 알릴 수 있다면, 언젠가 나도 무언가 해낼 수 있겠다는 생각이 들었어요."

그에게 세 번째로 큰 영향을 끼친 인물은 넬슨 만델라다. 특히 다른 사람들을 위해 그가 한 개인적인 희생 때문이다. 이는 피터에게 크나큰 울림을 주었다. 그는 다른 사람들을 우선으로 삼으며 가지고 있는 것을 나누는 일은 사람들에게 두려움을 안겨준다고 생각한다. 잃을 수 있는 것 때문에 말이다. 그렇지만 이런 위험을 감수할 수만 있다면, 더 행복하고 조화로운 사람이 될 것이다.

"사람들은 항상 이런 의문을 품죠. 이렇게 해서 내가 얻을 수 있는 게 뭐지? 내가 뭘 받을 수 있지? 사람들은 자신에게 이득이 되는 전략을 찾아내려고 해요. 그렇지만 만약에 우리가 다른 사람들을 먼저 생각한다면 어떨까요? 그러면 세상이 더 좋고 평화로운 곳이 될 수가 있어요."

'영감을 불어넣는다(inspire)'라는 말은 숨을 들이마신다는 뜻의 라틴어에서 유래되었다. 나는 이 말이 피터에게 '딱'이라고 생각한다. 피터는 학생들이 살아가고 성장할 수 있는 공기를, 생명의 힘을 만들어낸다. 이 점이 그의 가장 특별한 면이라고 생각한다. 또 그를 만나는 모든 사람에게 낙관주의와 열정이 번져 나가는 점도 말이다. 피터는 가장 녹록지 않은 학생들과 상황을 마주할 때조차도 절대로 포기하지 않는다.

"절대로 굴복하지 마세요. 어떻게 하면 도와줄 수 있을지 최고의 해결책을 계속 찾아다니세요. 때로는 아이들과 관계를 맺는 다른 창의적인 방법을 떠올려야 해요. 그러면 달라지는 게 보여요. 단순히 교육받은 대로 선생님 역할을 하는 게 아니라, 끊임없이 그걸 넘어서서 발을 내디뎌야 해요. 어렵죠, 물론 그렇지만, 또 할 일이 두 배가 되겠지만, 계속 앞으로 나아갈 방법을 생각하고 우리 주변 사람들의 생각에 귀를 기울여야 해요."

세계시민?
교실에서 전 세계로
영상통화

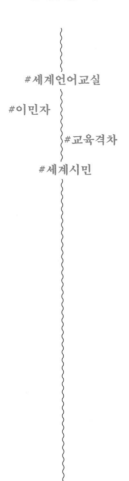

#세계언어교실

#이민자

#교육격차

#세계시민

아카시 파텔

31세, 댈러스, 미국

오클라호마 농촌 지역에서 전 세계적인 교육의 격차를
깨달았어요. 그것은 쉽게 흘려보내고 누군가 다른 사람이
신경을 써줄 문제라고 치부할 수도 있었죠. 하지만 살면서
틈이 보이면 채워야 해요. 거기서 그냥 멈춰서는 안 돼요.
가다가 또 다음 틈을 발견하고, 또 그다음을 발견하는
거죠. 틈을 계속해서 메워야 해요.

아카시 파텔은 내가 만나본 사람 가운데 가장 큰 미소
와 넉넉한 마음을 지닌, 아주 빠르게 말을 하는 사람이다. 그는
내가 수상했던 해인 2018년에 '세계의 교사 상' 최종 후보였고,
그 뒤로 우리는 굳건한 친구 관계를 맺었다. 그가 미국연방이민
국에 지원서를 냈을 때 마침 나는 평가관 가운데 한 명이었다.
미국 교육계에서 11년 동안 헌신하고 전념한 끝에 드디어 이 나
라를 자신의 영원한 고국이라 부를 수 있게 되었다니 기쁘고도
안도감이 들었다. 어쩌면 당연하게도, 그는 이민법 개정과 이민
자 아이들이 겪는 어려움에 정말 열정적으로 뛰어든다. 이런 점
은 미국외국어교육협회 대표로 당선되어 일한 경험에도 잘 반
영이 되어 있다.

"나는 (미국외국어교육협회) 대표로 당선된 최초의 인도계 미국인이자, 최연소 대표이기도 했어요. 6개 외국어를 구사할 줄 알아요. 그래서 이중 언어를 쓰는 다문화 사회로서 난관을 겪고 있는 나라의 얼굴이 되다니 짜릿했어요. 우리는 얼마든지 행복하게 공존할 수 있잖아요. 우리 미국의 아이들이 내일의 세계시민으로서 편협함과 편견을 물리치는 챔피언이 된다는 건 멋진 일이죠."

아카시는 쌍둥이 형제인 해피와 함께 십 대 시절 인도에서 미국으로 이민을 왔다. 아카시는 "갈색 피부의 인도인"은 엔지니어·변호사·의사가 되거나, 아니면 가족에게 망신을 주는 존재가 된다는 고정관념이 있다고 말했다. 그는 핵공학을 전공으로 선택하고 아이오와 주립대학에서 전액 장학금을 받았으나, 첫 번째 학기가 끝날 무렵, 인생에서 30년을 사람이 아닌 원자로와 보내는 일에 의문이 들었다.

아카시는 해피와 함께 중고 SUV를 구입해 겨울 동안 차를 타고 아이오와에서 오클라호마까지 남쪽으로 쭉 내려갔다. 삼촌이 사는 곳이었다. 아카시는 교사가 되기 위한 교육을 받을 수 있는 지역 대학에 가고자 파트타임으로 일했다. 그 지역의 농부, 목장 주인, 또는 지역 출신 졸업생 가운데 그가 유일한 "갈색 피부"였다.

"사람들은 로데오 경기에 저를 초대하고는 했어요. 그러면 카우보이모자를 쓰고 갔는데, 스페인어를 하니까 다들 나를 멕시코 사람이라고 넘겨짚었죠. 인도에서 왔다고 하면 이렇게들 얘기했어요. '거기서는 길거리에서 코끼리도 볼 수 있겠네요.' 그러면 저는 농담을 던지면서 '그럼요, 물론이죠' 이렇게 대답했죠. 술이 얼마나 취했는지에 따라서요."

우리는 모두 고정관념을 품고 있다고 아카시는 생각한다. 오클라호마에 왔을 때, 그는 카우보이와 티피라는 천막을 볼 것이라 예상했다.

"우리는 생김새가 똑같지 않을 테고, 똑같은 운명을 공유하지 않을지도 몰라요. 그렇지만 안드리아, 당신과 나는 같이 이야기를 나누면서 우리가 가족과 학생과 공동체를 위한 공통적인 열정, 추구하는 것, 꿈을 지닌 인간이라는 것을 깨달을 수 있죠. 똑같은 언어를 사용하지 않을지는 몰라도, 우리는 공통의 인간성으로 연결되어 있어요. 그게 오클라호마에서 발견한 거예요."

아카시가 조그만 농촌 사회에서 교사 일을 시작했을 때, 길거리에서 사람들이 그를 쳐다보고는 했다. 그렇지만 아이들은 아카시의 여행 이야기에 감명을 받았다. 인도에서 코끼리와 일한 얘기, 코스타리카와 스리랑카에서 바다거북과 일한 이야기에 말이다. 아이들은 얘기를 더 듣고 싶어 했다. 아카시는 한 사람이 물리적으로는 한곳에서만 있을 수 있지만, 전 세계에 수많은 친구가 있고 그 친구들을 학생들에게 소개한다면 어떤 이야기를 공유해줄 수 있을지를 생각했다. 여행하는 특권을 누리거나 여행에 필요한 자원이 없는 아이들이 정말 많았으므로, 아카시는 그 틈을 메워주려고 결심했다.

2014년 그는 페이스북 친구들에게 영상통화로 교실에 있는 학생들과 이야기를 나누어달라고 부탁하기 시작했다. 아카시는 이를 게임으로 바꾸었다. 아이들은 질문을 던져서 그 사람이 어느 나라 사람인지를 알아내야 했다. 2021년 현재 아카시에게는 150개가 넘는 나라의 자원봉사자 1200명이 있다. 이들은 미국 50개 주에 있는 교실로 영상통화를 한다. 그러면 예를 들어 알래스카 농촌 지역이나 푸에르토리코의 산후안에 있는 아이들이 거의 세계 모든 곳에 있는 사람과도 만날 수 있다. 영국에서 독일, 인도, 오스트레일리아에 이르기까지 말이다.

"간단한 발상이었어요. 세계시민 의식을 고취하려는 것이었죠. 저는 청소년들에게 세계시민 의식을 불어넣는 일에 열정을 품고 있으니까요."

현재 아카시가 이끄는 비영리단체는 한 달에 1000개가 넘는 언어 교실을 운영한다. 중국어, 일본어, 독일어, 프랑스어, 힌디어, 스와힐리어를 배우는 학생에게 문이 열려 있다. 이는 어디까지나 일부에 불과하다.

아카시가 선생님으로 일한 기간은 겨우 6년이다. 그는 오클라호마의 작은 농촌 마을에서 인턴십을 하며 견습 교사 시기를 보냈고, 그 뒤에 교사 자격증을 딴 다음 사회경제적 지위가 낮은 학교에서 계속 일을 해왔다. 지금은 텍사스 도심 지역에 있는 학교에서 아이들을 가르치고 있다. 학생 모두 무료 급식을 받거나 급식비를 감면받고 있어, 인구 구성이 어떤지를 짐작할 수 있다. 스페인어 선생님인 아카시는 반 아이들을 스페인어를 사용하는 21개 나라의 사람들과 연결해준다. 아프리카에 있는 과거 스페인 식민지였던 작은 국가, 적도 기니까지 포함해서 말이다.

"우리 아이들은 정말 대단해요. 매일 영감을 불어넣어줘요."

8학년인 곤잘레스처럼 그렇다. 곤잘레스는 함께 지내기가 어려운 아이였고, 어마어마하게 장난기가 심해서 배움이 얼마나 중요한지 이해하도록 하는 일이 불가능해 보였다. 아카시는 쿠바에 있는 학생들과 영상통화를 하기로 마음을 먹었다.

"쿠바 학생들은 1달러짜리 인터넷 카드로 인터넷을 딱 한 시간만 쓸 수 있었는데, 이는 그 학생들이 한 달에 버는 20달러의 5퍼센트가량이었어요. 곤잘레스는 이 얘기를 듣자마자 왜 와이파이나 인터넷이 없느냐고 물었죠. 그리고 어쩌다 한 달에 20달러만 버느냐고도 물었어요."

곤잘레스는 쿠바, 그다음에는 베네수엘라를 더 조사하기 시작했다. CNN에서 경제 위기로 절박한 상황에 놓인 사람들 이야기를 우연히 접했는데, 그 사람들은 길거리에 돌아다니는 개를 잡아먹어서 굶주림을 면한다고 했다. 이 얘기가 곤잘레스의 마음을 바꾸었다. 곤잘레스는 인권변호사가 되고 싶다고 아카시에게 말했다.

"지금은 그게 곤잘레스의 꿈이에요. 곤잘레스는 이렇게 말해요. '파텔 선생님, 저는 전 세계 빈곤한 지역에 있는 사람들의 생활을 끌어올리고 목소리를 키워주고 싶어요.' 그래서 내 마음가짐도 바뀌게 되었죠. 일 년 내내 이 아이를 다루려고 정말 힘들게 지냈는데, 갑자기 이렇게 홈리스에게 놀라운 공감 능력을 보여주었으니까요."

우리 교사들에게 큰 영향을 끼친 학생에 관해서 아카시와 내가 들려줄 수 있는 이야기는 많다. 아카시는 학생들을 태평양에 있는 작은 섬 출신 아이들과 연결해주었던 일을 떠올린다. 그 아이들은 집이 기후변화 때문에 물에 잠겨서 고향을 떠나야 한다고 했는데, 그의 반 학생인 알렉사가 난민이 무엇이냐고 물었다.

"알렉사는 텍사스에서 태어나고 자란 여자아이였어요. 그래서 기후 난민이 어떤 의미인지 전혀 알지 못했죠. 이튿날 아침, 알렉사는 자기가 그린 침대 그림을 들고 학교에 왔어요. 알렉사는 댈러스 시내에 있는 침실 한 개짜리 아파트에 살고 있는데, 알렉사가 이렇게 말했죠."

"파텔 선생님, 저는 돈이 없지만 어제 우리가 만났던 키리바시섬의 여자아이 하나와 침대를 나누어 쓸 수 있을 것 같아요. 곧 있으면 그 아이들 학교가 물에 잠길 거고, 그러면 살 곳이 필요해질 테니까요."

아카시에게는 또 다른 동인도 있다. 몇 년 전 학생들에게 시험을 보라고 하던 중에 경찰들이 나타났다. 사랑하는 쌍둥이 형제인 해피가 비극적인 사고로 사망했다는 것이었다. 아카시는 3주 동안 자리를 비웠고, 바로 그 시기, 대부분 넉넉지 못한 형편인 학생들이 아카시 가족의 장례식을 위해 3000달러를 모금해온 것이다. 아카시는 돈을 돌려주려고 했으나 학생들은 받지 않겠다고 했다. 그 대신에 모금한 돈으로 홈리스를 위한 해피밀 프로그램을 만들었다. 2018년부터 이들은 아카시가 형제를 추억하며 만든 해피월드 재단을 통해서 2만 개가 넘는 해피밀을 기부했다.

"우리 모두 국제적 경험을 할 자격이 있어요. 국제적 경험을 통해 편견과 편협함이 없는 행복한 지구로 향할 수 있죠. 그게 나의 비전이자 인생의 소명이죠. 교실에서 가르치고, 또 학생들이 대의를 위해 헌신하는 모습을 보면 정말 감명 깊어요."

그 모든 멋진 순간 한편으로, 정말로 고통스럽고 취약해지는 때도 있다. 수업 시간에 파키스탄의 활동가 말랄라 유사프자이의 이야기를 들려준 것을 마음에 들어 하지 않았던 어느 부모가 아카시가 테러리즘을 가르친다고 비난했을 때 그랬다. 그들은 아카시가 이슬람에 관해 가르친다고 생각했다. 지금까지도 아카시는 여전히 어떻게 그렇게 혼동할 수가 있는지 의문이다. 아카시는 이 일을 아버지와 의논했고, 그 덕분에 부모와 맺을 수 있는 최고의 관계를 맺게 되었다.

"이 사건은 내가 어떤 곳에서 선생님으로 일하고 있는지를 깨닫게 해주었어요. 너무나 작은 지역이어서, 자신들의 문화와 조금이라도 다른 것에는 눈썹을 치켜세우는 곳이었죠."

우리 교사들은 녹록지 않은 주제를 다뤄야 하고, 교실에서 질문에 답할 때는 중립적으로 얘기해야 한다. 그렇지만 학생들이 집으로 돌아가 그날 있었던 일을 얘기할 때 우리가 그 자리에 함께하지는 않는다. 다행히 교장 선생님은 아카시를 잘 알고 또 신뢰했다.

"얘기했죠, 이런 수업이었다고 말이에요. 어린 여자아이가 그 공동체 안에서 얼마나 용감했는지, 테러리스트가 뒤쫓고 있는데도 매일 학교에 걸어갈 정도로 얼마나 용기가 있었는지를 보여주는 뉴스 기사가 여기 있다고 보여줬어요. 그 때문에 테러리스트들이 여자아이들에게 총을 쏜 것이라고, 테러리스트들은 여자가 학교에 가는 것을 원치 않았기에 쏜 것이라고 얘기했죠. 쉽지 않은 대화였어요. 종교적 신념 얘기가 나온 까닭은, 아이들이 왜 이 여자아이가 머리를 가리고 있는지 물어봤기 때문이었죠. 그래서 그 질문을 다뤄야 했어요. 정말 멋진 기회라고 생각했어요. 서로 다른 문화를 이해하는 법을 가르치는 기회로 삼을 수가 있었으니까요."

아카시에게 훌륭한 선생님을 만드는 요인이 무엇인지를 묻자, 그는 이름에서 시작한다고 답했다. 올해 스페인어를 배우는 학생은 200명인데, 아카시는 모든 학생의 이름을 알고 있다. 학생의 존재를 알고 있다는 사실, 또 그 학생의 능력이나 처해 있는 상황 같은 것을 아카시가 기억한다는 사실은 학생들에게 너무나 큰 의미를 지닌다. 또 아카시는 부모들과도 관계를 맺는다.

"부모들이 이를테면, 자, 그건 선생님이 할 일이죠, 그건 선생님이 우리 아이에게 책임을 져야 하는 부분이죠, 이런 식으로 얘기하는 많은 공동체에서 부모들이 관점을 바꿔가고 있다고 생각해요. 부모가 직접 관여할 때 훨씬 더 영향이 커지죠. 저는 부모들을 탓하지는 않아요. 부모가 일하고 있거나, 한부모 가정이거나, 또 어떤 아이는 부모가 감옥에 가 있기도 하니까요. 그러면 아이들은 조부모와 같이 살거나 양육 시설에서 지내죠. 그렇지만 잠들기 10분 전에 아이들에게 책을 읽어주는 데 그쳐요."

아카시가 가르치는 한 학생의 아버지는 안타깝게도 강제 추방되어 멕시코의 아과스칼리엔테스로 돌아갔다. 그래서 아카시는 학생들과 함께 그 아버지에게 영상 전화를 걸었고, 아버지는 수업에 함께하며 자신이 어떤 지역 출신인지 들려주었다. 그렇게 아버지는 딸의 수업 시간에 참여할 수 있었고, 딸은 아버지가 학교 수업의 일부라고 느낄 수 있었다.

"가족을 참여시킬 수 있다면, 우리가 아이들의 출신 배경에 얼마나 관심을 품고 있는지, 우리가 아이들을 한 인간으로서 얼마나 귀중하게 여기는지, 또 아이들이 좋아하고 싫어하는 것을 얼마나 잘 알고 있는지를 보여줄 수가 있어요. 어떤 것이 아이들을 행복하게 만들어주는지 우리는 잘 알죠. 아이들이 어떤 것에 열정을 품고 있는지도요. 교실에서 아이들의 슈퍼파워에 불을 붙일 수 있도록 도와주는 거예요. 그리고 부모도 함께 참여할 수 있다면, 와, 우리는 마법 같은 걸 발휘할 수 있죠."

나는 훌륭한 선생님을 정말 많이 만나왔지만, 그 선생님들도 아카시가 지닌 것은 아직 가지고 있지 못했다. 아카시는 자신을 단순히 좋은 사람에서 대단한 사람으로 탈바꿈시켜주는 특별한 자질, 미지의 요인을 가지고 있다. 그는 자신에게 가장 큰 영향을 준 사람으로 대학 시절 교수인 잔느 라미레즈 메이터 박사를 언급한다. 아카시가 그의 수업에 들어간 까닭은 항상 다문화적인 이야기를 했기 때문이라면서 말이다. 그는 25년 전에 프로그램을 만들어서, 오클라호마의 도심과 농촌 지역의 가난한 아이들에게 책을 기부했다. 지금까지 25만 권이 넘는 새 책을 기부했다고 한다.

"정말 원천이 되어주는 분이었어요. 교수님이 내 마음속에 있는 기업가적 기질을 추동했다고 생각해요. 비영리단체를 만들고, 또 제 쌍둥이 형제를 기억하면서 비영리단체를 전국적인 차원으로 끌어올린 사회적 기업가인 지금 내 모습을요."

라미레즈 박사는 '장난감 운전사(Toy Driver)'도 운영했는데,

시리아 어린이 난민을 돕는 기금을 마련하는 자선단체였다. 정말 놀랍게도 주로 농사를 짓거나 목장을 운영하는 지역 주민과 예비 교사가 다 함께 장난감 2300개를 모았다. 그리고 동료 가운데 농사를 짓는 사람 두 명은 오클라호마에서 워싱턴 DC까지 차를 몰고 미국평화연구소로 가서, 전 세계 난민 캠프에 있는 시리아 어린이 난민에게 장난감을 보낼 수 있도록 해주었다.

그래서 나는 아카시에게 물어보았다. 한마디 조언을 한다면, 어떤 이야기를 하고 싶냐고.

"그게 말이죠, 중요한 것은 삶에 존재하는 격차를 발견하는 일이에요. 오클라호마 농촌 지역에서 전 세계적인 교육의 격차를 깨달았어요. 그것은 쉽게 흘려보내고 누군가 다른 사람이 신경을 써줄 문제라고 치부할 수도 있었죠. 하지만 살면서 틈이 보이면 채워야 해요. 거기서 그냥 멈춰서는 안 돼요. 가다가 또 다음 틈을 발견하고, 또 그다음을 발견하는 거죠. 틈을 계속해서 메워야 해요."

큰 그림의
일부가
되는,

아름다운
용기

자기 자신을 넘어서서
생각해볼
기회를 주세요

#인권

#역사

#아파르트헤이트

#어린이문학

#도서관

매저리 브라운

63세, 요하네스버그, 남아프리카공화국

> 진정한 기쁨과 성취는 단순히 개인적인
> 성취를 하는 것이 아니라, 사회 전체를
> 바꾸는 큰 그림의 일부가 되었을 때
> 느끼는 거죠.

매저리 브라운은 남아프리카공화국의 백인 선생님이자, 인권 활동가이자, 국립 어린이 문학 프로그램의 창시자이자, 내 영웅이다. 그는 아이들에게 세계시민이 되는 법을 가르치려면 어떻게 해야 하는가를 보여주는 놀라운 모범이다. 그렇다고 매저리가 처음부터 이런 뜻을 품고 있었다는 얘기는 아니다. 매저리는 선생님이 될 생각이 없었다. 학창 시절 그는 과학을 좋아했고, 의학 분야에서 일하고 싶었다. 그렇지만 그의 가족은 빈곤층이었고 대학에는 장학금이 없었다. 남아프리카공화국에서 주는 유일한 국가 장학금은 교사가 되려는 학생을 위한 장학금이었다.

"성적이 정말 좋았는데도 대학에는 절대 못 가겠구나 생각했어요. 우리 부모는 사립학교 학비를 감당할 수 없었거든요. 그래서 일자리를 구하러 갔는데, 면접을 보던 사람이 내 성적을 보고는 지금 취업해서는 안 된다고 했죠. 대학에 가야 한다고요."

매저리는 국가 교육 보조금을 신청했고 케이프타운 대학에 갔다. 그는 과학, 수학, 역사, 영어를 가르쳤다. 그는 역사 과목과 사랑에 빠졌고, 지금은 주로 역사를 가르친다.

초기에 매저리가 선생님으로서 갈 길의 방향을 잡아준 것은 사촌인 리넬 깁슨이었다. 리넬 깁슨은 케이프타운에 있는 학교에서 아이들을 가르치고 있었는데, 케이프타운에서는 아파르트헤이트에 반대하는 시위가 일어났다. 리넬은 유색인종 학생들을 지지했고, 정부는 그를 블랙리스트에 올렸다. 그는 남아프리카공화국을 떠나야 했다. 매저리는 이 사건에 크게 영향을 받았다. 백인만 다닐 수 있는 학교에서 학생들을 가르치면서 아파르트헤이트라는 분리주의를 지속시킬 수는 없다고 생각했다. 집안이 가난했지만 백인 사회에서 자라난 것이 얼마나 행운인지는 잘 알고 있었다. 그렇기에 불평등은 받아들일 수 없었다.

"알고도 아무런 행동을 하지 않으면서 좋은 삶을 살 수 있다고 생각하지는 않아요. 남아프리카공화국에 사는 많은 백인은 이 문제에 관해 알려고 하지 않거나, 알더라도 건드리지 않으려 하죠. 저는 이 문제를 해결하는 데 도움이 되고 싶었고, 평등한 사회에서 살고 싶었어요."

사제직을 그만두고 남아프리카공화국 최초로 인종차별 없는 학교를 세우려는 가톨릭 사제가 있었다. 그가 매저리가 다니던 대학에 찾아와 강연을 했는데, 이는 그에게 마치 신을 직접 만난 것과도 같은 중대한 사건이었다. 드디어 그가 몸을 담고 싶은 교육 시스템을 이야기하는 사람을 만난 것이다. 그는 사제에게 가서 자신도 이 프로젝트의 일원이 되고 싶다고 말했다.

이 무렵, 그러니까 1970년대 후반, 남아프리카공화국 정부는 다양한 집단을 분리하려고 '흑인 자치 구역'을 만들었다. 매저리는 이를 두고 '인종을 바탕으로 만든 쓰레기장'이라 표현한다. 이런 상황에 맞서 인종차별 없는 학교를 세운다는 건 거의 불가능한 일처럼 여겨졌다. 매저리를 비롯해 일곱 명이 이 프로젝트에 합세했는데, 이들은 개별적으로 사업을 통해 기금을 모았다.

"남아프리카공화국은 혼돈에 빠져 있었어요. 소웨토며, 케이프타운이며… 학생들은 거리로 나가 교육 시스템에 저항하고, 아프리칸스어를 배워야만 하는 데 반대했어요. 그 결과 기업들은 개혁이 필요하다는 사실을 깨달았고, 진보적인 한 백인 기업에서 우리에게 돈을 주었죠."

학교를 지을 기금을 모으는 동안, 매저리와 다른 선생님들은 수풀 사이 바위에 앉아 야외에서 학생들을 가르쳤다.

"우리는 돈이 생기는 대로 천천히 학교를 지었어요. 졸업생들의 합격률은 백 퍼센트에 이르렀죠. 교사 생활을 시작할 때부터 사회정의라는 생각을 품고 있었어요. 이는 단순히 아이들을 일터에 나갈 수 있게 하는 데서 그치는 게 아니라, 사회를 변화시키는 일과 관련이 깊죠. 처음으로 양질의 교육을 받는 유색인종 아이들이 생겨났어요. '반투 교육'*이라 부르는 열등한 교육을 아이들에게 시키는 정부 정책에 반하는 일이었죠. 그것은 평생 육체노동만 하며 지내게 만드는 교육이었어요."

매저리는 가장 특별한 학생이었던 모스 마시시의 이야기를 들려준다.

"모스의 어머니는 세 시간 넘게 걸리는 데 떨어져 있는 소웨토에서 가사도우미로 일하고 있었어요. 나를 찾아와 '여기는 아무런 교육이 없어요. 부디 우리 아이를 받아주세요, 아이의 어머니이자 선생님이 되어주세요' 하고 말씀하셨죠."

아이들이 학교의 문간에 남겨지는 것은 흔한 일이다. 학교는 일종의 안식처이자, 좋은 교육을 받을 수 있는 유일한 곳으로 여겨지니 말이다. 모스의 어머니는 교육을 무척 소중하게 여겼기에, 아이와 함께하는 생활도 기꺼이 희생하고자 했다.

"근방에 모스가 함께 살 만한 가족을 찾아주었어요. 휴일에는 모스를 데리고 놀러 갔죠. 모스는 바다를 처음 봤어요. 모스의

---

* 아프리카 남부의 대다수를 차지하는 반투(Bantu)어계 종족의 명칭에서 따온 말로, 아파르트헤이트 당시 남아프리카공화국의 인종차별적 교육을 가리킨다.

어머니는 소웨토에서 아주 어렵게 생활했거든요. 몇 년 뒤 나는 아파르트헤이트 반대 활동가가 되었고, 성공회 교회에 딸린 아파트를 얻게 되었어요. 그 집에서 모스의 어머니와 함께 생활했죠. 우리 둘 다 감옥에 갈 수도 있는 일이었지만, 사람들은 모스의 어머니를 가사도우미라고 생각해서 무사했던 것 같아요. 존엄성을 지킬 수 있도록 법을 비껴가는 방법을 찾아야 했죠."

그렇다면 모스는 어땠을까?

"모스는 요하네스버그에 있는 대학에서 법을 공부하고, 지금은 성공한 사업가가 되었어요. 남아프리카공화국 올림픽위원회에 소속된 최초의 흑인 가운데 한 사람이 되었죠."

매저리가 그를 얼마나 자랑스러워하는지, 그런 동시에 매저리가 새로운 삶의 국면으로 접어드는 데 모스가 얼마나 중요한 역할을 했는지를 알 수 있었다.

매저리에게 교사란, 직업을 훌쩍 넘어서는 단순하지 않은 의미가 있다. 그가 학생들에게 역사를 가르쳤던 것도 바로 이런 이유 때문이다. 그는 학생들이 과거를 잘 알기를, 또 자신들이 사는 나라에서 어떤 일이 벌어졌는지를 알기를 바랐다. 그와 그의 동료들이 지은 인종차별 없는 학교는, 사람들을 버려놓고는 했던 정착 캠프 근방에 지어졌다. 정착 캠프에는 화장실 구실을 하는 깡통 말고는 아무것도 없었다.

"한동안은 교사 일에서 손 떼고, 이 나라 곳곳에서 강압적으로 사람들을 제거하는 일에 맞서 싸워야 한다고 생각했어요. 아파르트헤이트를 끝내는 데 좀 더 큰 역할을 하고 싶었어요. 학교에서도 훌륭한 일을 하고는 있었지만, 모든 유색인종 아이가 더 나은 교육을 받으려면 남아프리카공화국 전체의 정치 상황을 바꿔야 했으니까요."

매저리는 여성 인권 단체인 블랙 새시(Black Sash)에 들어갔다. 이 단체에서는 기금을 마련해, 변호사를 고용할 수 없는 사람들을 위해 상담소를 운영하고 있었다.

"정부에 땅을 뺏기게 되었다며 도움을 받을 수 있느냐고 우리를 찾아오는 사람이 많았어요. 나는 시골 지역의 흑인 공동체를 위해 일하는 현장 직원 세 명 가운데 하나였죠. 강제 철거에 저항하도록 돕고, 이런 절차를 멈추고자 언론, 대사관, 변호사 등과 협력했어요."

3년 동안 싸운 뒤 이들은 함께하던 모든 공동체를 위한 형 집행 취소를 얻어냈다. 이는 아파르트헤이트가 끝나간다는 것을 알리는 신호이기도 했다. 아파르트헤이트가 마침내 멈추기까지는 몇 년이 더 걸렸지만 말이다. 그동안 매저리는 경제학자와 정치인이 포함된 국가적·국제적 정책 위원회에 들어가, 아파르트헤이트를 넘어선 정책을 만들고자 노력했다.

아파르트헤이트는 마침내 1994년에 끝을 맺었다.

"생각했죠. '하려던 일을 했어. 아파르트헤이트에 맞서 싸우는 일을 도왔어. 새로운 정책을 세우도록 도왔어. 이제 다시 학생들을 가르치러 돌아갈 수 있어'라고."

나는 매저리를 보며 감탄한다. 그의 용기, 끈기, 연민, 에너지에 말이다. 그는 자신이 맡았던 모든 역할과 일을 통해서 변화를 만들어냈다. 궁금해졌다. 그를 계속 나아갈 수 있게 하는 힘은 어디에서 오는 걸까?

"사람들이요. 사회정의와 도덕에 관한 강력한 감각을 지닌 특별한 사람들이요. 마치 그 격언 같은 거예요. '악이 승리하는 데 필요한 유일한 것은 바로 좋은 사람들이 아무 일도 안 하는 것이다.' 그렇지만 이 사람들은 무언가를 했죠. 그리고 인권을 위해 일하는 훌륭한 남아프리카공화국 사람들과 함께 일할 수 있어서 정말 행운이었어요. 데스몬드 투투 대주교 같은 분들요."

매저리와 함께 일했던 많은 사람은 비싼 값을 치러야 했다. 재판도 받지 않은 채 구금되는 경우가 잦았다. 매저리도 물론 그랬다. 그렇지만 유색인종이 구금되어 겪어야 했던 억압은 받지 않았다고 매저리는 강조한다.

몇몇 학교가 자원을 확보하려고 애를 쓰던 중에 가장 도드라진 사안은 책이 부족하다는 사실이었다. 남아프리카공화국에 있는 학교 대부분에는 학교 사서가 없었다.

"그래서 남아프리카공화국 전역의 문해력을 높이겠다는 목표를 품고 15년쯤 전에 도서실 퀴즈를 시작했어요. 도서실이 없는 남아프리카공화국의 학교 150곳에 책을 공급했어요. 모든 독서 수준을 아우르는, 초등학교 아이들 눈높이의 책이었죠. 학교에 독서 챔피언을 임명해두고(보통은 선생님이었죠) 각각 책에서 퀴즈를 냈어요. 그러고 나자 독서 문화가 발달하는 걸 실제로 볼 수가 있었죠."

이 계획 덕분에 도움을 받은 아이들의 이야기는 수도 없이 많다. 그렇지만 매저리가 가장 좋아하는 이야기는 도서관을 피신처로 삼았던 자폐 스펙트럼 학생의 이야기다. 그 아이는 스포츠를 하지는 않았지만, 퀴즈를 통해서 트로피를 받았고, 세계를 여행할 수 있었고, 친구를 만날 수 있었다.

매저리의 비전은 모든 학교가 도서실을 만들 예산을 확보하는 것이다. 그래서 독서 모임이 늘어나고 있다는 소식에, 또 정부가 문학 퀴즈를 교육 커리큘럼에 포함하는 논의를 하고 있다는 소식에 그는 신이 난다.

"문학 퀴즈가 점점 세력을 넓혀갔으면 좋겠어요."

더 큰 선을 위해서 사회를 바꾸고 싶다는 마음은 매저리가 하는 모든 행동의 중심에 깃들어 있다. 우리는 세계 평화를 이루는 것이 그의 바람이 아니냐며 농담을 주고받지만, 그는 할 수만 있다면 그렇게 할 것이다.

"모두가 더 겸손해지고 서로의 이야기에 진심으로 귀 기울이기를 소망해요. 세계는 너무나 많이 나뉘어 있어요. 문화적으로

나, 인종적으로나, 성적으로나, 계급적으로나, 젠더에 따라서도
요. 다른 이들의 얘기를 듣는 데 시간을 더 많이 할애하고 이들
문제를 극복해야 해요. 학교에 변화 위원회가 있는데요, 이런 사
안을 모두 논의하고 세상을 더 평등하게 만드는 법을 이야기하
죠. 권력이 문제예요. 과도한 두려움과 정치적 선전을 심는 것도
문제죠."

매저리는 영국에서 잠시 학생들을 가르쳤고, 식민주의가 세
상에 크나큰 영향을 끼쳤는데도 커리큘럼에는 이에 관한 것이
보이지 않는다는 사실을 인식했다. 그는 이런 내용을 학교에서
가르친다면 사회에는 훨씬 더 이해가 넘칠 것이라 생각한다.

"우리는 아이들이 단순히 직업을 구할 수 있도록 가르치는 게
아니에요. 우리는 아이들이 세상을 더 나은 곳으로 만드는 법을
가르치고 싶어요. 아이들을 가르칠 때면, 물론 개인으로서의 아
이들도 중요하지만, 그 아이들이 세계시민이 되었으면 해요. 아
이들의 고유한 필요와 바람과 욕구를 넘어설 수 있었으면 좋겠
어죠."

경쟁적인 학교 환경에서는 아이들이 자기만 생각하게 될 위
험이 있다. 그래서 매저리는 공동체에 보답한다는 감각을 그들
안에 불어넣어주는 것이 중요하다고 생각한다.

"진정한 기쁨과 성취는 단순히 개인적인 성취를 이루는 것이
아니라, 사회 전체를 바꾸는 큰 그림의 일부가 되었을 때 느끼는

자기 자신을 넘어서서 생각해볼 기회를 주세요

거죠. 이런 얘기는 부모들과도 나눠요."

매저리는 학교에서 모의 국제연합(UN) 토론을 운영하기도 했다. 학생들은 지역 학교와 국제학교에서 운영하는 대회에도 참가했다.

"학생 가운데 세 명은 요하네스버그시의 기후 행동 정책 초안을 만드는 일을 도왔고요, 그 가운데 알마즈 무달리는 COP26에서 연설했죠. 9학년이고, 열네 살이에요. 얼마나 놀라운 일이에요? 학생 모두 이뤘으면 하는 게 바로 이 같은 비전이에요. 아이들이 품은 잠재력을 볼 때면 부모들이 신나 하는 게 느껴져요. 이런 잠재력은 교사가 기회만 준다면 교실을 훌쩍 넘어 뻗어 나가죠."

매저리는 시내에서 사회적 책임 프로젝트를 운영한다. 그의 학생들이 도시에 있는 빈곤한 공동체의 고아들에게 별도로 숫자와 글자 읽는 법을 가르치는 프로젝트다. 코로나바이러스 사태가 벌어지자, 학생들은 자신들이 돕던 아이들이 학교에 갈 수 없다는 사실을 깨달았다. 이는 곧 아이들이 밥을 먹을 수 없다는 뜻이었다.

"대다수 아이가 하루에 유일하게 끼니를 챙기는 때가 학교 급식 시간이에요. 내가 가르치는 11학년 학생들은 대안적인 급식 시간을 마련해야 한다고 얘기했어요. 그래서 학생들은 자금과 음식을 마련해서 그 아이들을 먹였죠."

바로 그 학생들이 훌륭한 성과를 거두어서, 매저리의 학교는 남아프리카공화국 전체에서 평균 점수가 가장 높다. 학생들은 다른 사람들에게 개인 교습을 하고 음식을 마련해주며 자기 시간을 내주었음에도, 팬데믹을 긍정적으로 극복했고 학업에도 영향을 받지 않았다.

이는 곧바로 매저리가 학생들에게서 배운 한 가지 진실과 연결이 된다.

"학생들은 우리가 짐작하는 것보다 더 위대해요. 우리 학생들은 놀라워요. 아이들에게 자기 자신을 넘어서서 생각해볼 기회를 주세요. 아이들은 그렇게 하니까요. 또 공감 능력을 타고났으니까요. 뭐, 사람들은 십 대가 이기적이고 빤하다고들 생각하지만, 요즘 우리 학생들을 지켜보고 있자면 1960년대에 사회운동이 되살아났을 때가 살짝 떠오르기도 해요. 학생들은 기후변화건, 인종차별이건, 도시 빈곤이건, 사회적인 사안을 제법 어른 같은 방식으로 다뤘고, 실제로 그 문제에 대처했어요."

매저리가 편이 되어주다니 운이 좋은 아이들이다. 매저리를 친구라고 부를 수 있다니 나 역시 운이 좋다.

외부인이란 없다, 평등법 프로젝트

#초등
#성교육
#LGBTQ
#노아웃사이더스
#평등법

앤드루 모패트

50세, 버밍엄, 영국

교실에서 아이들이 여러 사안을 놓고 토론하고, 신념에 의문을 제기하고, 설명을 해달라고 하는 모습을 매일 보죠. 그러면 아이들의 커져가는 자신감이, 열정이, 쏟는 관심이 보여요. 그러면 성공하고 있다는 기분이 들어요.

앤드루 모패트는 엄청난 힘을 타고났다. 우리가 처음 만난 건 몇 년 전 버스 뒤쪽에서 그가 내 옆자리에 앉았을 때다. 교사들을 태우고 컨퍼런스 장소로 가던 버스였다. 처음 보자마자 동료애가 피어올랐다. 25년 넘게 영국 버밍엄에서 초등학교 교사로 지내온 앤드루는 2017년에 교육 분야에서 평등을 위해 노력한 공로를 인정받아 대영제국 훈작사(MBE) 작위를 받았다. 교직 생활 동안 사람들의 관심을 받는 몇몇 사건이 벌어졌기에, 논란의 한가운데에 서는 데에도 익숙하다. 그가 경험한 이야기를 나누고 있으니 여러 생각이 피어오르는 동시에 때로는 충격을 받기도 했다. 그렇지만 밝게 빛나는 것은 바로 그런 상황 속에서 무언가를 배우려는 성실함, 학생들을 향한 관심과 존중, 선생님이라는 직업을 향한 사랑이다.

1970~80년대에 성장기를 보낸 앤드루는 게이라는 이유로 학교에서 조직적으로 괴롭힘을 당했다. 어른이 될 때까지는 커밍아웃하지 않았지만 말이다. 어린 시절의 경험은 그가 어떤 사람이 되고, 또 어떤 선생님이 될지 결정지었다. 앤드루는 어려움을 겪는 다른 아이들을 돕겠다고 마음을 먹었다. 그는 교육 자료(〈초등학교에서 호모포비아에 맞서는 법〉)를 만들고 관용을 내용으로 수업했다. 이 때문에 몇몇 부모(일부는 기독교나 이슬람교였다)가 불만을 제기하며, 앤드루가 동성애를 세뇌했다고 주장했다. 앤드루는 자신이 두 가지 실수를 저질렀다고 얘기한다.

"두 가지가 문제였죠. 첫 번째는, 한 가지 사안에만 초점을 맞춰서 그 수업이 마치 '동성애 수업'처럼 여겨졌던 거예요. 그게 아니었는데도 말이죠. 그렇지만 자료 제목에 '호모포비아'라는 말이 들어가 있어서 반박하기가 어려웠어요. 두 번째로는, 부모들과 얘기를 전혀 나누지 않았다는 거죠. 순진했죠. 이런 걸로 굳이 시끄럽게 떠들 필요가 없다고 생각했어요. 그렇기에 생각이 서로 다르니, 당연히 사람들을 설득해야 했던 거죠."

앤드루는 학교를 그만두었다. 그리고 이제는 공동체를 통해 배우고 서로 더 잘 이해할 수 있도록 다리를 놓겠다고 맹세했다. 그는 버밍엄에 있는 다른 학교의 교감 자리에 지원했는데, 그의 의도를 처음부터 분명하게 밝혔다.

"지난번 학교에서 어떤 일이 있었는지 설명했어요. 그리고 이렇게 새로운 역할을 맡았으면 좋겠다고 했죠. 평등 분야에서 아직 할 일이 많다고요. 일 년도 안 돼 우리는 이런 걸 못 하겠다고 얘기할 작정이라면 저를 고용하지 말라고 했죠. 그렇지만 내가 하는 일을 지지한다면 나를 고용해달라고 말이에요."

그는 일자리도 지지도 얻게 되었다. 그가 앞서 학교를 그만두었던 일에 관해 영국 언론에서 선동적으로 보도했다. 그 바람에 언론의 관심을 끌어 소란이 일었지만, 앤드루는 감탄이 나올 만큼 잘 헤쳐나갔다. 새로운 학교에서 일을 시작하기 불과 일주일 전에 벌어진 사태였기에, 교장 선생님을 찾아가 사과를 했다. 교장 선생님이 위축될까 봐 염려해서였다.

"교장 선생님은 나를 와락 끌어안고는, 내가 괜찮은지 묻고는 월요일에 보자고 하셨어요. 우리가 바라는 게 딱 그거잖아요, 안 그래요?"

자신이 그간 극복한 역경과 다가올 역경을 떠올리며 마음을 대담하게 먹은 앤드루는 '노 아웃사이더스(No Outsiders, '외부인이란 없다'라는 의미)'라는 단체를 세웠다. 이는 데스몬드 투투 추기경이 불평등을 내용으로 한 어느 연설에서 따온 표현이다. "모두가 내부자입니다. 외부자는 없습니다. 어떤 신념을 품고 있건, 피부색, 젠더, 섹슈얼리티가 어떻건 간에 말입니다." 이 말은 앤드루의 마음속 깊이 울려 퍼졌고, 평등법을 바탕으로 삼아 모두를 환영하고 받아들인다는 내용으로 학교에서 가르치는 프로그램을 개발했다.

"위계란 없어요. 평등법은 인종에서 종교, LGBTQ, 젠더에 이르기까지 모든 내용을 다루고 있죠. 모두 동등하고 중요해요. 포용에 관한 문제죠."

이 프로그램은 금세 힘을 받았고, 그 결과 영국 내무성에서 그를 고용해 뉴캐슬에 있는 학교 열세 곳에서 극우 이슬람혐오주의 단체인 영국방위연맹(English Defense League) 문제를 다루도록 파견했다. 입소문이 퍼져 다른 학교에서도 '노 아웃사이더스' 프로그램을 받아들였다. 앤드루는 학교마다 일주일에 한 번씩 프로그램을 진행하러 갔다.

"프리랜서가 되어 이 프로젝트에만 전념할 수도 있었지만, 교사 일을 그만두고 싶지는 않았어요. 학교에 머무르고 싶었고, 선생님으로 지내며 신뢰를 유지하고 싶었죠. 힘들게 겪은 경험을 통해서 계속 배우고 싶었거든요."

상황이 달라진 것은 2018년 크리스마스이브였다. 정부는 이미 한참 전에 업데이트했던 초등학교 성교육 지침을 발표했다.

"동성 커플 가족에 관한 두어 문단 빼고는 딱히 새롭다고 할 만한 건 없었어요. 내용이 전부 애매모호했죠. 이 문제를 다룰 책임은 초등학교보다는 중등학교 쪽에 있었죠. 적합하다고 판단할 때만 이 문제를 다루라는 지시를 받았거든요. 그랬어요."

정부 지침에 대응해 이슬람통일회의(Islamic Unity Conference)에서 제작한 유튜브 동영상에 이와 같은 교육과정 변화는 "도덕과 영성에 대한 전쟁이자 […] 그 핵심은 가족을 공격하는 것"이라는 주장이 담겨 퍼지기 시작했다.

"말도 못 하게 자극적인 영상이었어요. 동영상을 보니 피가 차갑게 식더라고요. 크리스마스 휴가 기간이어서, 새해가 될 때까지는 부모들에게 연락할 기회가 없었어요. 새해가 될 즈음에는 사태가 커졌죠."

내가 선생님으로서 품는 가장 진심 어린 바람은 부모들이 우리를 믿고 우리가 우리 일을 하도록 해달라는 것이다. 염려는 보통 두려움에서 생겨나는 것 같다. 앤드루는 '노 아웃사이더스' 프로그램이 이슬람통일회의가 벌인 소동에 휘말릴까 봐 걱정이 되었다. 개학 첫날, 그는 부모들과 이야기했고, 아무런 문제가 없다는 얘기를 듣고 안심했다. 그렇지만 이튿날부터 첫 번째 시위가 시작되었다. "우리 아이들을 성애화하는 걸 멈춰라" 하고 쓰인 탄원서를 들고 교문 밖에 서 있던 어머니 세 명으로 시작한 시위는 빠르게 커져갔다.

"일주일 동안 부모 300명이 학교 바깥에서 아침 8시 반부터 한 시간 동안 시위를 했어요. '모패트 선생님을 내보내라!' 하고 구호를 외쳤죠. 부모들과 얘기를 하려고 다가갈 때마다 동영상을 찍어 소셜 미디어에 올렸어요. 전혀 사실이 아닌, 온갖 말도 안 되는 비난을 제게 퍼부었죠. 끔찍했어요. 그 사람들이 내 말을 아예 들으려 하지 않는다는 게 문제였죠."

앤드루는 이 사건의 희생양이 되었다. 앤드루가 그 시기를 어떻게 지나왔는지 상상도 가지 않는다. 그렇지만 다행히도 앤드루가 있던 학교는 진심으로 그를 지지했다. 그에게 가장 최악이었던 것은, 자신이 가르치던 학생들이 그들 부모와 함께 학교 밖에 서서 시위하는 모습을 보았을 때였다.

"어떻게 보면 학생들에게는 부모와 함께 '모패트 선생님을 내보내라!' 소리를 지르는 게 재밌는 일이었겠죠. 그렇지만 그러고 나서 학교에 나와 수업을 들어야 하잖아요. 아이들에게는 혼란스럽고 트라우마가 생길 만한 상황이었어요."

앤드루는 어느 조회 시간 이야기를 해주었다. "얘들아, 좋은 아침!" 하고 인사했는데, 침묵만이 이어졌다.

"아이들은 '좋은 아침이에요' 하고 답할 수가 없었던 거죠. 다시 인사를 건네니까 몇몇 아이들이 주변을 둘러보았어요. 그렇지만 여전히 아무도 대답을 하지 않았죠. 정말 괴로웠어요. 아이들이 인사를 하게 시키는 게 알맞을까 곰곰이 생각해보았고, 그렇다는 생각이 들었죠. 그래서 이렇게 얘기했어요. '자, 어떻게 해야 하는지 알고 있잖니. 다시 한번 해보자. 휴식 시간에 우리가 또 이러면 부끄럽잖아.' 그러자 아이들이 마지못해 인사를 했죠. 이상적인 그림은 아니었고, 그 뒤로는 조회를 그만하겠다고 제안하기는 했어요. 그렇지만 머릿속으로는 계속 밀고 나가야 한다고 생각했어요."

말보다는 행동이 우선인 법이다. 얼마 지나지 않아 앤드루는 시위를 벌이던 학생들이 보낸, 이름을 밝히지 않은 응원 쪽지를 자기 책상에서 발견한다.

"아이들은 공개적으로 나를 옹호할 수는 없었지만, 선생님을 신경 쓰고 있다는 사실을 알아주기를 바랐어요. 아이들도 자기 의견이 있었고, 무엇이 옳은지 그른지, 무엇이 나쁜 행동인지 좋은 행동인지 알고 있었죠. 새로운 발견이었어요. 내가 선생님이어야 하는 이유를 새삼 일깨워주었죠."

동료 선생님에게서 환상적인 지지를 받았던 데에 보태어, 지역 공동체, 또 그보다 더 먼 곳까지도 소문이 퍼져서, 사랑이 잔뜩 쏟아져 들어왔다.

"다른 학교, LGBTQ 단체, 교회 단체 등 사회 곳곳에서 보낸 카드와 선물이 주체할 수 없을 만큼 학교로 왔어요. 모두 불평등과 혐오에 맞선 우리 학교의 노력에 감사하다는 내용이었죠. 제 트위터 피드는 폭발할 지경이었고요. 계속 나아가라고 응원하는 메시지가 가득했어요. 이 시위는 선생님이라는 직업이 지닌 최고의 장점이, 또 더 넓은 공동체의 일원이 되는 데 최고의 장점이 무엇인지를 되새기게 해주었어요."

앤드루는 용감하고 또 회복력이 있었다. 그는 내가 만나본 가장 놀라운 교육자 가운데 한 명으로 꼽을 수 있을 것이다. 그는 '청소년과 어른이 세계시민으로 살아갈 준비를 하고, 테러리즘의 가능성을 줄이며, 공동체의 화합을 증진한다'는 비전을 품고 '노 아웃사이더스'를 자선단체로 전환했다. 영국 전역의 학교 수백 곳에서 이를 활용하고 있다. 지금 앤드루는 시간을 쪼개어 초등학교 교실에서 아이들을 가르치면서 한편으로는 이 프로그램을 활용하는 법을 동료 교사에게 훈련하고 있다.

"가장 먼저 보여주는 슬라이드에는 최신 혐오 범죄 통계가 담겨 있어요. 수치는 매년 증가하는데요, 지난해에는 9퍼센트 증가했죠. 이 문제를 왜 아무도 항의하지 않죠? 계획을 내놓는 사람이 하나도 없어요. 그래서 제가 계획을 세워보았는데, 바로 이거예요. 교육, 교육, 그리고 또 교육. 아이들에게 다양성을 두려워할 게 아니라 포용하고 즐기는 법을 가르쳐야 해요. 수업을 듣는 학생이 10년쯤 지나서 누군가를 흑인, 게이, 트랜스젠더라는 이유로 때린다고 생각을 하면…. 아이들이 친절해지는 법을 가르치고 또 이 나라의 일부라고 느끼게 만드는 게 목표예요."

이 얘기에 찬물을 끼얹고 싶지는 않지만, 과연 앤드루가 성공을 거두고 있다고 생각하는지 궁금했다. 앤드루는 확신에 차서 열정적으로 답을 내놓았다.

"물론이죠. 의심의 여지가 없어요. 프로그램을 따르는 학교의 숫자를 보면 말이에요. 그뿐만이 아니라, 교실에서 아이들이 여러 사안을 놓고 토론하고, 신념에 의문을 제기하고, 설명을 해달라고 하는 모습을 매일 보죠. 그러면 아이들의 커져가는 자신감이, 열정이, 쏟는 관심이 보여요. 그러면 성공하고 있다는 기분이 들어요."

앤드루는 힘들었던 시간에 대한 보상을 받고도 남은 것 같다. 그렇지만 어떤 아이의 이야기는 훨씬 견디기 힘들다는 걸 그는 잘 알고 있다. 그에게 영향을 끼쳤던 초기의 학생 하나는 여섯 살 제인이었다. 제인은 입양을 가면서 학교를 떠날 예정이었다. 제인은 무척 신이 났고, 같은 반 아이들은 커다란 송별 파티를 열어주었다. 그렇지만 불과 몇 달 만에 파양되어 다시 학교로 돌아왔다.

"제인에게는 가장 끔찍한 일이었어요. 그 일 때문에 엉망이 되었죠. 제인은 정말로 가족을 만나고 싶어 했거든요. 다른 입양처가 나타났는데, 우리 모두 걱정을 많이 했어요. 그렇지만 이번에는 예비 부모가 교실로 저를 몇 번 찾아왔는데, 모두 사랑스러운 분이었어요. 제인이 마지막으로 학교에 나오던 날, 새로운 부모님이 제인을 데리러 와서 우리 두 사람 사진을 찍어주었어요. 그 뒤로 소식을 듣지는 못했고, 그 어린아이의 모든 일이 잘 풀렸기를 바랐죠. 그리고 몇 년 뒤 대중에게 제법 알려진 시위 한복판에 있었을 때 제인의 어머니가 메시지를 보내셨어요. 저를 뉴스에서 봤다면서, 자기 딸이 이제는 멋진 직업를 아이가 있는 행복한 어른이 되었다고 알려주고 싶었다고 했어요. 그리고 제인과 내가 찍은 사진이 아직도 냉장고에 붙어 있다고 말이에요. 제인의 모든 사랑을 전한다고 어머니께서 말씀해주셨죠. 가르침이란 그런 게 아닐까요, 그쵸?"

앤드루는 고된 상황에 익숙하다. 그는 주류 교육에서 배제된 아이들이 다시 들어갈 수 있게 해주는 행동팀을 7년 동안 운영했다.

"학교와 연계가 되어 있어요. 그래서 아이들을 재통합한 다음에 중학교에 올려보내죠. 일이 늘 그런 식으로 풀리는 것만은 아니지만요."

스콧이라는 한 남자아이는 처음에는 다른 행동팀 소속이었다. 앤드루가 만나러 갔을 때, 스콧은 가구를 타고 꼭대기까지 올라가 천장까지 닿았고, 내려오지 않겠다며 버텼다.

"스콧은 원래 이런다고 다른 선생님이 얘기해줬어요. 누군가 왔을 때 아래로 내려오게 할 수가 없다고요. 그래서 생각했죠. 뭐, 그건 두고 봐야 하는 일이라고요. 나는 쉽게 포기하지 않거든요. 스콧은 초창기 성공담의 주인공 가운데 하나죠. 시위에 관한 언론 기사를 보고 스콧이 메시지를 보내주었어요. 정말 큰 의미였어요."

앤드루는 모두 자신감을 품는 기술을 터득하기를 바란다.

"열세 살 때, 친구들이 놀러 오면 저는 아바(ABBA) 음반을 숨

겨두고는 했어요. 아이들이 저를 어떻게 생각할지가 두려웠거든요. 그리고 어른이 되어 시위를 겪으면서 선생님으로서 품고 있던 자신감에 금이 갔어요. 교실을 나와 한동안은 '노 아웃사이더스'에 집중을 했죠. 그렇지만 매일 아이들을 가르치던 데서 벗어나니, 예전에 잘하던 일에서 앞으로 나아가기가 더 힘들었어요. 그래서 돌아갔죠. 단언컨대 할 수 있었던 최고의 일이었어요. 내가 담임 선생님인 게 가장 자랑스러워요."

나도 똑같은 심정이다. 우리가 지금까지 이룩한 것, 미래를 향해 세워둔 계획 가운데 가장 만족스러워한 때는 학생들과 교실에 있을 때다. 고난, 치유, 성장이 뒤섞여 있다. 진이 빠지기도 하고, 도무지 방심할 수도 없지만, 젊게 살도록 해주니까!

"맞아요! 이 일을 좋아하게 된 거라니까요. 힘든 일이지만, 매일 지내다 보면 내가 있을 곳이 여기라는 생각이 들어요. 솔직히 말씀드리자면, 모패트 선생님으로 살아가는 게 정말 좋아요" 하고 앤드루는 말한다.

학교에 모패트 선생님이 있다니 정말 기쁘다.

슬프고 비참한 기분일 때는
배우지 않아요

#저널리즘수업

#ADHD

#부모교육

에스더 워치스키

82세, 팰로앨토, 미국

학교가 끝나면 아이들이 놀 수 있게 해주세요. 학교 공부
외에 너무 많은 것을 시키지 말고, 놀 기회를 주세요.
아이들에게는 놀이가 곧 공부라는 게 내 지론이거든요.
세상을 알아가는 방법이죠.

에스더 워치스키는 미국에서 선구자적인 선생님이자
저널리스트, 작가, 성인이 된 세 딸을 둔 어머니로서, 육아에 관
한 베스트셀러 《성공하는 사람을 길러내는 법: 극적인 결과를
만들어내는 단순한 교훈》을 썼다. 교육 분야에서 크나큰 영향력
을 끼치는 에스더는 변화를 위해 과감히 용기를 내었고, 지금도
계속해서 한계를 밀고 나가며 전통적인 교육에 대한 대안을 찾
고 있다. 그는 내 마음에 쏙 드는 사람이다.

에스더는 1941년 뉴욕, 러시아계 유대인 이민자 가정에서 태
어났다. 가족 중에서 대학에 간 사람은 에스더가 처음이었다. 에
스더는 버클리에 있는 캘리포니아 대학에서 영문학과 정치학을
배우며 복수 전공으로 학위를 받았고, 계속 공부해서 저널리즘

분야 석사 학위를 취득했다. 그의 마음속은 저널리스트가 되겠다는 생각으로 가득했다.

"그게 목표였어요. 1970년대에는 여성이 저널리스트로 일하기가 아주 힘들었거든요. 남성이 지배적인 직업군이어서요. 여자라는 이유로 샌프란시스코 언론인 모임에조차 들어갈 수가 없었어요. 여자라는 이유로 할 수 없는 일이 많았죠."

그는 사실 그대로를 털어놓았다. 당시 여성의 역할은 결혼해서 아이를 낳는 것이었고, 그래서 그도 그렇게 했다고 말이다. 에스더는 자신이 저널리스트가 될 수 없다면, 그 대신 하고 싶은 일을 가르치겠다고 마음먹었다. 에스더는 팔로 알토 고등학교에서 영어, 수학, 저널리즘을 가르치는 선생님 자리를 구했다. 그리고 자신만의 교육 방식이 금세 성공을 거두는 모습을 보며 깜짝 놀랐다. 에스더의 교육법은 일반적인 방식보다 위계질서가 덜했고, 학생들은 원하는 만큼 자기 생각을 표현할 수가 있었다. 적어도 학생들과 에스더에게는 성공이었다. 학교 입장에서는 그렇게까지 성공은 아니었을지도 모르지만 말이다.

어느 날 학교 관리자가 에스더의 수업에 나타났다. 그때는 에스더가 정식 교사가 되기 전, 수습 기간이었다. 새로운 선생님을 지켜보고 평가하는 것은 의례적인 절차였다. 학교 관리자는 경악했다.

"관리자가 이렇게 얘기했죠. 이 교실에서 무얼 하는지는 모르겠지만, 아무것도 안 가르치고 있다고 말이에요. 학생들이 서로 얘기를 하면 안 된다고 했죠. 전부 다 끔찍하다고 했어요. 관리자는 해고하겠다며 저를 협박하고, 2주 안에 제대로 돌려놓으라고 했어요."

에스더는 이 경험 때문에 트라우마가 생겼고, 남편은 일을 그만두라고 했다. 그렇지만 에스더는 다른 생각을 떠올렸다.

"그래서 학생들에게 솔직히 털어놓았어요. 어떤 일이 일어나고 있는지 얘기했고, 내 수업은 전통적이지 않은 수업이고, 교육방식은 특이하다고 말했죠. 그리고 계속 수업을 듣고 싶다면 협조해달라고 했어요. 우리 수업을 관찰할 때는 열린 토론을 접어두어야 했죠."

2주 뒤 관리자가 돌아와서는 교실에 앉은 학생들이 조용한 것을 보고 깜짝 놀랐다.

"며칠 내내 계속 찾아왔어요. 믿을 수 없다는 거였죠. 아이들한테 무얼 한 거냐고 물었죠. 저는 얘기할 생각이 없었어요. 그렇게 통과했죠."

이 이야기는 내 마음속에 깊은 감동을 준다. 학생들이 에스더를 지켜주고자 마음을 쓴 것도 그렇거니와, 에스더가 학생들에게 도와달라고 부탁한 것도 그렇다. 에스더는 솔직했고, 학생들은 거기에 화답했다.

"아이들과 함께 노력해볼 수 있다는 걸 깨달았을 때, 그때는 엄청난 순간이었어요. 선생님이 이끌고, 선생님이 코치할 수는 있지만, 교사의 규칙 하나하나를 아이들이 꼭 따라야 하는 건 아니에요. 사실 아이들이 저와 함께 규칙을 만들도록 해야 하죠."

에스더가 학교에서 운영했던 저널리즘 프로그램은 학생 스무 명으로 시작했다. 이듬해에는 입소문이 나면서 두 배 넘는 학생이 등록했다. 에스더는 학생들이 이 수업을 좋아하는 이유가 자신들에게 힘과 통제력을 주기 때문이라는 것을 깨달았다.

"관계가 중요했어요. 아이들을 동등한 사람으로 대했는데, 그게 아이들에게 충격을 주어서 활동력을 끌어낸 것 같아요! 1970년대와 1980년대에 벌어졌던 일이라는 걸 잊으면 안 돼요. 그렇게 행동하는 선생님이 하나도 없었죠."

나는 당시 어떤 상황이었는지, 또 수업의 틀을 유지하면서도 에스더가 어떻게 아이들에게 통제력을 내어주었는지를 알고 싶어 안달을 냈다.

"강의를 계속하는 대신에, 아이들이 모둠 활동을 할 기회를 주었어요. 그래서 아이들은 친구들과 함께 활동을 했고, 우리 모두 공통의 목표가 있었죠. 그래서 차이가 생겨났던 것 같아요. 그러면 아이들은 목표를 이루고 싶어 하거든요. 그 목표는 단지 나의 목표가 아니라 아이들의 목표가 되었고, 아이들이 성취하고 싶은 무언가가 되었어요."

이는 공통의 동기가 있을 때면 참여하는 모든 사람에게 힘을 불어넣는다는, 피터 타비치와 나누었던 대화를 떠오르게 한다 (이 책의 88쪽). 이런 교육법이 얼마나 강력한지 이해가 간다. 그런데 이 밖에 에스더는 또 어떤 방법을 마련해두고 있었을까?

"나는 성격이 유별난 편이라고 생각했어요. 유머를 좋아하거든요. 그리고 아이들을 정말로 좋아하죠. 애써 꾸며내는 게 아니었어요."

에스더가 아이들을 존중하고, 아이들에게 통제력을 주고, 이런 관계에 집중하는 것이 합쳐져 변화를 만들어냈다. 심지어 그시절에도, 그러니까 자신이 교사로서 어떤 일을 하고 있는지 에스더가 제대로 파악하기 이전에도 말이다.

"나도 무언가를 깨달았어요. 정말 중요한 것이었죠. 뭐였냐면, 아이들은 자신이 슬프고 비참한 기분일 때는 배우지 않는다는 거예요. 오늘날 학교 시스템 안에 있는 아이들 대다수가 비참한 상태인 것 같아요. 그리고 아이들은 두려움 때문에 배우는 것이지, 아니면 그렇게 해야 한다고 해서 하는 것뿐이지, 배우는 것이 얼마나 중요한지 이해해서 그러는 게 아니에요."

이는 단순하지만 강력한 생각이다.

에스더의 저널리즘 수업은 마지막 교시에만 열렸는데, 종이 쳐도 학생들은 집에 가지 않으려 했다고 한다. 이 말에 나는 크게 웃고 말았다. 학교에 있지 않아도 되는데 학교에 남으려는 학생들이라니?! 보기 드문 일이다. 에스더도 재밌게 생각했고, 선생님으로서는 안심이 되었다. 그렇지만 프로그램이 점점 규모가 커지면서 관리자와 커다란 싸움이 벌어졌다. 에스더는 시스템을 성공적으로 뒤흔들었고, 선생님-학생 관계를 이루는 규범적인 규약을 따르지 않았다.

"수업에 들어오면 혼돈을 보게 될 거예요. 그러니까 아이들이 오만 군데 뛰어다니면서 같이 작업을 하니까요. 또 학교 규칙을 어긴다고도 할 수 있는 일도 했죠. 학생들이 더 늦게까지 남았을 때면, 아이들에게 먹을 것을 사줬어요. 아시다시피 아이들은 배고파 했으니까요. 그래서 그것도 이 프로그램의 한 문화로 자리를 잡았죠."

에스더는 일과를 마치고 나면 집에 가고 싶기도 했지만, 학교에 학생들과 같이 있는 게 신이 났다. 이 프로그램은 계속 승승장구해서 이제는 학생 700명에 저널리즘 교사 6명, 그리고 미디어 아트 센터라는 2300제곱미터짜리 전용 건물도 있다. 이 건물은 그가 만든 프로그램을 위해서 팰로앨토 시에서 지어준 것이다. 10년도 더 지난 일인데도 그때를 떠올리면 그는 여전히 조금은 놀랍고, 또 크나큰 기쁨을 느낀다.

에스더가 운영한 저널리즘 프로그램은 전문적인 접근 방식을 취했다. 학생들은 제출한 과제를 돌려받을 때 함께 첨부된 메모에 맞춰 수정할 기회를 가졌다.

"아이들이 최종 수정본을 내는 동안 절대로 점수를 주지 않았어요. 그리고 최종 수정본이라는 건 '발행할 수 있다'라는 의미였죠. 발행할 수 있는 상태라면, 점수는 A예요. 만약 발행할 수 있는 상태가 아니라면, 발행할 수 있을 때까지 계속 손질을 하면 되는 거죠."

또 에스더는 동료 학습을 권하며 학생들이 서로의 과제를 읽고 평을 달도록 했다.

"나는 그저 코치만 했죠. 그리고 학생들에게 이렇게 얘기했어요. 처음부터 완벽하게 쓰는 사람은 아무도 없다고요. 어린 기자가 되어서, 끊임없이 글을 수정하라고 했죠."

미술 선생님인 나도 에스더와 관점이 비슷하다. 나는 학생들이 내가 무언가에 얼마나 큰 노력을 쏟아부었는지를 봐주었으면 좋겠고, 우리 모두 하는 게 이런 일이라는 사실을 이해했으면 좋겠다. 우리가 어떤 사람이든, 또 어떤 단계에 있든지….

한 학교에서 40년 동안 아이들을 가르친 뒤, 에스더는 2020년 6월에 은퇴했다.

"내가 원해서 은퇴한 게 아니라, 팬데믹 때문이었어요. 바이러스가 금방 사라지지는 않을 거라 생각했거든요. 사람들은 한두 달이면 끝날 일이라고 얘기했지만요. 첫 몇 달 동안은 수업을 했지만, 관리자가 저를 통제한다는 기분이 들었어요. 저는 그런 상황에 놓이고 싶지 않았죠. 그때 그만둔 건 아마 이제껏 내렸던 결정 중에 가장 현명한 일일 거예요."

에스더는 가르치는 일을 떠났느지는 몰라도, 교육계에는 남았다. 그는 예전 학생들과 함께 에드테크 기업에는 '교육계에는 남았다. 그는 예전 학생들과 함께 에드테크 기업을 설립했다. 'teach.track.app'은 프로젝트 기반 운영인 학습 플랫폼으로, 이장의 아이를 대상으로 삼는다. 교사와 부모는 ('가족'으로 등록 만 한다면) 무료로 가입할 수 있다.

"학생과 선생님 수천 명이 참여하고 있어요. 학생들이 하고 싶은 게 무엇인지 그룹 기획을 제공하는 게 무표예요, 선생님은 기획을 마련하고, 아이들은 팀을 꾸려서 함께 활동하죠, 교실 안 의 문화를 온라인에서도 다시 만들어내고 싶었어요."

선생님이 자율롭게 수업을 하도록 풀어두고, 학생들에게 통제력을 내어주는 일이 얼마나 매력적인지 알 수 있다. 그렇지만 위험한 요소도 눈에 띈다. 미술 선생님이 나는 개별 작업을 응원하는 데 익숙하다. 하지만 학교 안의 다른 영역에서는 이런 개서 를 떠올리기가 어렵다.

"내가 고안한 이 프로그램은 전통적인 학교 구조에 들어맞아 요, 그걸 대신하는 것은 아니지만, 전체 시간의 20퍼센트는 아이 들에게 통제권을 주죠, 15~22세 아이들이 8~14세 아이들을 위해서 만들어내 거예요, 나이가 좀 더 많은 아이들이 참여했으니 어 린아이도 참여할 것이라는 생각이었죠, 아이들에게는 나이가 실어이도 많은 아이들보다 강력한 통제란 없거든요."

에스더가 널리 존경받는 자신의 경력 내내 맞서 씨웠던 모 한 가지는, 아이들이 자기 자신을 더 좋게 생각하도록 만드는 일이었다. 그는 이 문제를 다루면 중독을 막고, 어른이 되어서 생겨날 수 있는 수많은 문제도 예방할 수 있다고 생각한다. 그는 ADHD(주의력결핍과잉행동장애) 오진 문제에도 열성적이다.

"아이들의 자연스러운 욕망은 뛰어다니고, 혼자 서고, 탐구하는 것이에요. 학교에서는 그런 걸 통제하려 하는데, 그게 문제를 낳고 또 부정확한 진단으로 이어질 수가 있죠. 특히 남자아이의 경우는요. 남자아이는 생물학적으로 더 활동적일 가능성이 크니까요. 아이들이 자신을 긍정할 수 있게 하는 데에, 또 역경을 통해서 무언가를 배우거나 역경에 맞서는 법을 가르치는 데 초점을 맞춰야 한다고 생각해요. 우리가 그런 걸 하지 않았다고 봐요. 미안하지만요. 여러분과 나의 문제가 아니에요. 시스템의 문제죠."

에스더가 학생들에게 어떤 식으로 영향을 끼쳤을지는 분명하다. 그렇다면 에스더에게 가장 큰 영향을 끼친 사람은 누구일까? 대답할 수 없는 질문이다. 에스더는 많은 사람이 있다고 하지만, 한 명을 꼽아보았다. 여러모로 힘들어 하던 남자아이였다. 그 아이는 문해력 때문에 에스더의 저널리즘 프로그램에 하마터면 못 들어올 뻔했다. 그러다가 이번에는 시간표 때문에 프로그램을 못 듣게 됐는데, 아이는 계속 수업을 듣고 싶어 했다.

"'젠장'이라고 생각했죠. 그래서 이렇게 얘기했어요. 자, 하나

하나 개별 지도를 해보자고요. 시간을 많이 써야 했지만, 그러고 나자 그 아이는 정규 수업에 들어올 수가 있었죠. 정말로 열심히 했고, 또 잘했어요. 글쓰기 실력을 타고났거나 사회적 능력이 뛰어난 건 아니었어요. 나이에 비해서 작은 편이기도 했고요. 그리고 프로그램 편집장에 지원했다가 떨어졌을 때는 좌절했어요. 그렇지만 계속 나아갔죠. 가장 감명 깊었던 점은, 내가 그 아이를 믿어준 덕분에 그 아이도 자신을 믿게 되었다는 점이에요."

그 아이는 편집장이 되지는 못했지만 프로그램에는 열심이었다. 그러다가 하버드에 지원할 예정이라며 에스더에게 추천서를 써달라고 부탁했다.

"이렇게 생각했죠. 제정신이 아닌가?! 알겠다며 추천서를 써주었지만, 사실대로 썼어요. 난 단점을 감추고 그럴싸하게 둘러대는 선생님이 아니라고요. 이 아이는 목표를 이루지는 못했지만 그래도 노력했다고 썼어요. 그리고 직책을 얻은 것은 아니지만 뛰어난 학생 기자가 되어 교실을 이끌게 되었다고 썼죠. 그 아이는 편집장이 아니었으니까요. 그래서 분명 탈락할 거라고 생각했죠. 그 아이는 합격했어요. 알고 보니 그 추천서 덕분에 합격했더라고요. 직책을 얻지는 못했지만 열심히 노력했다고 쓴 덕분이었어요. 지금 그 아이는 주요 뉴스 잡지의 선임 편집장이에요. 키도 커졌고요."

이 이야기의 교훈은 열심히 노력하고 자신을 믿으라는 것이다. 그렇게나 간단한 것이다. 자신을 믿어주는 어른을 찾아내는 것도 중요하다. 에스더는 이 학생에게, 또 다른 수많은 학생에게도 진정한 친구가 되었다.

높은 성과를 내는 세 딸을 둔 어머니인 에스더는 교육자로나 어머니로서나 자신의 길을 능숙하게 걸어 나아갔다. 그는 다른 부모들을 돕는 양육 가이드를 펴냈고, TRICK이라는 머리글자를 활용해 유용한 코드를 고안해냈다. 이는 신뢰(Trust), 존중(Respect), 독립심(Independence), 협동(Collaboration), 친절(Kindness)의 줄임말이다.

"이런 머리글자를 만들어낸 건, 내가 중요하다고 생각하는 것을 사람들에게 기억하게 하고, 또 이를 삶의 모든 면면에 적용할 수 있게 돕고 싶어서였어요. 양육할 때건, 집에서건, 학교에서건, 일터에서건 말이죠. 아이들도, 여러분의 파트너도, 여러분의 동료도, 신뢰와 존중을 받고 싶어 해요. 독립을 충분히 보장받으면서요. 사람들은 지시를 받는 걸 싫어해요. 그러니 함께 협동하고, 친절하게 대해주세요. 친절을 베풀기는 정말 쉬운데, 사람들이 단지 그렇게 하지 않을 뿐인지도 몰라요. 친절하다는 건 그냥 웃으면서 '좋은 아침'이라고 인사하는 것일 수도 있죠. 그래서, 아무튼, 그게 세상을 향한 나의 메시지예요."

그리고 부모들에게 직접 하고 싶은 얘기도 있을까?

"학교가 끝나면 아이들이 놀 수 있게 해주세요. 학교 공부 외

에 나무 많은 걸 시키지 말고, 놀 기회를 주세요. 아이들에게
는 놀이가 큰 공부라는 게 내 지론이거든요. 세상을 알아가는 방
법이죠."

에스터는 헬리콥터 부모들과 아이가 통제되는 정도를 때울
대며 흥정한다. 보호와 성장이라는 그 모든 애정 어린 고려한 이
유를 가져다 펼치라도 말이다. 나도 통제가 고민거리고, 또 내
아이들은 내가 그 나이였을 때보다 훨씬 자유가 적다는 사실을
알고 있다. 에스터는 어느 토요일에 손주들을 돌보다가, 위의 두
손주(딸 각각 아홉 살, 열 살)를 내 핸 쇼핑몰인 타겟 매장에 데려
다주고, 그동안 자신은 더 어린 손주를 데리고 미용실에 갔던 이
야기를 들려준다.

"아이들이 불안을 다 보고 나면 전화할 거라 생각했어요. 키
다란 상점이고, 제법 안전하니까요. 그런다 제 맏이 전화를 걸어
서 어떻게 지내고 있냐고 물었고, 어떻게 했느냐를 설명했더니
딸이 그러더라고요. 뭐라고요?! 뭐라고요으으?! 숨을 가쁘게 몰
아쉬는 소리가 들렸어요."

에스터는 곧바로 들어가 두 아이를 데려왔다. 아이들은 괜찮
았다. 사실은 단순히 괜찮은 정도 그 이상이었다.

"손주들이 정말 좋아했어요, 또 스스로 무척 자랑스러워 했죠.
그런다 그 애기를 쇄에 쳤더니, 정말 많은 사람이 그 애기를 하
더라고요, 사람들은 뭔든지 아이들이 스스로 하도록 내버려두

는 걸 두려워했어요. 아이들에게 안 좋은 일이 벌어질까 봐 무서
워했죠."

요즈음 세상과 끊임없는 뉴스피드 사이에서 균형을 찾는 것,
아이들에게 더 많은 자유를 허락하는 것에 관한 얘기다. 근래 들
어 중요한 뉴스 가운데 하나인 팬데믹이 전 세계 아이들에게 어
떤 영향을 끼쳤는지를 간과할 수 없다는 의미이기도 하다. 에스
더는 교육적인 관점에서 긍정적인 메시지를 전해준다.

"그러니까 학교에 갈 수 없었던 모든 학생은 무언가 상실한
것 같은 기분을 느꼈죠. 실제로 상실하기도 했고요. 이를 학습
상실이라고 불러요. 그렇지만 학생들은 다른 것을 배우기도 했
고, 또 그렇게 배웠다는 사실과 자신들이 결국 역경을 이겨냈음
을 깨달아야 해요. 그런데 학생들은 그렇게 하는 대신, 정보를
외우면서 진도를 따라잡으려고 했죠. 연구에 따르면, 그렇게 외
운 내용의 80퍼센트 정도를 일 년 안에 잊어버린다고 해요."

에스더가 어깨를 으쓱한다. 코로나바이러스 봉쇄 세대가 어
른이 되기 전, 이 문제를 어떻게 다루어야 할지를 그는 줄곧 생
각해왔다. 나는 그의 포기할 줄 모르는 정신과 뛰어나고 혁명적
인 접근 방식을 믿는다. 에스더는 진정 독보적인 사람이자, 크게
환영받을 만한 사람이다.

삶의 주인으로,
더 큰 세상의 일부가
되는 법

#학습장애

#사회정서학습

레티시아 라일

41세, 상파울루, 브라질

우리는 사회에서 답을 내놓고, 결론을 내리고, 훌륭한 아이디어를 내는 법을 배워요. 그렇지만 질문을 던지는 법은 배우지 않아요. 우리는 부모로서 질문의 기를 꺾거나 질문을 무시하면서 죄책감을 느끼고는 해요. 그보다는 아이들이 질문을 더 할 수 있도록 응원해야 해요. 우리 모두 질문을 더 던지지 않는다면, 우리는 똑같은 대답에 갇히고 말 거예요.

열심히 일하는 이탈리아 이민자의 딸로서 브라질에서 자란 레티시아는 특권과 역경 모두를 겪었다. 아홉 살이었을 때, 어머니는 레티시아를 데리고 파벨라(브라질 도시의 빈민 지역)에 있는 지역사회 학교에 봉사 활동을 하러 갔다. 이 일은 레티시아가 세상을 바꾸겠다고 결심하도록 자극을 주었다. 레티시아는 학교에서 공부를 아주 열심히 하지는 않았지만, 학생회를 운영하고 여행과 파티를 기획하는 일을 좋아했다.

"내 키가 183센티미터인데요, 브라질에서는 말 그대로 거인 수준이죠! 치아 교정기도 끼고 있었고, 목소리도 매우 컸어요. 자신감이 가득했고 엄청나게 외향적이었어요. 모든 목소리 하나하나가 중요하다고 항상 생각했어요. 제가 이해할 수 없었던 것 하나는, 왜 사람들이 서로에게 더 잘 대해주지 않는지 하는 것이었어요."

테티시아가 열여섯 살이었을 때, 어머니가 암으로 세상을 떠 났다. 무어 탈 뒤 테티시아의 성적표에는 이례적으로 낮은 점수 가 줄 서 있었다. 테티시아는 처음으로 학교 시스템에 실망했다.

"정말 부당하다고 생각했던 기억이 나요. 엄마를 잃었을 뿐인 데 지능도 없었다고요? 그저 어머니를 잃은 시기를 헤쳐가고 있 었는데, 학교도는 제가 충분히 절하고 있지 않는다고 애기할 뿐이 어요. 이 시스템은 절못됐다고 생각했죠. '나는 승자야, 나는 살 아 있고, 마인에 빼지지도 않았구나'라고 말해줘야 마땅한데 말 이에요. 다행히 선생님들이 제발 정말 도와주셔서 그 시기를 잘 보낼 수 있었어요."

테티시아는 대학에서 경영학, 영화, 법학을 전공한 뒤 교육 더큐멘터리 제작자가 되었다는 아쉽을 실현했다. 다른 사람의 눈으로 세상을 보여주는 매 은 정성을 쏟았다. 어느 정도 성공을 거두었지만, 테티시아는 절망스러웠다. 충분히 많은 사람에게 애기를 전한다거나 눈에 띄는 변화를 만들어낸다는 느낌이 들 지 않았다.

"누웁으로 이사 가서 미국 남자와 결혼을 했고, 다양한 프로그 랭에서 봉사 활동을 하면서 시간을 보내기로 마음먹었어요. 6주 만에 헐렘과 브롱크스의 저소득층 공동체를 대상으로 하는 다양한 교육 프로그램에서 일주일에 60시간 동안 봉사 활동을 하게 되었죠. 남편이 말했어요. '대체 언제쯤 당신이 선생님이 되고 싶다는 걸 인정할 생각이야?' 그때부터 깨닫기 시작했죠."

레티시아의 가족 가운데에는 교육자가 많다. 레티시아의 이모도 교육자인데, 지난 40년 동안 북부의 이누이트족을 가르치며 이들과 함께 살았다. 또 레티시아의 언니는 아마존에 도서관을 짓는 비영리단체를 만들었다. 레티시아가 그전에는 왜 가르치는 일을 생각하지 않았던 것일까?

"힘든 일이에요. 브라질 선생님들은 월급이 아주 낮아요. 똑똑한 사람이라면 학교에 가서 일하는 것이 시간 낭비라고 생각하고는 해요. 지금은 그런 생각에 대해 답을 할 수가 있죠. 지능으로 할 수 있는 최고의 일은 선생님이에요. 머리와 가슴으로 가장 큰 영향을 끼칠 수가 있으니까요. 세상을 바꿀 수도 있고요. 만약에 제가 파워포인트로 발표 자료를 만드는 임원이라면 일어나지 않을 일이죠."

뉴욕의 컬럼비아 대학교에 있는 명망 높은 교육대학인 티처스 칼리지(Teachers College)에서 레티시아는 교육과정 설계와 통합교육 분야에서 석사 학위를 따려 했다.

"첫날 강의실에 앉아서 드디어 본래의 내 모습을 찾았다고 생각했던 것이 기억이 나요. 마치 유니콘들이 주변에서 춤을 추면서 반짝이 가루를 뿌려주어, 선생님은 행복해요, 하고 알려주는 것 같았어요."

베티시아는 자신이 마땅히 되어야 할 모습에 다가간 순간을 환상적으로 설명해준다. 그렇다고 해서 공부가 쉽고 쉬운 것은 아니었다. 베티시아는 입시을 했고, 공립학교에서 상근 보조교 사로 일하며 시간을 이러저리 맞춰야 했다. 실제로 가르치는 경험을 쌓아가는 것은 커중했고, 베티시아가 한 학생에게서 처음 으로 교훈을 얻은 것도 이때였다. 알렉스는 열두 살, 5학년이었 는데, 자폐 스펙트럼이라는 진단을 받았다. 알렉스는 하늘 장애 를 지닌 아이들이 있는 반에 들어갔다. 베티시아가 알렉스를 만 났을 때는 장애의 증거를 전혀 확인할 수 없었다. 말도 의사소통 도 잘했고, 그저 읽고 쓰는 것을 어려워했을 뿐이었다.

"오전일 수도 있겠다고 생각했어요, 그렇지만 자폐 스펙트럼 이라는 꼬리표를 달고 오랫동안 특정한 방식으로 취급당했기 때문에, 사람들은 아이를 보지 않고 '꼬리표'만 봤죠. 알렉스의 공책을 보겠다고 했어요. 답입 선생님은 공책에 아무것도 없다 며 눈을 굴렀지만, 공책의 페이지 구석마다 작은 그림이 그려져 있었어서 책장을 빠르게 넘기면 애니메이션이 되었죠. 새로운 발 견이었어요. 우리 딸이 태어나자 알렉스 자기가 아였을 때 가 장 좋아하던 책을 내게 주었는데, 책 안에 이렇게 적혀 있었어 요, '내가 좀 더 크면 내가 좋아했던 만큼 이 책을 좋아하게 될 거 야.' 그 책은 《레모니 스니켓의 불행한 사건들(Lemony Snicket's A

Series of Unfortunate Events)》이었죠. 학생들에게 온갖 꼬리표가 달려 있지만, 그 꼬리표가 틀릴 때도 있다는 사실을 알렉스는 가르쳐주었어요. 아이들의 삶에 일단 한번 꼬리표가 붙으면 영원히 그 아이를 따라다닐 수밖에 없는 거죠."

레티시아는 자신이 시키는 대로 하는 그런 부류의 선생님은 될 수 없다는 것을 알았다. 에스더 워치스키 선생님(이 책의 138쪽) 처럼, 레티시아의 혁신적인 방식과 끝없는 에너지는 오래전 그에게 많은 팬을 만들어준 동시에 적도 만들었다. 갓 졸업하고 뉴욕에서 선생님으로 일을 시작한 그는 스스로에 대한 의심이 가득했지만, 여덟 살짜리 제시카는 그에게 직감을 믿는 법을 알려주었다.

"제시카는 총명했지만, 관심을 갈구했어요. 항상 잘못된 방식으로 친구를 만들려고 했죠. 한 학년이 끝나갈 무렵, 제시카는 나디아라는 친구를 사귀었어요. 나디아는 다정했지만 다른 사람을 쥐락펴락하고 목소리가 컸죠. 끊임없이 제시카에게 이런저런 것을 하라고 시켰어요. 수업 도중에 갑자기 말다툼을 벌이더니, 제시카가 날카로운 연필을 쥐고 나디아의 손을 찔렀어요. 충격이었어요."

제시카는 레티시아가 가까이서 지켜보던 아이였다. 이런 행동이 갑자기 어디서 튀어나왔는지 짐작할 수도 없었다. 레티시아는 나디아를 양호실로 보내놓고는 제시카를 복도 의자에 앉했다.

"그 사고 자체만큼이나 당혹스러웠던 건, 다른 아이들이 웃어 댔다는 점이었어요. 웃을 일이 아니었거든요. 비극적이었죠. 제시카는 정신이 나가서 그런 행동을 했지만 사과는 하지 않겠다고 했어요. 반 아이들도 마찬가지로 혼란스러웠죠. 화가 났지만 어쩔 줄 몰랐어요."

레티시아의 동료 교사는 레티시아가 반 아이들을 너무 자유롭게 풀어두어서 그런 일이 생겼다고 말했다. 레티시아가 너무 장난스럽게 굴고, 학생들이 일찍 오도록 허락해서 일과를 시작하기 전에 같이 춤을 추며 지내느라 권위가 약해진 때문이라는 것이다. 그래서 제멋대로 굴도록 부추겼다는 것이다.

"조금 튀기는 했죠, 알아요. 그렇지만 다른 선생님들은 이 사건을 핑계 삼아서 저를 손가락질했어요. 충분히 엄격하지 못하다는 건데, 그 선생님들 말을 믿기 시작했죠. 끔찍한 기분이었어요. 그날 밤에는 잠이 오지 않아서 우리 반 아이들에게 편지를 썼죠."

레티시아는 반 아이들이 왜 웃었는지도 이해한다고, 또 자기도 어린아이였다면 똑같이 행동했을지도 모르지만 그 행동이 마음에 들지는 않았다고 편지에 적었다. 그리고 이 일에 관해서 모두 함께 얘기를 나누고 어떻게 해야 앞으로 나아갈 수 있을지를 찾으면 좋겠다고 요청했다. 레티시아는 엄격하게 군다고 해

첫날 강의실에 앉아서 드디어 본래의 내 모습을

찾았다고 생각했던 것이 기억이 나요. 마치 유니콘들이

주변에서 춤을 추면서 반짝이 가루를 뿌려주어,

선생님은 행복해요, 하고 알려주는 것 같았어요!

서 아이들의 행동이 달라졌을 거라고 생각하지는 않는다고 했
다. 그보다는 아이들이 서로에게 더 배려심을 품을 수 있게 돕고
노력해야 했다. 이튿날, 레티시아는 제시카와 마주 보고 앉았다.

"제시카는 여전히 방어적이었지만, 이야기를 나눌 준비는 되
어 있었어요. 나디아가 자기를 놀리고 못되게 굴었다고 말했죠.
제시카의 마음속에서 무언가 끊어졌던 거예요. 정직한 이유였
지만, 왜 하필 그때 벌어진 일인지 알고 싶었어요. 평소 제시카
의 모습과는 전혀 달랐거든요. 처음 제시카는 이 질문에 대답하
지 못했어요. 그래서 우리가 어떤 일에 반응하는 데 영향을 끼칠
만한 요소에 관해서 얘기했죠. 우리가 피곤하다든가 좌절감을
느낀다든가 할 때면 스스로 주체할 수 없어지기도 하니까요. 이
런 사실을 알고 자신의 상태를 자각하는 게 중요해요. 대화가 끝
나갈 무렵, 제시카는 혼자 버려진 기분이 들었다고 말했어요. 나
디아가 놀 약속을 잡았는데 자기는 초대하지 않았다고요. 그러
니 사실 제시카의 반응은 이 일 때문에 화가 난 거였죠. 그리고
우리는 그때 제시카가 어떤 기분이었는지, 또 그런 감정을 느끼
는 것이 얼마나 자연스러운지, 그렇지만 그런 감정을 통제할 방
법이 있다는 사실에 관해서 이야기를 나누었죠."

분노는 빠르게 완화할 수 있는 일차 감정이다. 레티시아가 학
생들에게 가르치는 기술 한 가지는, 분노에 반응하기 전에 심호
흡을 하는 것이다. 천천히, 깊게 말이다. 이는 마음을 진정시키

고 더 나은 선택을 하도록 만드는 방법이다. 아이들에게 스스로 절제하도록 가르치는 일 역시 학교생활에 통합되어야 한다.

"제시카는 자기가 그렇게 행동하도록 방아쇠를 당긴 것이 무엇인지 이해하려면 내 도움이 필요했어요. 스스로 파악할 수는 없었죠. 암담했던 것은, 그날 오후에 제시카의 어머니가 교실로 찾아와서 나디아를 붙잡으려고 했던 일이었어요. 학생들은 한없이 공감하지만, 어른들이 그릇된 행동을 할 때면 참을 수가 없어요. 제시카의 어머니에게 교실에서 나가라고 말하고, 다른 데 가서 얘기하자고 했어요. 1년 뒤 제시카는 다른 학교로 전학을 갔죠."

부모의 기대와 불만을 처리하는 일은 교사에게는 어려운 일일 수 있다. 레티시아에게는 명확한 행동 지침이 있는데, 선생님으로서 경력을 쌓아가던 초반에 초기 경험을 바탕으로 세운 것이다. 네 살 때 부유한 백인 여성에게 입양된 어린 흑인 학생이었던 다정한 홀리와 겪었던 일 같은 경험이 그렇다. 홀리의 새어머니는 홀리와 그 자매인 베스를 돌봐줄 직원을 잔뜩 두고 있었다. 자매는 좋은 옷을 입고 머리를 곧게 펴고는 뽐을 내며 돌아다녔다. 홀리는 거의 모든 것을 가지고 있었지만, 홀리에게 가장 필요한 것은 바로 친구였다.

"어린 학생들이 학교가 끝난 뒤에 놀고 관계를 쌓아나가는 것을 정말 권장해요. 숙제를 더 하느라고 가만히 앉아 있는 것 말고요. 그래서 숙제를 안 내주죠. 홀리는 훌륭한 학생이었어요. 더 공부할 필요가 없었고, 즐겁게 놀아야 했죠. 그러다 얼마 지나지 않아 교장 선생님이 나를 교장실로 불렀어요. 거기서 홀리의 어머니를 만났는데, 이렇게 말씀하셨죠. '우리 아이들 피부색을 봤나요? 아이들이 아이비리그 대학에 들어가지 못하면 어떤 사람이 될 거라 생각해요? 숙제가 필요하다고요!' 그러고는 베스는 예쁘게 생겨서 오프라나 비욘세가 될 수 있겠지만, 홀리는 그렇지 않기 때문에 더더욱 숙제가 필요하다고 말했어요. 정말 끔찍했죠."

레티시아는 심호흡을 하고는 왜 숙제를 중요하게 여기는지 이해한다고 홀리의 어머니에게 말했다. 그렇지만 아이들은 수업에 필요한 내용을 이미 다 익히고 있다고 얘기했다. 그보다는 홀리의 뿌리를 찾아보도록 하는 편이 홀리에게 더 도움이 될 것 같다고 말했다.

"홀리는 자기가 반에 있는 다른 아이들과 얼마나 비슷하고 또 다른지를 공공연하게 얘기하고는 했어요. 홀리가 훌륭한 질문을 던진다고 생각했죠. 홀리가 자신의 문화와 관련된 더 많은 내용을 알아가도록 응원하면 좋을 거라고 말했어요. 홀리의 어머니는 화를 내며 제게 소리를 질렀죠. 홀리가 어떻게 되었는지는 모르겠지만, 홀리가 답을 찾았기를 바라요."

그가 부모에게 건네는 가장 중요한 조언은 판단을 내리려 하지 말고 호기심 어린 마음으로 아이들에게 귀를 기울이고, 질문을 더 많이 하고, 이를 자아 성찰과 공동의 탐구심으로 끌고 가라는 것이다.

"우리는 사회에서 답을 내놓고, 결론을 내리고, 훌륭한 아이디어를 내는 법을 배워요. 그렇지만 질문을 던지는 법은 배우지 않아요. 우리는 부모로서 질문의 기를 꺾거나 질문을 무시하면서 죄책감을 느끼고는 해요. 그보다는 아이들이 질문을 더 할 수 있도록 응원해야 해요. 우리 모두 질문을 더 던지지 않는다면, 우리는 똑같은 대답에 갇히고 말 거예요."

뉴욕에서 5년을 보낸 뒤 레티시아와 가족은 브라질로 돌아갔다. 레티시아는 브라질에서 교사 일을 찾아보기 시작했다. 오랫동안 공부를 하고, 여러 상을 받고, 다양한 업무 경험을 지니고 있음에도 그는 보조 교사의 자격조차 충분치 않다는 이야기를 들었다. 브라질의 시스템은 그가 미국에서 받은 교육과 사회 정서 학습(SEL)에 열심이었던 것을 미심쩍게 여겼다.

그래서 레티시아는 손수 일을 해결해나갔다. 학습 장애 프로젝트를 기획하고, 공립학교를 대상으로 무료로 사회 정서 학습 프로그램을 수립했다. 이제는 학생 200만 명이 찾는 프로그램이 되었다. 이런 경험은 그가 기업가로서 목표를 세우도록 이끌어주었다. 사업 파트너 세 곳과 함께 자신의 학교를 설립한다는 목표였다. 상파울루에 있는 카미노(Camiono)는 전통적인 교육 방식을 능동적인 학습 방법으로 바꾸었으며, 세 가지 중요한 원칙을 지켰다. 바로 자기 삶의 주인이 되는 것, 더 큰 세상의 일부가 되는 것, 그리고 교사·학생·부모 사이의 교육적 관계에 초점을 맞추는 것이었다.

이는 놀라운 성취인데, 개척자와 같은 레티시아에게라면 충분히 기대할 수 있을 만한 일이다. 레티시아가 더 좋은 선생님이 될 수 있도록 아이들은 하나하나 도전 과제를 안겨주었고, 그들은 오늘날 그가 자랑스럽게 여기는 학교의 일부가 되어 중요한 역할을 해주었다고 생각한다. 교육계에서 우리는 끊임없이 허락을 구한다. 그렇지만 레티시아는 해야 할 일을 파악하고 거기에 바로 착수한다. 레티시아는 문화, 학생의 요구, 학생이 처해 있는 환경에 반응하며, 모든 학생이 자신의 길을 찾을 수 있도록 하겠다고 맹세한다.

"전환점이 되었던 것은, 바로 몇 년 전에 엄청난 태풍이 찾아왔을 때였어요. 태풍이 주변을 휩쓰는 동안 아이들은 학교에 갇혀 있었죠. 어딜 봐도 엉망이었고, 지붕이 조각나서 떨어졌고, 전기도 끊겼어요."

학교에서는 학생들에게 교실 안에 머무르라고 했고, 선생님들은 마치 극한의 날씨를 겪고 있지 않은 것처럼 행동했다. 처음에 레티시아는 놀란 아이들을 진정시켰지만, 최악의 태풍이 지나가고 나자 여전히 떨고 있는 학생들에게 힘을 불어넣어야겠다고 생각했다.

"말도 안 되는 일이라고 생각했어요. 지금 일어나고 있는 걸 모른 체할 수는 없잖아요. 아이들을 세 집단으로 나누고 한 집단에게는 청소를 맡겼죠. 두 번째 집단은 아이패드를 가지고 나가서 태풍에 관해서 사람들에게 인터뷰를 했어요. 세 번째 집단은 커다란 비닐봉지를 가지고 나가 나뭇잎이나 나뭇가지 같은 잔해를 모았죠. 우리는 종일 그 일에 몰두했어요. 다른 선생님들은 제가 무모하다고 생각했지만, 아이들 주변 공동체가 파괴되었는데 가만히 앉아서 누군가 찾아와 치워주기를 기다린다고요? 그 아이들은 열 살이었고, 그 순간 변화를 만들어낼 기회를 얻었어요. 이것보다 더 좋은 학습 경험은 없을 거예요."

나는 레티시아가 학생을 대하는 태도를 사랑한다. 교사인 우리는 아이들을 너무 통제하려 들 수가 있다. 그렇지만 어떤 때는 아이들을 그냥 놔두어야 한다. 아이들에게 책임을 부여하면 아이들은 책임을 다한다. 때로는 아이들에게 주도권을 쥐여주면, 아이들은 앞장서서 도전에 나설 것이다.

나누는 경험을
믿어요

#초등

#공동체

라니친 디살레

34세, 바르시, 인도

궁극적인 차원에서 본다면 교육이란 사회에
변화를 가져오는 일이에요. 무언가 잘못된 일이
벌어지고 있는 모습을 본다면, 그걸 멈추려
노력하는 게 나의 의무이자 책임이죠.

라니친은 한 학생이 자기에게 한 얘기를 결코 잊은 적
이 없다. 라훌은 아홉 살이었고, 마하라슈트라의 솔라포 시 파리
티와디 마을에 있는 작은 학교에 다니는 학생이었다. 라니친이
가르치는 여느 학생과 마찬가지로, 라훌의 가족도 신앙심이 깊
은 농부 가족이었다. 조용하고 사려 깊은 아이이긴 했지만, 라훌
은 선생님에게 크나큰 영향을 끼쳤다. 반 아이들은 매일 점심을
함께 먹으며 찬합에 싸 온 카레와 밥을 나눠 먹었다. 그러던 어
느 날, 점심시간에 라훌이 자신의 신념을 얘기했다.

"라훌은 나눔이라는 원칙을 바탕으로 신념을 이야기했어요.
신께서 무언가를 주실 때, 그것은 나누어야만 하는 것이고, 그렇
게 나누면 신께 더 가까이 다가간다고요. 이걸 나는 라훌의 철학

이라고 부르는데요, 이제는 나도 이 말을 믿어요. 무엇이건 간에 나누는 경험을요."

매일 라니친은 자신의 지식을 학생들과 나눈다. 그러면 학생들의 행복, 부모의 만족, 또 자신을 믿어주는 공동체를 보상으로 받는다고 말한다. 이는 많은 힘을 발휘하는 거래다. 라훌은 이제 열여덟 살이 되었고, 어린 시절 설파했던 내용을 실천하고 있다. 농업 분야에서 사업 경영을 전공하며 농부 집안이라는 성장 배경과 연결 고리를 이어간다. 그리고 농업 분야를 발전시키고 현대화하겠다는 비전을 품고 있다. 라니틴은 그런 라훌이 이루 말할 수 없이 자랑스럽다. 둘은 서로 영감을 주고받는 관계를 계속 맺고 있다.

라니친은 어렸을 적에 선생님이 되겠다는 생각을 한 번도 한 적이 없다. 엔지니어가 되는 것이 꿈이었다. 열여덟 살에 엔지니어 전문대학에 들어갔는데, 라니친에게는 너무 버거운 환경이어서 한 학기를 마치자 학교를 나와야 했다.

"어떤 학생들이 나를 괴롭혔어요. 나는 수줍음이 정말 많았고, 집 밖으로 나가는 법이 없었죠. 사람들과 어떻게 교류하는지도 몰랐어요. 당시 나는 표현을 잘하지 못하는 아이였어요. 학생들은 그런 나를 괴롭혔고, 저는 학교를 떠났죠."

집으로 돌아가자 라니친의 아버지는 라니친의 일과 장래를 걱정했고, 그래서 라니친을 가장 가까운 교육 전문대학에 보냈다. 이는 라니친이 가장 바라던 선택지는 아니었을 것이다. 라니친의 아버지는 선생님이었고, 라니친은 이 일이 얼마나 힘든지, 또 인도의 교사가 어떤 어려움을 맞닥뜨리는지를 잘 알고 있었다. 교실을 지어야 한다거나, 필요한 학교 설비를 구한다거나, 학생들 점심을 준비하는 것처럼 말이다. 행정 업무, 단체와 연락, 실질적인 문제나 복지 문제를 처리할 때면 학교 선생님이라기보다는 회사 사장에 가까웠다.

라니친은 교사가 되는 공부를 하기가 망설여진다고 아버지에게 이야기했고, 두 사람은 합의를 보았다. 여섯 달 동안 교육을 받아보고 마음에 들지 않는다면 새로운 엔지니어 전문대학에 들어가서 꿈을 좇아보기로 했다. 그런데 교육 전문대학에서 여섯 달을 보내며 라니친은 새로운 사실을 발견했다. 라니친은 훌륭한 선생님이 학생의 삶을 바꿀 수 있다는 것을, 선생님이라는 역할의 중요성과 자신이 끼칠 수 있는 영향을 깨닫게 되었다. 그러던 중에 결정적인 순간을 맞이했다. 교육과정 초반을 듣고 있던 어느 날 아침, 선생님은 학생들에게 5분짜리 수업 계획을 세워 반 학생들 앞에서 발표하라는 과제를 내주었다. 라니친은 앞부분에 발표할 예정이었다.

"과제를 다 준비했는데, 말을 할 수가 없었어요. 고작 몇 줄 이야기하고는 뇌가 멈췄죠. 말을 이어갈 수가 없었어요. 자신감을 완전히 잃어서, 눈에 눈물이 맺힌 채 선생님을 바라봤던 게 기억

나요. 선생님이 이 자리에서 내려가 제자리에 앉으라고 말씀해
주시기를 간절하게 바랐죠."

그렇지만 라니친의 선생님은 모두에게 박수를 치며 라니친
의 이름을 외치라고 했다. "라니친! 라니친! 라니친!" 귀와 눈으
로 잔뜩 흘러 들어오는 응원이 라니친의 뇌 안의 스위치를 켰다.
라니친은 눈물을 멈추고 발표를 시작했다. 수업이 끝나고, 라니
친은 교무실로 선생님을 찾아가 끌어안으며 다시 눈물을 흘렸
다. 이번에는 기쁨의 눈물이었다. 라니친의 선생님은 학생들에
게 자신감을 심어주는 것이 자기의 일이라고 말했다. 그는 라니
친 안에서 빛나는 무언가를 보았고, 이를 꽉 움켜잡은 채, 자신
의 학생을 선생님으로 만들겠다고 마음을 굳게 먹었다. 이는 라
니친의 인생을 바꿨을 뿐만 아니라, 라니친도 다른 사람들에게
똑같은 일을 할 수 있도록 만들어준, 작지만 중요한 순간이었다.
선생님으로 다시 태어난 순간과도 같았다.

처음 선생님 일을 시작했을 때, 라니친은 낡은 축사 안에 교
실을 마련했다. 아무것도 없었다. 책상도, 의자도, 설비도, 전기
도. 축사 주인이었던 힘 있는 지역 정치인이 교실로 바꾸라며 자
발적으로 정부에 내어준 곳이었다. 공동체가 도와준다면 이곳
을 교실로 만들 수 있겠다고 라니친은 생각했다. 그래서 재정적
도움과 실질적인 도움을 구했다. 안 쓰는 의자라든가, 페인트칠
할 일손이라든가, 현금 기부 등을 말이다. 그는 기분 좋은 공간

을 만들 수 있다는 걸 잘 알고 있었다. 아주 작은 것만으로도 배움이 꽃필 수는 있지만, 선생님이 만들어내는 환경에는 대단히 중요한 무언가가 있다. 학생들은 작품이 전시된, 질서가 잡혀 차분한 학습 공간에서 많은 것을 얻어간다. 바로 그 순간에 마법이 일어난다. 라니친은 버려진 축사로 바로 그 일을 해냈다.

그러자 정치인은 축사를 돌려달라고 했다. 공간이 깨끗해졌고 기능적으로 탈바꿈한 것을 보고, 다른 마을에서 선생님과 아이들이 오는 것을 언짢게 여겼다. 라니친은 참담한 심정이었다.

"처음에는 부디 이 공간을 계속 쓰게 해달라고 했지만, 그는 영 내켜 하지 않았을뿐더러 폭력적으로 굴었어요. 그래서 물러섰죠. 분노에 분노로 맞서고 싶지는 않았어요. 그러던 어느 날 오토바이를 타고 왔는데(우리 마을에서 오기 먼 곳이라서 친구에게 빌린 오토바이였죠), 그 정치인이 자기 아이들과 같이 오더니 오토바이를 망가뜨렸어요. 그 사람들한테 '세상에, 이건 내 오토바이가 아니라 친구 오토바이라고요. 저는 이 비용을 감당할 만한 처지가 아니라고요' 하고 얘기했죠."

이런 상황이 라니친에게 얼마나 끔찍한 순간이었을지, 아이들이 배울 수 있는 공간을 마련하고자 그토록 열심히 싸우는 게 어떤 심정이었을지 짐작조차 하기 어렵다. 라니친은 그때가 교직 경력 중에 최악의 시기였다고 말했다. 대체 어떻게 정치인이, 공동체에서 존경을 받고 또 자신도 아이를 기르는 사람이, 대단

치도 않은 축사 때문에 마음을 손바닥 뒤집듯 바꿔버릴 수가 있었을까? 청소년들의 삶을 바꿀 수도 있는 곳인데. 다른 선생님들은 라니친이 막아서는 걸 이해하지 못했고, 심지어 소란을 피우지 말라고 했다. 밖으로 나가 들판에서도 가르칠 수 있다면서 말이다. 그렇지만 라니친의 생각은 달랐다.

"인도는 초강대국이 되겠다는 이야기를 하고 있었어요. 미래의 시민을 그렇게 대접하는데 어떻게 초강대국이 될 수가 있겠어요? 처음에는 정말 애를 많이 먹었어요. 특히 다른 사람들의 마음가짐 때문에요. 이렇게 생각했죠. '아니, 우리 학생들은 교실에서 가르칠 거야. 아이들에게 최고의 경험을 주고 싶어'라고요."

2009년에 그 정치인이 물러서자 라니친은 공간을 되찾을 수가 있었다.

라니친은 소와 교실을 함께 쓰며 7~9세 학생들을 가르치던 데에서 시작해서, 이제는 필요한 기술을 갖춘 지정된 학습 장소로 오게 되었다. 그러는 동안 변하지 않은 것은 바로 학생들을 향한 태도와 접근 방식이다. 자신의 선생님이 자신감을 불어넣는 법을 가르쳐줬던 것을 결코 잊은 적이 없다.

"학생들과 더 정서적으로 관계를 맺는 걸 좋아해요. 학생들의 성장 배경, 가족, 또 교실 바깥에서 하는 행동을 이해하는걸요."

마을에서 가르친다는 것은 곧 공동체에서 일정 수준의 존경

은 받는다는 뜻이다. 그와 함께 친근감도 생긴다. 마을 사람들의

문은 언제나 라니친에게 열려 있다. 학생들이 학교를 떠난다고 해서 관계가 끝나지도 않는다. 라니친은 예전 학생들과 그 가족에게 계속 상담을 해준다.

"그리고 이게 가장 중요해요. 교육이 문제 해결사로 여겨진다는 걸 우리는 잘 알고 있으니까요. 어디에나 문제가 있지만, 교육만이 해결책을 가져다주죠. 학생들을 가르치는 것만으로는 충분치 않아요. 어린 시절을 지나서도, 십 대 내내, 또 그 이후까지도 이어지는 관계를 일구는 일이기도 해요. 그래서 매일 교실에서 하는 일은 바로 아이들이 훌륭한 일을 할 수 있도록 인생의 교훈과 이야기를 나누는 거예요."

라훌이 아주 좋은 사례다. 라니친은 라훌의 잠재력을 발견했고, 이를 실현할 수 있게 돕고 싶었다. 마치 라니친이 교사가 되고자 공부하던 시절 라니친의 선생님이 그러했듯이 말이다. 라니친은 라훌과 또 다른 학생 슈루티를 정부가 주도하는 연극 프로젝트에 데려갔다. 그러려면 기차를 타야 했다. 라훌도 슈루티도 기차를 타본 적이 없었고, 둘은 세 시간짜리 기차 여행과 그 앞에 펼쳐질 일을 떠올리며 한껏 신이 났다.

라니친이 학생들에게 최대한 많은 문을 열어주고자 얼마나 열심히 노력하는지, 또 아이들이 최고의 모습으로 거듭나기를 얼마나 바라는지를 충분히 알 것 같다. 가족이나 마을, 나라를

나누는 경험을 믿어요

인도는 초강대국이 되겠다는 이야기를 하고

있었어요. 미래의 시민을 그렇게 대접하는데

어떻게 초강대국이 될 수가 있겠어요? 이렇게

생각했죠. '아니, 우리 학생들은 교실에서 가르칠

거야. 아이들에게 최고의 경험을 주고 싶어'라고요.

위해서가 아니라, 아이들 자신을 위해서 말이다. 내가 가르치는 학교에는 버스나 기차를 타본 적 없는 아이들도 있다. 학교 건물 바로 옆에 지하철이 있는데도 말이다. 아이들이 사는 지역 공동체는 곧 아이들의 집이고, 아이들은 그 너머로 모험을 떠나지 않는다. 밖으로 나가면 더 넓은 세상이 있다는 사실을 보여주는 것이, 또 그들이 준비되었을 때 바깥세상으로 나갈 수 있도록 해주는 것이 우리 일이다.

이와 비슷한 일이 또 하나 있었다. 어느 토요일 오후, 동료가 결혼식에 라니친을 초대했다. 라니친도 나처럼 음식과 춤을 거절하는 사람이 아니기에, 흔쾌히 초대에 응했다. 라니친이 결혼식장에 도착해보니, 신부가 바로 라니친의 예전 학생인 프리야인 걸 알게 되었다. 프리야는 수학을 무척 잘했고, 겨우 열네 살이었다. 당시 조혼이 일반적이기는 했지만 그래도 엄연한 불법이었다. 그래서 라니친의 동료가 경찰을 불렀고, 출동한 경찰은 결혼식을 멈추게 하고 모두를 연행했다.

"경찰을 부른 게 나라고 누군가가 신부 가족에게 얘기했어요. 신부네 가족이 우리 집으로 잔뜩 몰려왔죠. 긴장이 넘치는 상황이었어요. 실제로 며칠 지나 나를 보호해달라고 경찰에 연락해야 했죠."

경찰은 상황을 진정시키고자 공동체 구성원을 만났고, 라니친도 그 자리에 함께 불려갔다. 경찰은 불법 조혼을 신고할 권한을 라니친에게 부여한다고 밝혔다. 원래 라니친의 일은 아니었지만, 경찰은 라니친이 선생님으로서 또 개인으로서 지닌 힘을 보았기 때문이다.

"궁극적인 차원에서 본다면 교육이란 사회에 변화를 가져오는 일이에요. 무언가 잘못된 일이 벌어지고 있는 모습을 본다면, 그걸 멈추려 노력하는 게 나의 의무이자 책임이죠."

그렇다면 프리야는 어떻게 되었을까? 라니친은 프리야네 가족이 가난하고, 또 프리야의 어머니가 프리야를 부유한 남성과 결혼하라고 떠밀었다는 사실을 알게 되었다. 프리야의 가족은 프리야를 원치 않은 정신적 폭력과 성희롱(어린 나이부터 시작된다)을 겪지 않도록 지키는 데 혈안이 되어 있어, 남편이 책임을 지게 되면 프리야가 안전할 것이라 생각했던 것이다. 결혼이 취소되어 프리야는 학업을 마치고자 학교로 돌아갔지만, 뒷일이 걱정되었다. 시간이 조금 흐른 뒤 프리야의 약혼자가 라니친을 만나러 왔다.

"그 사람이 폭력적으로 나올까 봐 걱정했어요. 그렇지만 그 약혼자는 자칫하면 자기를 8년 동안 감옥에 보낼 수도 있는 범죄가 일어나지 않도록 내가 막아주었다고 얘기했죠. 그렇게 성숙한 사람인 줄은 몰랐어요. 그가 감사하다고 했죠. 프리야가 열여덟 살이 되자 두 사람은 결혼했어요. 지금 프리야는 공학 기술 박사과정을 밟고 있죠."

라니친은 모든 일을 열정적으로 한다. 그리고 학생들도 똑같이 행동하도록 힘을 실어주며, 또 학생들의 이런 태도를 부모들이 지지하도록 격려한다.

"학생들에게 이렇게 이야기해요. 무얼 하건 최선을 다하라고요. 큰일이건 작은 일이건 상관없으니, 온 마음을 다하라고 말이에요. 그런 방식으로 삶을 살아가면 놀라운 보상과 큰 변화가 생겨날 수 있어요."

내가 보기에 라니친의 엄청난 힘은 딱 필요한 지점에서 다른 이들에게 자신감을 불어넣어주는 능력이다. 오래전 그가 받았던 것처럼 말이다.

교사와 학생 사이,
영감의 순환

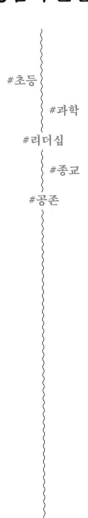

#초등

#과학

#리더십

#종교

#공존

히바 발루트

36세, 베이루트, 레바논

학생들에게 영감을 주는 만큼,
학생들에게서 똑같이 영감을 받아요.
바로 영감의 순환이죠.

내가 히바 발루트를 처음 만난 것은 2018년 '세계의 교사 상' 시상식에서다. 강당에는 100명쯤 되는 사람이 휴식 시간을 보내며 다음 발표를 기다리고 있었다. 그때 히잡을 두른 여자가 갑자기 일어나더니 가장 아름다운 노래를 아랍어로 불렀다. 최종 후보에 오른 50명 가운데 한 사람인 히바였다. 낯선 사람으로 가득한 강당에서 그가 보여준 목소리와 자신감은 놀라웠고, 우리는 모두 넋이 나갔다. 그 뒤로 우리는 연락을 주고받았다. 우리가 사는 세상이 서로 다르면서도, 또 그만큼 여러 차원에서 공통점을 찾을 수 있었다.

히바가 베이루트에 있는 세인트 조지 학교에서 초등학생 연령대 학생들에게 과학을 가르치기 시작했을 무렵, 그는 배우는 일을 더 재밌게 만들면서 전통적인 교육 방식을 바꾸는 신선한 공기 같았다.

"놀고, 분석하고, 해석하는 게 어떻겠냐고 했죠. 중요한 정의 말고는 암기한 것은 잊어버리고 말이에요. 한 학년이 끝나갈 즈음, 학생들 대부분이 과학을 좋아했어요."

자신의 가르침에 대한 이런 반응은 히바가 더 멀리 나아갈 수 있도록 용기를 심어주었다.

"저는 이런 식으로 아이들의 마음속으로 들어갔죠. 그래서인지 이런 생각이 들었어요. 과학이나 생물학을 넘어선 것을 아이들에게 가르쳐보면 어떨까? 아이들에게 삶의 기술을 가르치면 어떨까?"

그 무렵 학교에서 과학부장 선생님이었던 히바는 지역적으로 또 국제적으로 모의 유엔이나 모의 아랍연합 같은 리더십 프로그램을 운영하기 시작했다. 그리고 학생들을 양쪽 모두에 참여시키며 세계시민 의식을 익힐 수 있도록 해주었다. 오늘날 그는 교육계에서 크게 존경받는 인물이며, 학교에서는 부팀장 겸 2학년 부장이자 무엇보다도 학생들의 친구다. 그의 환상적인 리더십 프로그램은 사랑하는 고국이 겪은 고난 때문에 보류되었다가 다시 진행되었다.

그렇게 잠시 중단되었던 프로그램 가운데 한 가지인, 아드얀(ADYAN) 재단에서 기획한 알완(Alwan)은 공존 문제를 다룬다.[*]

분리주의와 더불어서 히바의 마음을 건드리는 주제다. 그는 선생님으로 일하기 시작했던 초반에는 학교에 정말 다양성이 충분했다는 사실을 떠올린다.

"무슬림, 기독교인, 무신론자 등이 공존하고 있었어요. 우리 사이에 서로 교류도 있었죠. 우리는 학교에서 함께 지내는 걸 좋아했어요. 학교 당국도 우리 교육자들이 서로 종교나 신념은 달라도, 학생을 가르칠 때 공통적인 메시지를 품고 있다는 걸 알고 있었어요."

이제 히바는 파벌주의의 틈이 점점 넓어지는 모습을 지켜본다. 비단 학교에서만이 아니라 공동체 안에서도 말이다. 그리고 공존 프로그램이 얼마나 중요하고 핵심적인지를 깨닫는다. 자신의 학교에만 그치지 않고, 레바논 전체에도 그렇다.

"고등학교에서는 종교를 가르치지 않아요. 학생에게는 정말 개인적인 영역이고, 또 그들은 뭐든지 원하는 것을 선택할 수 있으니까요. 아랍 세계에서는 어떤 종교를 원하는지를 고르기가 정말 쉽지 않아요. 이미 신념을 바탕에 두고 길러졌으니까요. 그렇지만 다른 종교에 관한 내용을 접하기 시작한다면, 종교 하나하나가 품은 아름다움을 소중하게 여기게 될 거예요."

---

*　아드얀 재단은 레바논에 기반을 둔 비정부기구로 다양성, 연대, 존엄성 증진을 목표로 삼는다. '알완'은 비판적 사고, 비폭력 대화, 다양성 증진을 추구하는 아드얀 재단의 프로그램이다.

가르치는 일은 히바의 꿈이었다. 그 꿈이 실현되었다. 그는 사우디아라비아에서 태어나 어린 시절을 그곳에서 부모님과 함께 보냈다. 그리고 내전이 벌어지자 히바의 부모님은 레바논으로 몸을 피했다. 유치원 시절 기억은 인도계 영국인 선생님이었던 프레마 선생님과 단단히 연결된다. 아이들은 애정을 담아 프레마 선생님을 "이모"라고 부르고는 했다. 히바는 프레마 선생님을 정말 좋아해서 집에 오면 그를 흉내 냈다. 프레마 선생님을 따라 영어를 할 때면 인도식 억양을 가미했고, 오빠들을 학생 삼아 선생님 놀이를 했다.

히바는 성장하면서 계속 배워나갔고, 중등학교에 진학해서는 생물학에 관심을 품었다. 그 뒤 대학에서 생물학을 전공했다. 그의 부모는 히바가 의사 수련을 받기를 바랐으나(히바는 "부모가 자식의 꿈을 정해주고는 하잖아요" 했다), 히바는 선생님이 되겠다는 생각이 확고했다.

"이게 내가 열정을 품고 있는 일이에요. 그리고 사실인지 아닌지는 몰라도, 가르치는 것도 재능이라고 생각해요. 단순히 선택이나 결정이라기보다는요. 마치 음악인이나 예술가처럼 재능을 가지고 시작하는 거죠."

그는 자신이 선택한 직업에 대해 확고한 입장을 지킨다. 이 얘기를 하며 그는 자신의 아버지가 의사 딸을 자랑스러워하고 싶다고 했지만, 선생님 역시도 그와 비슷하게 존중받는다는 사실을 몰랐다고 말한다.

"그렇지만 우리 선생님들은 미래의 의사를 가르치는걸요! 선생님이 더 먼저라고요."

나는 히바에게서 뚜렷하게 확인할 수 있다. 선생님이라는 소명 의식과 학생들에게 과학 그 이상을 가르치는 한결같은 헌신을. 슬프게도 이런 마음은 곧잘 시험에 들고는 한다.

"아이들이 혼란스러운 시기를 헤쳐갈 때면 힘들어요. 우리는 전쟁, 팬데믹, 경제 위기 등을 겪고 있으니까요. 아이들은 그저 위안을 기다리고 있어요. 우리의 말에서 평화로운 순간을 찾을 수 있기를요. 비록 우리가 소속된 공동체나 나라가 더는 안전하지 않다고 느끼더라도, 우리는 아이들에게 희망을 줘야 해요. 부정적인 마음가짐이 우리를 둘러싸고 있더라도 긍정적인 마음가짐을 퍼뜨려야 해요. 어느 구석에서든 부패한 모습을 발견할 수 있겠지만, 선생님들이 바꿀 수 있는 것은 다른 데서 찾을 수 있는 것이 아니라 바로 학교라는 아주 작은 공동체예요.

히바는 학생들에게 희망을 일깨워주고 스스로 필요한 변화를 일으키도록 힘을 불어넣는 데 초점을 맞춘다. 나는 그의 회복력이 감탄스럽다. 절망스러운 상황을 마주하는 경우가 많은데도 어떻게 히바가 계속 앞으로 나아갈 수 있는지 궁금하다. 그의 내면에서 이런 힘을 만들어내는 것은 대체 무엇일까?

"바로 신념 그 자체예요. 평화와 희망의 전달자로서 우리가 지닌 임무를 믿는 거죠. 그리고 신께서 나에게 과학을 주시고, 긍정적인 마음가짐을 퍼뜨릴 수 있는 능력을 주셨다고 믿어요."

종교는 우리의 대화를 가로지르는 주제이며, 히바의 신념은 그의 삶을 받치는 반석이다. 그는 기도가 의사소통이라며, 신의 존재가 마음속 깊은 곳에 평화를 가져다준다고 한다. 그것이 사실이건 아니건 상관없다는 듯이. 우리가 어떤 신념을 지니건 간에, 순조롭게 계속 나아가려면 특정한 유형의 에너지와 명상이 필요하다는 사실을 나는 이해할 수 있다.

"사람들은 우리를 바라봐요. 학생도, 부모도, 공동체도요. 사람들은 우리를 보면서 이렇게 생각할지도 몰라요. 교사는 자신들과는 다른 삶을 산다거나, 아니면 절대로 실수를 하지 않는다고요. 뭐, 그렇지만 당연히 우리도 실수하죠. 우리도 사람이니까요. 아주 간단한 예를 하나 들어볼게요. 학생 한 명과 이야기를 했는데, 자기 어머니랑 말다툼했다는 거예요. 학교 가기 전에 침대를 정리하는 일로 말이죠. 나도 내 일은 혼자서 한다고 얘기했더니(이를테면 옷을 직접 세탁하는 것처럼요), 그 학생이 놀라더군요. 당연히 나도 너와 똑같은 사람이고, 해야 할 일을 한다고 말해주었어요."

히바는 어떤 학생은 선생님을 마치 슈퍼히어로처럼 여긴다는 사실을 잘 알고 있다. 또 부모들이 이를 이용해 특정한 상황에 개입해달라고 요청하기도 한다. 히바는 선생님은 집에서 부모가 그렇듯이 중요한 역할을 맡는다고 생각한다. 학생들이 학교에 오면 온 마음을 다 주기 때문이다. 우리 선생님들은 학생들의 인격을 형성하는 데 일정 부분 책임을 진다.

"나는 항상 내가 할 일과 하지 않을 일을 분명하게 의식해야 해요. 학생들이 나를 자신들의 우상이라 생각하면서 항상 관찰하고 있으니까요."

자기 일이 인정받는 것 외에, 자신의 가장 근사하고 감동적인 성취는 바로 학생들이 연락해서 생물학을 전공한다거나, 선생님이 될 거라거나, 히바가 다녔던 대학에 지원한다거나, 나아가서는 히바가 자신들의 삶에 긍정적인 영향을 끼쳤다고 얘기할 때라고 한다.

"학생들의 삶에 긍정적인 흔적을 남기는 일이 아름다운 성취라고 생각해요. 그래서 삶을 바꾸는 일이 결국은 이기는 일이고요. 학생들에게 영감을 주는 만큼, 학생들에게서 똑같이 영감을 받아요. 바로 영감의 순환이죠."

히바는 자신이 몇 년 동안 가르쳤던 라마라는 여자아이의 이야기를 떠올린다. 라마는 열여섯 살 나이에 암 진단을 받고 히바에게 이 사실을 알렸다. 라마와 라마의 가족에게 정말 힘든 시간이었지만, 히바도 오랫동안 라마를 알고 지내왔기에 힘이 들었다. 자신이 할 수 있는 한 어떤 식으로든 도움을 주고 싶었다. 히바와 라마는 함께 시간을 보냈고, 라마가 아동 암 센터에 갈 때

동행하기도 했다. 녹록지 않은 시간이었지만 고무적이고 긍정적인 점도 있었다.

"라마는 정말로 무척 강인했어요. 생존자가 되었죠. 지금은 치료를 모두 마치고 꿈을 좇아 조종사가 되고자 공부를 하고 있어요. 라마가 정말 자랑스러워요. 라마의 어머니와 아버지는 나를 키워낸 분을 만나고 싶다고 부탁했죠. 그래서 라마의 부모를 우리 아버지 어머니에게 소개했는데, 정말 감동이었어요."

이 이야기가 특히나 딱 적절한 까닭은, 선생님인 우리는 모든 일을 해결하는 게 우리 일이라고 대개 생각하지만, 때로는 우리 통제 밖으로 벗어나 우리가 해결할 수 없는 문제도 있기 때문이다. 그렇지만 그런 상황에서도 우리는 여전히 자리를 지킬 수 있다.

히바가 일상적으로 생활하는 아랍 세계에는 다양한 주제가 금기시된다. 종교를 비롯해 섹슈얼리티, 평등, 젠더와 관련된 사안은 히바의 문화에서는 이야기하기 어려운 주제다. 최근 히바는 교실에서 동성애와 종교의 다양성을 둘러싸고 괴롭힘이 일어났던 상황에 대처했다.

"무언가를 받아들인다고 해서 꼭 그걸 믿어야 한다는 의미는 아니라고 설명했어요. 한 사람이 어떤 신념을 품건, 어떤 방식으로 살아가건, 그건 그 사람의 선택이라고 얘기했죠. 우리가 무슬림이건, 유대인이건, 기독교인이건, 이성애자건, 아니건 간에 말이에요. 나는 기독교인이 아니지만 그들의 신념을 존중해요. 종교는 장벽이 아니에요. 우리는 이 행성을 함께 나누어 쓰고 있으니까요."

히바는 다양한 종교가 섞여 있던 포커스 그룹을 떠올린다. 포커스 그룹의 아이들은 레바논 안의 서로 다른 지역에 있는 서로 다른 신념 사이의 공존에 관해 의논했다. 한 학생이 자리에서 일어섰다.

"그 남자아이가 이렇게 말했죠. '선생님, 이건 꼭 수학 연습 문제 같아요. 어떤 방법으로 풀어도 똑같은 해답에 도착하는데, 신이 바로 그런 수학 연습 문제예요. 어떤 길을 택하더라도 신께 이르게 될 거니까요.' 나는 종교를 그런 식으로 생각해본 적이 없었어요. 그 아이가 말을 마치자 곧바로 박수가 터져 나왔죠."

히바는 선생님이란 변화를 만들어내는 사람이며, 학생들이 큰 꿈을 품도록 응원해야 한다고 생각한다. 그렇지만 목표를 이루는 방법을 계획으로 세우지 않고서는 꿈을 꾸는 것만으로는 충분치 않다. 부모 역시 중요한 역할을 해야 한다.

"부모는 잘 듣는 사람이 되어야 해요. 귀를 기울이지 않는 부모가 많거든요. 특히 청소년기, 어린아이가 한 사람으로 자라나는 시기에는 말이에요. 그 나잇대에는 모두 미스터리한 면이 있죠. 우리도 십 대 시절에는 각자 비밀이 있었잖아요. 그러니 아이들이 그 비밀 상자를 열어 부모에게 보여주게 하고, 서로 친구가 되세요. 아무런 권유도 해결도 없는 말싸움을 하기보다는, 조언해주세요. 그러려면 적극적으로 나서서 귀를 잘 기울여야 해요."

히바는 자신이 성장하면서 이런 경험을 할 수 있었다는 것이 행운이라는 사실을 잘 안다. 어린 시절, 그는 매일 학교에서 돌아오면 자기에게 일어났던 일을 하나하나 어머니에게 들려주었다. 어머니가 자기 얘기를 듣고 싶어 하지 않는다는 느낌을 한 번도 받은 적이 없다. 어른이 되어서도 히바는 어머니에게 매일 전화를 거는데, 하루에 두 번씩 할 때도 많다.

히바는 내게 선생님으로서나 어머니로서나 깊은 울림을 주는 얘기를 한다. 히바는 이렇게 말한다.

"부모는 아이를 대신해서 꿈꾸는 일을 멈춰야 해요. 아이가 스스로 꿈을 꿀 수 있게 해야 하죠."

나는 아이의 말에 더 세심하게 귀 기울이기보다 아이가 어떤 것을 해야 하는지 내 생각을 강요했던 것이 얼마나 잘못이었는지를 떠올린다. 이런 생각이 결코 처음은 아니다. 내 첫째 딸은 내가 근무하는 학교에 다니는데, 분명 당황스러운 순간이 심심찮게 있었을 것이다. 특히나 또래 아이들이 "와, 너네 어머니 정말 좋으셔. 엄청 멋있으셔" 하겠지만, 딸에겐 나는 어머니이고, 그런 인간관계가 수반하는 모든 현실을 겪을 때 특히 그렇다. 이는 데이비드 미첼과 내가 얘기하는 것이기도 하다(이 책의 212쪽).

　"우리 어머니는 말하기는 쉽지만 행동하기는 어렵다는 얘기를 종종 하세요. 아직 부모가 아니라서 선생님으로서만 말할 수 있지만, 그래도 학생들이 모두 자식 같아요. 내게는 자식이 330명 정도 있는 거죠."

　눈을 감으면, 넋을 잃은 낯선 이들이 가득한 강당을 향해 텅 빈 무대 위에서 노래를 부르는 히바의 모습이 여전히 보인다.

바라는 대로 살기,
날마다 용감해지기

#역사

#영화

마누엘 칼카니

35세, 산티아고, 칠레

우리는 좋은 영화에 관해서 몇 시간 동안 이야기를
나눌 수 있어요. 그러면 저는 다양한 의견과 세계관을
듣게 되죠. 이런 대화를 나누다 보면, 그리고 학생들이
만드는 단편영화를 보다 보면, 학생들을 통해서 배우는
것이 많아요. 학생들은 세상을 더 잘 이해하도록 나를
도와줘요. 항상 나는 다른 점을 통해서 배우죠.

마누엘은 지난 9년 동안 칠레에서 가장 오래된 고등학
교에서 학생들을 가르쳤다. 수도인 산티아고에 자리 잡은 이 공
립 남자고등학교는 도시 이곳저곳에서 온 학생을 받아들이기에
다양한 문화와 배경이 뒤섞여 있다. 학교에서 공부하는 학생은
4400명 정도이고, 한 반에 정원을 넘어 45명씩 있다. 출중한 학
교로 오랜 전통을 이어온 곳이지만, 최근에는 학교를 유지하기
가 더 힘들어졌다. 자원이 부족하기 때문이다. 마누엘은 칠레 교
육계가 겪는 힘든 시기를 지켜봐왔다.

"학생과 교사가 함께 학교 여건을 개선하고 교육에 투자하는
비용을 늘려달라며 줄곧 캠페인을 벌였어요. 도시 전역의 학교
에서 시위가 많이 열렸는데요, 험악한 모습으로 바뀌었죠."

폭력은 충격적이었다. 경찰은 시위대를 무너뜨리고자 최루 가스와 물대포를 사용했고, 많은 사람이 체포당했다. 이와 같은 문제 제기 방식 때문에 학생들은 '테러리스트'와 '비행 청소년' 이라는 꼬리표를 달게 되었지만, 대체로는 별다른 선택지가 얼마 없었다고 여기고 있다.

"학생들이 얼마나 힘든지, 또 자신들의 목소리를 관철하려는 일이 얼마나 중요한지 잘 이해해요. 그렇지만 학생들은 싸움을 너무 많이 벌이고 있어요. 이것도 해답은 아니죠. 경찰을 적으로 돌리지 않는 다른 소통 방식을 찾아야 해요. 위험하고 파괴적이니까요. 우리는 모두 지쳤고, 학교는 낡았고, 이런 시위는 교실이 아닌 다른 곳으로 초점을 돌려요."

마누엘은 대대로 오랫동안 선생님이었던 집안에서 자랐다. 할머니 할아버지와 어머니도 선생님이었는데, 이들은 매일같이 마누엘에게 영감을 심어주었다. 마누엘의 어머니는 언제나 마누엘과 함께 생각을 나누었고, 마누엘은 어머니가 하는 노력이 학생들에게 어떤 영향을 끼치는지를 보았다. 마누엘은 할아버지의 발자취를 따라 역사 선생님이 되었다.

"영화학도 가르치는데요, 역사의 핵심적인 순간을 영화를 통해서 가르치는 데 초점을 맞추고 있어요. 우리는 전 세계의 다양한 영화를 많이 보고, 또 직접 영화를 만들기도 하죠. 방과 후 영화 동아리를 만들어서, 학생들이 영화 제작에 필요한 모든 영역에 참여할 수 있도록 했어요. 대본부터 카메라 워크, 촬영, 편집, 그리고 영화제까지 모두 다요. 이런 식으로 가르치다 보면 학생들이 자신의 모습을 표현할 공간이 생겨나요. 학생들은 정말 창의적이에요."

마누엘의 접근 방식이 얼마나 강력한지 잘 알 수 있다. 이는 학생 모두를 공통의 관심사로 이끈다.

"우리는 좋은 영화에 관해서 몇 시간 동안 이야기를 나눌 수 있어요. 그러면 저는 다양한 의견과 세계관을 듣게 되죠. 이런 대화를 나누다 보면, 그리고 학생들이 만드는 단편영화를 보다 보면, 학생들을 통해서 배우는 것이 많아요. 학생들은 세상을 더 잘 이해하도록 도와줘요. 나는 항상 다른 점을 통해서 배우죠."

많은 학생이 영화를 보고, 영화에 관한 토론을 하고, 나아가 스스로 영화를 만드는 일은 교과서를 펴고 교실에 앉아 있는 것보다 훨씬 더 생산적으로 배우는 일이다. 관계를 맺고 영향을 주고받는 기회를 만드는 영민한 방식이다. 아이들은 누구나 영화를 보는 것을 좋아하고, 그렇게 해서 서로 다른 시각을 얻고 나누기 때문이다. 마누엘은 슈퍼히어로가 등장하는 시리즈 영화 같은 최근 영화만 참고로 삼지 않는다. 물론 이 영화들도 그럴 만한 여지는 있지만 말이다.

"학생들이 맥락을 이해할 수 있으려면 노력이 필요해요. 그리고 학생들이 맥락을 이해할 준비가 되면 항상 이 영화를 보여주죠. 1969년에 만들어진 고전적인 칠레 영화인데요, 〈나후엘 토로의 자칼(El Chacal de Nahueltoro)〉이에요. 어린 시절에 학대를 당하다가 나중에 알코올 중독자로 범죄자가 된 어느 농부에 관한 실화를 바탕으로 한 영화예요. 그는 자신에게 친절하게 대해 준 여성과 그 여성의 아이들에게 극악무도한 짓을 저지르고, 술에 취해서 그 사람들을 죽여요. 잔인한 이야기지만, 범죄를 이해하고 또 사회와 우리의 과거가 우리에게 어떤 영향을 끼치는지 심오하게 이해할 수 있게 해주죠."

학생들과 함께 영화를 분석하면서 마누엘은 그들이 고유한 관점으로 내놓은 통찰과 성찰을 얻는다. 이 이야기는 학생들에게 칠레의 역사를 알려줄 뿐만 아니라, 어째서 때로는 사람들이 특정한 행동을 하는가, 하는 아주 인간적인 주제를 곱씹어볼 수 있게 해준다. 이로써 학생들은 비판적인 사고를 기를 수 있다. 마치 열여섯 살 단테의 경우처럼 말이다. 단테가 영화를 보고 보인 반응은 인생을 바꿀 정도였다.

"그 아이의 반응을 절대 잊지 못할 거예요. 결코 이해하기 쉬운 영화나 주제가 아니거든요. 그렇지만 단테는 이 오래된 흑백 영화를 오늘날의 맥락으로, 자신의 경험 속으로 끌고 들어왔어요. 완전히 이해한 거죠. 시위를 벌이던 중에 단테의 친구 몇 명이 경찰에게 체포되었는데, 이 영화를 보고 단테는 친구들을 떠올렸어요. 그 아이들은 범죄자처럼 취급을 받았죠. 우리는 그 아

역사의 핵심적인 순간을 영화를 통해서 가르치는

데 초점을 맞추고 있어요. 우리는 전 세계의 다양한

영화를 보고, 또 직접 영화를 만들기도 하죠. 방과

후 영화 동아리를 만들어서, 학생들이 영화 제작에

필요한 모든 영역에 참여할 수 있도록 했어요. 대본부터

카메라 워크, 촬영, 편집, 그리고 영화제까지 모두 다요.

이들이 왜 그렇게 화가 났는지, 무엇 때문에 그들이 그런 식으로 행동했는지, 또 당국이 그 아이들에게 어떻게 대응했는지를 이야기했어요."

마누엘에게는 이루 말할 수 없이 자랑스러운 순간이었다. 지금 단테는 대학에서 행정학을 전공하고 있고, 마누엘과 서로 연락을 하며 지낸다. 단테는 여전히 분석적인 시각으로 영화를 보고 있으며, 두 사람은 여전히 영화 이야기를 나누고 서로 인상 깊었던 대사를 이야기한다. 단테가 자신의 반항심을 긍정적인 방향으로 바꿀 방법을 찾아낼 것이라는 희망을 마누엘은 품고 있다.

"칠레의 상황은 바뀌고 있지만, 완전히 해소되려면 문제가 아직 한참 남아 있어요. 정치적으로 중요한 진전을 이뤄가는 와중에도 여전히 시위가 벌어지고 경찰이 개입하죠. 이런 점을 학생들과 함께 얘기해요. 우리가 만드는 영화는 때로 의견 대립이 벌어질 때 의견을 나눌 수 있게 해주는 역할을 하죠. 화염병을 던지는 것보다 우리의 의견을 더 잘 표현하는 방법이에요."

영화 제작은 훨씬 더 개인적인 이야기에도 활용할 수 있다. 마누엘은 도미라는 성전환수술을 한 학생을 만난 적이 있다. 도미는 학교에서 괴롭힘을 당하며 힘든 시간을 보냈다. 학생들만 그를 괴롭힌 것이 아니라, 몇몇 선생님까지도 도미를 괴롭혔다. 끊임없이 잔인한 말을 듣고 익명으로 보내오는 쪽지를 받았으며, 도미가 치마를 입는 것도 허락하지 않았다. 집에서는 어머니가 도미의 결정을 받아들이려 하지 않았고, 그를 파블로라는 이름으로 부르며 도미에게 대명사를 사용할 때도 남성형을 썼다. 도미의 어머니는 자기 아이의 결정을 이해하지 못한 채, 자신이 양육 과정에서 무언가 잘못을 저지른 것이라고만 생각했다.

마누엘의 학교는 200년이 넘도록 남학생만 다니던 곳이었지만, 최근 여학생도 받아들이기로 결정을 내렸다. 마누엘과 학생들은 여학생이 학교에 오도록 장려하는 짧은 홍보 영화를 만들었다.

"영화의 한 장면으로 우리는 도미를 인터뷰해서 자신의 경험을 이야기하는 모습을 촬영했어요. 그는 솔직하게 얼마나 힘들었는지 얘기했고, 그럼에도 자신이 자랑스럽다고 했어요. 성전환한 다른 학생이 더 편히 지낼 수 있도록 그가 해냈다고 생각했거든요. 나는 도미에게서 많은 것을 배웠고, 도미와 같은 반 아이들도 마찬가지였어요."

마누엘이 도미에게서 얻은 가장 큰 교훈은 바로 용감해지는 것이었다. 마누엘은 그가 매일 싸워나가며 자신이 바라는 대로 삶을 살아가고자 시도하고, 또 시도하는 모습을 지켜봤다. 바지 대신에 치마를 입는 일이건, 반 친구들에게 자신의 감정을 이야기하는 것이건, 실망한 자기 어머니에 맞서는 일이건 간에 그렇다. 도미는 열여덟 살에 호르몬 요법을 시작했고, 지금은 음악을 전공하고 있다.

"처음에 도미의 어머니가 얼마나 충격을 받으셨을지 이해가 가요. 그렇지만 도미의 삶이 어머니의 삶은 아니죠. 아이의 미래 가 걸린 일이었으니까요. 우리 학생들은 어엿한 개인이고, 지식 과 능력을 쌓아가면서 부모가 미처 예상치 못했던 사람이 되어 갈지도 몰라요. 학생이 자기 자신의 모습으로 지낼 수 있는 민주 적인 교실을 만드는 것이 우리 일이에요. 그리고 학생들이 우리 에게 가르쳐주기 시작하죠. 선생님과 부모에게 말이에요. 그러 니 우리는 학생들에게 귀를 기울여야 해요."

도미는 집에서나 학교에서나 놀라울 정도로 용감했다. 잊지 말아야 할 것은, 그가 전부 남자아이만 있는 학교에 다녔다는 사 실이다.

"우리는 심리학자에게 지원을 받았고, 도미의 반 아이들과 그 의 어머니와 정기적으로 이야기를 나누었어요. 도미도 반 아이 들과 어머니와 계속 이야기를 나누도록 격려했죠. 아름다운 일 이라고 생각해요. 도미가 복합적인 경험을 하는 동안 도미의 곁 에 있을 수 있다는 사실이요. 선생님으로서 교실에 있는 모든 사 람이 기분이 좋아지도록 만드는 일이 중요하다고 생각해요. 내 가 만들려고 노력하는 것은 바로 그런 환경이죠. 문제가 얼마나 큰지 작은지 간에, 우리는 문제를 헤쳐 나가요."

마누엘은 부모가 자신의 아이와 관계를 맺는 좋은 방법 가운데 하나가 바로 영화를 함께 보고, 영화에 관해 이야기를 나누는 것이라 생각한다. 이는 그 어떤 이야기도 나눌 수 있는 시작점이 될 수 있다. 그리고 세대 간의 격차를 줄이는 데 도움을 줄 수도 있다. 마누엘은 이런 활동이 지닌 힘을 거듭 목격했다.

"여러분이 가장 좋아하는 영화를 아이들과 나누면 친밀하고 즐거운 관계가 생겨나요. 나는 지금 딸이 하나 있는데요, 얼른 딸과 같이 영화를 보고 싶어요. 가장 좋아하는 영화요? 말씀드릴 수 없어요. 항상 달라지거든요!"

십 대를
과소평가해서는 안 돼요

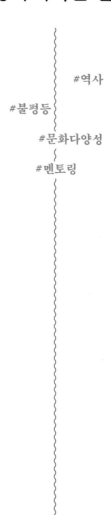

#역사

#불평등

#문화다양성

#멘토링

야소다이 셀바쿠마란

34세, 시드니, 오스트레일리아

사실 십 대를 과소평가해서는 안 돼요. 그렇지만 그러는 경우가 흔하죠. 그래서 사람들이 내게 왜 십 대와 일을 하기로 했냐고 물을 때면 솔직하게 답해요. 그 점이 바로 이 일에서 가장 좋은 점이라고요. 에너지, 낙관, 자신이 무엇이든 할 수 있다는 생각, 또 많은 학생에게 정말로 힘든 시기이기는 하지만 자신이 어떤 사람인지를 찾아가는 일이기도 하죠.

공정하고 평등한 기회는 야소다이가 가르치는 일을 말할 때면 계속 찾게 되는 주제다. 스리랑카 태생의 타밀족인 야소다이는 이런 평등한 기회의 필요성을 대다수 사람보다 훨씬 더 잘 알고 있을 것이다. 그의 가족은 불안정한 시기의 스리랑카를 떠나 오스트레일리아 농촌 지역에 정착했다. 한눈에 보기에도 다양성이 전혀 없는 지역이었다. 십 대 시절을 보내면서 야소다이는 자신이 다르다는 점이 무척 싫었다.

"그저 다른 사람과 똑같아지고 싶었어요. 십 대의 전형적인 반응이라고 생각해요. 그리고 내 문화적 배경을 얘기하는 일이 항상 불편했어요. 모국어인 타밀어로 생각을 했는데, 그러면 어떨 때는 말을 할 때 이상한 구문이 만들어지기도 했어요."

그 밖에도 성장 과정에서 겪은 경험은 그가 문화적 다양성을 지지하는 열정을 키우는 데 자양분이 되었다. 시드니에서 대학을 다니던 시절, 그는 오스트레일리아 원주민 프로그램인 '오스트레일리아 토착 멘토링 체험'에서 자원봉사를 했다. 이 과정에서 그는 시드니 도심 지역에서 오스트레일리아 원주민 및 토레스 해협 제도 출신의 학생들과 공동체가 맞닥뜨린 문제에 눈을 뜨게 되었다. 그 프로그램에서 야소다이는 시드니 도심 지역 학교에서 자원봉사를 했는데, 이 경험으로 불평등이 무엇인지를 몸소 배우게 되었다. 그는 여성단체인 YWCA에서도 시간제로 일을 하며 '링크스 투 러닝(Links to Learning)'이라는 프로그램을 통해 학생들이 잠재력을 완전히 깨달을 수 있도록 도와주었다.

"제각각 서로 다른 고등학교 세 군데에 다니는 여자아이들과 일을 했는데요, 모두 중퇴할 위험에 처해 있었죠. 그래서 선생님으로 배정받기도 전에, 주변부로 소외된 십 대가 어떤 기분을 느낄지 알게 되었어요. 그리고 그런 기분이 한 사람의 교육에 어떤 영향을 끼칠 수 있는지도 알 수 있었죠."

이런 경험은 야소다이가 어떤 일을 할 것인지 더욱 굳건한 결정을 내리는 데 결정적인 역할을 했다. 또한 출신과 상관없이 모든 학생에게 성공할 기회를 줘야 한다는 그의 철학에도 영향을 끼쳤다.

대학을 졸업한 뒤 야소다이는 시드니 서부에서 사회경제적

여건이 좋지 않은 지역의 학교에서 일하게 되었다. 수습 교사로서 학교 문턱을 처음 넘은 순간, 그는 자신에게 딱 알맞은 곳에 왔다는 느낌을 받았다. 환영하며 맞이해주는 분위기도, 벽에 걸린 학생들의 예술 작품도, 동료 교사들의 강력한 멘토 정신도 마음에 들었다. 내가 가르치는 학교에서 받는 느낌도 바로 이런 것이다.

"전문적인 학습에 초점을 맞추고 있었어요. 팀을 활용한 학습 방식을 취했는데, 우리 모두 학생들의 결과가 향상될 수 있도록 함께 일한다는 마음가짐이었죠. 그래서 그 학교로 발령이 났을 때, 내가 있고 싶은 곳이 바로 이런 학교라고 생각했거든요. 대학 동기는 다른 곳으로 지원해보라고 권했지만요. 다양성 문제가 있는 도심 학교여서 일하기가 정말로 힘들 거라고 생각했나 봐요. 서로 다른 40여 개 민족이 섞여 있었으니까요."

봉사 활동 경험이 있기는 했어도, 야소다이는 학생들의 서로 다른 능력을 어떻게 다뤄야 할지 준비가 되어 있지 않았다. 영어를 제2외국어로 배워서 문해력이 낮은 학생부터 타고난 재능으로 시험을 쉽게 통과하는 학생까지, 어느 교실이나 학생들의 실력 차이가 상당했고, 인문학 선생님이자 영어 선생님으로서 야소다이는 그런 격차를 기민하게 느꼈다. 이는 학교와 더 넓은 시스템의 우선순위의 일부로서 자신만의 전문적인 학습을 할 때 그가 계속해서 초점을 맞추는 부분이었다. 그러고는 야소다이는 직접 멘토가 되어, 도움이 필요한 학생들을 위해 새롭게 수업을 설계하는 교사들을 지원하는 팀의 일원으로 일했다.

학생의 건강은 교사가 다루기 까다로운 사안일 수 있다. 정신건강 응급처치 과정 역시 야소다이가 어려운 상황에 대처할 수 있도록 자신감을 안겨준 귀중한 기회였다. 특히 빈곤층 아이들과 그 아이들이 처한 녹록지 못한 상황을 마주해야 할 때면 더욱 그렇다.

"부모와 함께 살지 않는 학생이 있었어요. 그 학생이 집에서 보내는 생활은 다른 많은 또래 학생과는 다르다는 사실을 항상 의식했죠. 부모가 갈라섰거나, 한부모 가정에서 자라는 아이도 마찬가지였고요. 가족 구성원이 한결같은 집안에서 자라난 내게 다른 사람의 삶에 완전히 새로운 눈을 뜨게 해주었어요. 몇몇 학생이 어떤 생활을 하고 있는지를 이해하는 것만으로도 말이에요."

많은 학생이 시간제로 일을 했고, 어떤 학생은 학교 일과 시간 외에 일주일에 30시간씩 일하기도 했다. 그렇게 학업과 어른 같은 책임을 마치 곡예를 넘듯 병행하며 지냈다.

"청소년들이 그런 상황을 헤쳐가면서도 여전히 출중한 면모를 보여준다는 사실이 놀라워요. 학생들이 심각한 문제를 맞닥뜨리는 경우를 보기는 했지만, 또 한편으로 어떤 학생은 자신들이 얼마나 회복력이 강한지를 보여주려고 했죠. 그런 점에 크게 감명을 받았어요."

역설적으로 들리겠지만, 야소다이가 초기에 교사 생활을 하면서 어려웠던 일은 아주 학구적이고 재능이 많았던 학생 엘로이즈와 연관이 있다. 야소다이는 역사 필수 과목으로 세계대전에 관해 수업을 하고 있었는데, 엘로이즈가 그 내용을 배우고 싶지 않다고 말했다.

"엘로이즈는 이렇게 말했어요. '이게 저랑 무슨 상관이에요? 이건 제 역사도 아니잖아요.' 엘로이즈를 바라보면서 이런 생각을 했던 게 기억나요. '네가 어떤 배경에서 자랐는지를 이제야 이해할 수 있겠구나. 그리고 방금 네가 한 말은 이 교실에 있는 많은 아이에게도 적용이 되겠구나'라고요. 그 순간이 전환점이 되었죠."

엘로이즈는 야소다이가 한 번도 해본 적 없는 방식으로 역사수업에 질문을 제기했다. 그러기로 치면 야소다이 역시 다른 배경에서 자랐고 자신의 문화적 유산을 탐구할 기회가 없었는데도 말이다. 이런 깨달음은 야소다이의 사고방식을 바꾸었다. 학교를 즐겁게 또 훌륭한 성적으로 다니고 있는 한 학생을 수업에 끌어들일 수 없다면, 학교 공부를 힘들어 하는 학생들의 관심을 과연 어떻게 끌 수 있을까? 그리고 어떻게 하면 학생들이 자신의 고유한 이야기를 나누고, 자신의 역사에 관해 더 많은 내용을 찾아보고, 자신이 어떻게 다문화적인 오스트레일리아에 속하게 엘로이즈는 이렇게 말했어요. '이게 저랑 무슨 상관이에요? 이건 제 역사도 아니잖아요.' 엘로이즈를 바라보면서 이런 생각을 했던 게 기억나요. '네가 어떤 배경에서 자랐는지를 이제야 이해할 수 있겠구나. 그리고 방금 네가 한 말은 이 교실에 있는 많은 아이에게도 적용이 되겠구나'라고요. 그 순간이 전환점이 되었죠.

"저는 엘로이즈에게 어떤 기분이 들었는지 설명할 수 있도록 기회를 주었어요. 저는 이해가 간다고 이야기하며, 만약 고를 수 있다면 어떤 내용을 배우고 싶은지 물어보았어요. 엘로이즈는 전쟁이 일어난 나라에서 왔지만 그 일에 관해서는 아는 것이 별로 없고, 그 이야기는 오스트레일리아의 교과서에 나오지 않는다고 말했어요. 저는 엘로이즈에게 이렇게 말했죠. 우리 가족도 스리랑카에서 일어난 전쟁을 피해서 왔고, 그게 나의 배경에 얽힌 역사라고요. 그렇지만 나도 그 역사를 많이 알지는 못하는데, 한 번도 배운 적이 없었기 때문이라고 말했죠. 그러면서도 역사 선생님을 하고 있다고 말이에요! 그 말이 도움이 되었던 것 같아요. 우리가 서로 연결되는 순간이었고, 내가 공감한다는 것을 엘로이즈도 느꼈어요."

야소다이는 이 문제를 다룰 기회를 찾아보기 시작했고, 일반적인 교육과정과 더불어 학생에게 더 관련이 있는 내용을 배울 기회를 제공했다. 여기에 덧붙여 야소다이는 역사 선택 과목도 맡고 있었는데, 역사 과목을 훨씬 더 자유롭게 가르칠 수가 있었다. 엘로이즈는 그 수업을 듣겠다고 결정했던 데다 무척 좋아하기까지 했다. 야소다이는 평가용 과제를 설계하면서, 학생들에게 공적 역사 실험의 일환으로 전시를 만들어보라고 요청했다. 그렇게 해서 학생들이 고른 이야기가 왜 중요한지를 설명하고,

또 이를 어떻게 표현할 것인지를 보여달라고 했다.

"역사가, 그러니까 그 학생들의 역사가 실제로 살아 숨 쉬는 것이라는 사실을 보여주고 싶었어요. 정말 중요하죠. 우리가 지금 코로나 팬데믹을 거치면서 어떻게 살아가고 있는지, 이 일이 전 세계적으로 미래에 어떻게 기억될지 한번 생각해보세요."

야소다이는 테러리즘과 외교 정책을 살펴보고, 마치 학생들이 정부에 자문하는 상황인 것처럼 답변을 쓰는 과제도 설계했다. 과제를 하면서 학생들은 이런 내용에 관해 역사적으로 취해온 접근 방식을 조사해야 했고, 이런 방식이 미래의 대응에 어떻게 영향을 줄 수 있는지도 탐구해야 했다.

"글 쓰는 것을 정말로 힘들어 하는 학생들도 있었어요. 그렇지만 2년짜리 강좌가 끝날 무렵이 되자, 아이들 하나하나가 놀라운 수준으로 자기 과제를 작성하고, 수정하고, 편집했죠. 그렇게 했던 까닭은 우리 선생님들이 시켜서가 아니었어요. 자기가 연구하는 것을 자랑스럽게 여기고, 스스로 자신의 전문성에 높은 기대치를 품게 되었기 때문이죠."

나는 야소다이가 난관에 도전하면서 창의적이고, 엄정하고, 핵심적인 해답을 내놓은 과정이 무척이나 존경스럽다. 야소다이는 학생들의 교육과정에 부모의 생애사가 반영되지 않는 경우가 많다는 사실을 잘 안다. 그래서 열심히 조언해준다.

"선생님의 도움을 받아서 초국가적인 사례 연구를 발굴할 수 있도록 학생들을 격려해야 해요. 그렇게 하고 나면 학생들은 훨씬 광범위한 프로젝트 기회를 탐색할 수 있을 거예요. 그리고 이런 역사를 생생하게 가져올 수 있는 탁월한 방법 한 가지는, 바로 가족이 참여할 수 있는 공개적인 역사 행사를 열고, 그 역사를 학교 공동체 안에서 공유하고 기념하는 것이죠."

야소다이는 십 대를 향해, 공식적인 방식이건 비공식적인 방식이건 학습을 받아들이는 일, 마음과 정신을 여는 일에 관해 이야기한다. 엘로이즈의 경우 그를 정서적으로 사로잡는 것이 무엇인지를 찾아내는 일이 중요했다. 야소다이는 학생들에게 정말 인기가 좋다. 야소다이가 육아휴직을 하자 학생들은 야소다이와 그의 웃음소리가 그리울 것이라고 말했다. 또 학생들은 자신들이 목소리를 낼 수 있도록 야소다이가 시간을 확보해주고, 야소다이의 교육법에 피드백을 주도록 격려한다는 사실을 잘 알고 있었다.

"우리와 같은 가치를 공유하는 사람들뿐만 아니라, 우리에게 도전하는 사람들까지도 우리 주변에 두는 일이 중요해요. 무엇보다도 서로 존중하며 토론하고 또 연민의 마음을 품는 법을 학생들에게 가르치는 일이 즐거워요."

야소다이는 내가 이 책을 쓰면서 인터뷰한 선생님 중에 어린 축에 들지만, 그의 지혜와 경험은 나이를 훌쩍 넘어 빛난다.

"사실 십 대를 과소평가해서는 안 돼요. 그렇지만 그러는 경우는 흔하죠. 그래서 사람들이 내게 왜 십 대와 일을 하기로 했냐고 물을 때면 솔직하게 답해요. 그 점이 바로 이 일에서 가장 좋은 점이라고요. 에너지, 낙관, 자신이 무엇이든 할 수 있다는 생각, 또 많은 학생에게 정말로 힘든 시기이기는 하지만 자신이 어떤 사람인지를 찾아가는 일이기도 하죠. 저는 그 과정의 일부가 될 수 있었고요. 그러니 학교도 사회도 부모도 우리 모두, 십 대가 목소리를 낼 수 있게 자리를 내줘야 해요!"

야소다이는 지금 오스트레일리아에서 반가운 변화가 일어나고 있다고 말한다. 수많은 다문화 교육과정 컨퍼런스에서 학생 패널이나 발표자의 자리를 마련하고 있기 때문이다. 우리 청소년들이 자신의 이야기를 들려줄 수 있는 장을 내어주는 일은 중요하다.

야소다이는 언제나 학생들의 목소리에 초점을 맞췄다. 그리고 학생들이 제기하는 사안이 중요하게 받아들여지고 영향을 끼칠 수 있도록 한다. 그는 이런 일을 무척 즐긴다.

"개인적으로 정말 힘든 일이 있기도 했어요. 그렇지만 일은 항상 하고 싶었어요. 심지어는 개인적인 문제에 제대로 대처하지 못할 때도 교실에 들어서면 모두 '좋은 아침이에요' 하고 인사를 하죠. 바로 그 순간 그곳에 있고 싶어져요. 내 삶에서 곡예를 부리듯이 벌어지는 어려운 일과는 상관없이 말이에요."

내가 가르칠 때의 경험도 이렇다. 때로는 학교에서 일할 때

최고의 순간은 바깥세상이 전혀 존재하지 않는 바로 그곳에 내가 있다는 사실이다. 오로지 우리 학생들, 그리고 내가 하는 일만이 있다.

야소다이는 문제 해결사이자 소통하는 사람이다. 그리고 학생들의 삶에서 자신이 도맡는 역할을 소중히 하며 다른 이의 말에 귀 기울이는 사람이다.

"학생들이 장점을 찾도록 도와주는 것은 학교와 가족 모두가 함께 노력해야 하는 일이에요. 선생님으로 지내면서 가장 보람을 느끼는 것 가운데 하나는 바로 학부모에게 끼칠 수 있는 영향, 그리고 동참하는 대화죠. 학생들이 과연 성공을 어떻게 여기는지만이 중요한 게 아니라, 학생들의 부모는 성공을 어떻게 보는지, 또 서로가 생각하는 성공이 다르다면 어떻게 조정할 수 있는지가 중요할 때가 많아요. 우리는 모든 사람의 목소리가 들릴 수 있도록 해야 해요. 특히 학생의 목소리가요."

우리는 모두
길잡이 별이다

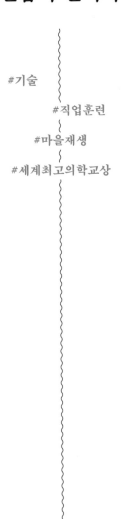

#기술

#직업훈련

#마을재생

#세계최고의학교상

데이비드 미첼

47세, 아르길 앤드 뷰트, 영국

우리 공동체에는 가장 멋진 청소년들이 있어요. 물론 어려운 일도 있지만, 우리는 그 아이들이 꽃을 피울 기회를 주어야 해요. 그리고 부모로서는 우리 아이들이 자신의 길을 찾을 수 있도록 최선을 다해야 하죠. 우리는 아이들을 안내해주는 길잡이 별처럼 배경을 지키고 있을 수가 있으니까요.

데이비드는 축배를 들고 있던 중이었다. 그가 2013년부터 교장직을 맡아온, 아르길 앤드 뷰트에 있는 더넌 중등학교가 전 세계적으로 인정받는 대회인 '세계 최고의 학교 상(World's Best School Prizes)' 최종 우승 후보 명단에 올랐기 때문이다. 영국에서 선정된 불과 네 학교 가운데 한 곳이었다. 데이비드가 특히나 신이 났던 까닭은 '공동체 협동상' 분야에서 인정을 받았기 때문이다. 학교가 발전하고 학생들을 지원하는 데 공동체가 큰 역할을 맡았고, 그에 대한 보답으로 학교도 지역사회의 일에 적극적으로 관여하고 있었다. 데이비드는 단순히 이 학교의 교장 선생님으로서만이 아니라 예전 학생으로서 얼마든지 성공을 만끽할 수가 있었다.

우리는 모두 길잡이 별이다

"더넌에서 나고 자라서 중등학교에 갔어요. 거기서 남학생 대표가 되었죠. 우리 아버지는 더넌 중등학교에서 기계 설계와 기술을 가르치는 선생님이었죠. 아버지는 정말 훌륭한 사람이었어요. 모두가 아버지를 칭찬했고, 그러니 내가 따라갈 만한 최고의 발자취를 남겼던 거죠. 대학을 졸업하고 나서 여러 학교에서 아버지와 똑같은 과목을 가르쳤어요. 교실에서 가르치는 일이 정말 행복해서, 교장 선생님이 될 것이라고는 생각지도 못했죠. 그렇지만 예전에 다녔던 학교에서 교장직을 제안했을 때는 이게 바로 내가 꿈꾸던 일이라는 걸 깨달았어요. 그리고 그 일을 할 수 있게 되어 정말 운이 좋았죠. 당분간은 일터를 떠날 생각이 없어요. 매일 일하러 오는 길이 즐거워요."

더넌은 반도 지역에 자리 잡은 융성하는 마을이자, 당일치기 여행객에게 인기 있는 곳이었다. 데이비드가 학교에 다니던 시절에는 대규모 미군 부대도 더넌에 자리를 잡고 있었다. 미군 기지가 문을 닫고 미국인이 떠나자, 더넌은 경제적인 어려움과 인구 감소로 고생을 했다. 그렇지만 최근 몇 년 동안 더넌에 새로 자리를 잡는 사람들 덕분에 지역이 부활하고 있다. 이는 일정 수준 근래 들어 설립한 탁월한 공동체 프로젝트 덕분이다. 데이비드와 학교가 그 프로젝트의 한가운데에 있다.

"학교와 모든 구성원이 말도 못 하게 자랑스러워요. 공동체의 힘을 진정으로 보여주는 일이고, 청소년을 독립적인 개인으로 대하는 일이 중요하다는 것을 알려주죠.”

학교에는 전통적인 중등교육 구조와 더불어서 호스텔도 딸려 있다. 호스텔에서는 매일 통학하기에는 너무 먼 거리에 사는 학생이 지낸다. 여기에 덧붙여 심각하고 복잡한 도움이 필요한 청소년을 위한 학습 센터도 갖췄다. 30명 정도 되는 학생이 야외 교실, 정원, 비닐하우스를 마음껏 누리고 있다.

“일을 하면서 최고의 순간으로 꼽을 수 있는 건 바로 매일 복도를 따라 걸으면서 장애가 있는 학생이 우리가 제공하는 공간에서 꽃을 피우는 모습을 볼 때예요. 그 아이들이 미소를 지을 때면 하루가 정말 특별해져요.”

교장 선생님 일을 시작하던 초기에, 몇몇 남자아이가 배움을 향한 열의와 태도로 데이비드에게 깊은 인상을 남긴 적이 있었다. 그 아이 가운데 하나인 칼럼이 유독 눈에 띄었다. 칼럼은 무척이나 수줍음이 많았지만, 여러 해가 흐르는 동안 데이비드는 칼럼과 가까운 관계를 맺을 수 있었다. 그리고 칼럼이 얘기할 수 있도록 힘을 북돋아주었다. 칼럼은 자신감을 품은 청소년으로 자라났다.

“칼럼이 꽃을 피우는 모습을 눈앞에서 지켜보았어요. 우리는 칼럼을 믿어주었고, 그래서 칼럼도 자기 자신을 믿기 시작했죠. 한때는 뒤로 물러나 지내던 남자아이가 집안을 호령하는 대장이 되었죠. 칼럼은 기금을 마련한다거나 학교까지 확장되는 활동을 하는 등 자선 활동을 정말 많이 했어요. 칼럼과 친구들은 모두 이런 훌륭한 태도를 공유하고 있었어요. 그런 태도가 엄청난 변화를 만들어냈죠. 나에게만 그런 것이 아니라 학교에도요. 아이들은 즐거운 마음가짐을 만들어냈고, 그게 오늘날까지도 여전히 이어지고 있거든요."

칼럼은 다른 지역에서 대학을 다닌 다음, 졸업하고 나서 고향으로 돌아와 IT 기업에서 일했다. 자기를 길러낸 공동체에 보답하고 싶었기 때문이었다.

데이비드는 이와 같은 온갖 성공담도 있지만, 고생했던 학생도 있었다는 사실을 짚어주고자 열심이었다. 학교에 아무런 관심이 없었던 존처럼 말이다. 존의 행동은 다루기가 어려웠다. 수업 중에 복도를 어슬렁거렸고, 선생님에게 무례하게 굴었고, 싸움을 벌였다. 심지어 친구하고 다투기도 했다. 처음에 존과 데이비드의 관계는 녹록지 않았다. 데이비드가 기본적인 원칙을 마련하려 했지만, 아무것도 소용이 없었기 때문이다.

"어느 날, 존이 열네 살쯤 되었을 때인데요, 또 나쁜 행동을 저질렀어요. 그래서 존을 교장실로 불렀죠. 존이 얼마나 힘들어 하는지는 알 수가 있었지만, 그 문제의 원인은 그때도 여전히 알지 못했어요. 우리는 이야기를 나누기 시작했고, 축구와 골프 이야기로 유대를 쌓았죠. 얼마 지나지 않아 존이 심각한 난독증이라는 사실을 알았어요. 그런데도 존은 초등학교를 어찌어찌 졸업했던 것이죠. 그리고 중등교육을 받는 1년 남짓한 기간 동안 아무도 존의 난독증을 눈치채지 못했던 거예요. 존에게 학교를 나온 뒤에 무얼 하고 싶은지 물어보았는데, 존은 건설 분야에서 수습생으로 일하고 싶다고 했어요."

데이비드는 존을 도와주고자 급진적인 발걸음을 내디뎠다. 전통적인 학습 환경 속에 존을 억지로 밀어 넣지 않고, 나중에 존이 수습생으로 지원할 때 도움이 될 만한 학습 과정을 만들기로 결심했다. 이 프로그램 이름은 '엑시트(Exite)'였는데, '취업으로 가는 탈출구(exit into employment)'라는 뜻이었다.

"우리는 존에게 필요한 알맞은 길을 만들어갔어요. 존은 관심이 가는 과목을 배울 수가 있었죠. 현장 실습도 프로그램에 포함해서 강사를 초청했어요. 그리고 업무 현장의 건강과 안전 같은 과목에서 존이 자격을 취득할 수 있게 지원했죠. 학교를 나섰을 때 존은 이미 앞서 있었어요. 존의 업무 경험은 아주 뛰어나서, 실습했던 회사에서 수습직을 제안했죠."

이는 보기 드물고도 뛰어난 해결책이었지만, 그러기 위해서는 재정 등 직접적인 지원이 필요했다. 다행히 데이비드는 교직원과 공동체 협력자의 신뢰를 얻고 있었고, 다양한 단체와도 긴밀한 관계를 맺고 있었다. 지역의 자원과 학교 예산의 일부를 이용해서 최소한의 비용을 충당할 수가 있었다.

"길을 가다가 우연히 존을 마주칠 때면 존은 항상 고맙다고 해요. 거의 10년이 지났는데도 말이죠. 존은 내가 자신의 삶을 바꿔놓았다고 하지만 바로 존이 학교를 바꿔놓았어요. 존 덕분에 그 뒤로 벌어질 일을 향한 문이 열렸죠. 이 프로그램이 필요했던 건 존만이 아니었어요. 학교에 다니는 다른 아이들도 직업훈련 과정 덕분에 도움을 받을 수 있었죠. 직업훈련 과정은 취업의 길로 이끌어주는 데다가, 수많은 청소년이 지역사회를 떠나는 일을 방지해줘요. 반도 지형에 자리 잡은 시골 동네인 이곳은 사람들에게 잊힐 때도 있고, 또 우리 교직원 34명은 매일 배를 타고 출퇴근을 하거든요. 아이들이 이 지역에 머무르기를 바란다면 그렇게 할 수 있도록 최대한 많은 기회를 찾아주어야 하죠."

데이비드는 맞춤형 교육과정을 만들어내는 일이 쉽지 않았으며, 늘 제대로 운영되는 것만은 아니라고 인정한다. 그렇지만 지금에 이르기까지 이 프로그램에서는 기술에 중점을 두고 학생의 역량을 키워주는 수업을 50가지 넘게 진행해왔다.

"어떤 학생이든 이 프로그램에 지원하고 참여할 수가 있어요. 능력이나 가정환경과는 아무런 상관없어요. 우리 학교 남학생 대표인 로넌은 쭉 A 학점만 받던 아이인데요, 프로그램에서 진행하는 한 수업에 지원하고는 지역신문사에 현장 실습을 나갔어요. 〈포퓰러 원〉의 저널리스트가 되는 것이 로넌의 꿈이었는데요, 지금 로넌은 〈포퓰러 원〉 웹사이트에 실리는 글을 쓰는 일을 하고 있어요."

학교가 공동체의 중추이자 영혼 역할을 하는 것이 얼마나 드물고 특별한 일인지를 나는 잘 안다. 데이비드는 지역에서 크나큰 지원을 받았고, 또 그에 대한 보답으로 이렇게 훌륭한 청소년들을 배출하며 공동체에 보답하고 있다. 최고의 사례는 앞으로 더 생겨날 것이다.

"지금 우리는 이 마을에서 우리가 꿈꿔오던 프로젝트를 위해서 노력하고 있어요. 이 지역이 소생하고 관광이 부흥하는 프로젝트죠. 계획 가운데는 집와이어와 케이블카를 이용해서 산에 갈 수 있도록 하는 일도 포함되어 있어요. 이 프로젝트 위원회는 우리 학교를 무척이나 신뢰하고 있어서, 청소년 자문위원회를 꾸릴 기회를 주었죠. 그러니까 우리 학생들이 자기 공동체에서 벌어지는 이 프로젝트를 이끌어갈 수 있다는 의미예요. 위원회 쪽에서는 큰 위험을 감수하는 것이죠. 긍정적인 결과를 낼 수 있도록 큰 투자를 했으니까요. 우리에게도 막중한 책임이 부과되는 것이죠. 그렇지만 학교와 청소년을 훌륭하게 인정해주는 행동이기도 해요."

데이비드가 배웠던 가장 큰 교훈 하나는 어린아이를 절대로 판단하지 말라는 것이었다. 모든 행동이 곧 소통이며, 아이들의 행동은 아이 한 사람 한 사람에 관한 많은 이야기를 우리에게 들려준다.

"선생님은 언제나 더 깊이 파고 들어갈 수 있도록 노력해야 해요. 그리고 학생 하나하나가 학교 밖에서 어떤 경험을 하는지 이해하기 위해 노력해야 하죠. 코로나 바이러스 때문에 봉쇄가 되었던 시기에, 무료 급식을 먹는 학생에게 점심을 배달하러 갔을 때 이 사실을 새삼스럽게 깨달았어요. 그 학생들의 집을 찾아갔던 건 처음이었거든요. 아이들이 어떻게 살아가는지를 모르고 있었고, 학생들의 생활이 얼마나 힘든지 직접 보게 되었던 거예요."

나와 마찬가지로 데이비드는 교육계 종사자인 동시에 부모이기도 하다. 이 두 가지 역할을 함께 맡는다는 것은 어려운 일일지도 모른다. 특히나 데이비드가 교장 선생님으로 있는 학교에서 그의 아이들이 공부하고 있으니 말이다. 학생과 관련된 상황이라면 우리는 달려들어서 누구든지 도울 수 있지만, 자기 자식과 관련된 상황에서는 멈칫하게 된다. 선생님을 부모로 둔 아이는 힘들게 마련이다. 자기 엄마나 아빠가 간섭하는 걸 좋아하는 아이는 없기 때문이다. 그렇지만 이 아이도 다른 학생과 똑같은 문제를 다뤄야 하는 것은 마찬가지다. 이를테면 숙제를 놓고 씨름하는 일 같은 것 말이다.

"내가 선생님이기는 하지만, 아이가 숙제하게 만드는 비법 같은 건 따로 없어요. 이 문제로 고심하는 부모가 많다는 걸 잘 알아요. 나도 마찬가지고요. 드릴 수 있는 말은, 다만 아이에게 중압감을 주지 말라는 것이에요. 그러면 아이가 부모의 도움을 더 잘 받아들이거든요. 아이를 도와주는 가장 좋은 방법은 실질적인 방편을 마련해주는 것이에요. 어떻게 숙제를 할지 계획을 세우도록 도와주면서요. 그러면 적절하게 쉬어가면서 한 번에 한 덩어리씩 해결할 수가 있겠죠."

데이비드는 아이들이 스스로 실수를 저질러보며 그런 실수를 통해서 배움을 얻도록 해주어야 한다고 생각한다. 아이들에게 지침을 줄 수 있도록 곁을 지키면서 말이다.

"우리 공동체에는 가장 멋진 청소년이 있어요. 물론 어려운 일도 있지만, 우리는 그 아이들이 꽃을 피울 기회를 주어야 해요. 그리고 부모로서는 우리 아이들이 자신의 길을 찾을 수 있도록 최선을 다해야 하죠. 우리는 아이들을 안내해주는 길잡이 별처럼 배경을 지키고 있을 수가 있으니까요."

데이비드가 몇몇 학생에게 제안하고픈 길은 바로 교육자의 길이다. 교육자라는 소명에 타고난 능력을 선보이는 뛰어난 청소년을 그는 많이 봐왔다. 그리고 그런 학생에게 힘을 북돋아주고 싶다.

"우리에게는 아이들을 위하는 선생님이 필요해요. 가르쳤던 학생 중에 에일리라는 열두 살짜리 학생이 있는데요, 수영을 정말 잘했죠. 에일리는 혹시 자기가 다니는 수영 수업에 오는 학습 센터 학생을 도와줄 수 있게 금요일 오후 수업을 뺄 수 있을지 물어보았어요. 에이미는 아이들과 함께 일을 하는 데 빼어난 적성을 드러냈고, 열정을 더욱 키워주고 싶었어요. 미래에 선생님이 될 멋진 청소년이 우리에게는 필요하니까요."

데이비드 같은 지도자가 학교에 있는 이상, 장래는 밝을 것이다.

모든
아이가

회복력
있는

사람으로
자라나길

회복력 있는 사람으로
자라나길

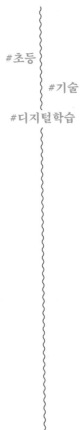

#초등

#기술

#디지털학습

프란시스 짐 투스카노

33세, 마닐라, 필리핀

학생들이 회복력 있는 사람으로 자라났으면 좋겠어요. 물론
열심히 공부하는 법도 가르쳐야겠죠. 그렇지만 아이들이
잘해내지 못하거나 실패를 마주하더라도, 아이들을 다그쳐서는
안 돼요. 그때는 다가가서 괜찮다고 얘기해야 하죠.

내가 짐이라고 부르는 프란시스 짐 투스카노는 필리핀
의 외딴 지역인 아브라에서 성장했다. 가톨릭 가정의 네 아이 가
운데 맏이인 그는 성직자나 변호사가 되겠다는 생각을 품고 장
학금을 받아 대학에서 철학을 공부했다. 그리고 둘 중 어느 쪽도
되지 않았다. 그 대신 졸업한 뒤 교사 일에 지원했다. 어린 시절
선생님들에게 감명을 받기도 했고, 가정형편 때문이기도 했다.

"재정적인 이유가 더 컸어요. 맏이여서 부모님을 도와드리고
싶었거든요. 대학을 가야 하는 여동생이 셋이 있었죠. 그러려면
돈이 얼마나 들어갈지가 훤히 보였어요. 로스쿨을 갈 수 있을 때
가 아니었고, 또 성직자가 되면 여동생들 학비를 댈 만한 돈을
벌 수가 없거든요."

회복력 있는 사람으로 자라나길

짐은 마닐라의 메트로에 있는, 손꼽히는 예수회 남학교 가운데 한 곳에 지원했다. 공식적인 교사 경험은 없었지만 일을 구하게 되었다. 그 대신 학위와 더불어 취업 1년차에 교사 자격을 따려고 공부해 자격을 얻었다. 그는 가톨릭 학교의 필수 종교 과목인 '기독교 생활과 가치' 교육을 담당했고, 8~9세 학생들이 있는 2학년을 대상으로 처음으로 교사 생활을 시작했다.

"어린 학생들과 있으면서 교실을 관리하는 법, 그리고 아이들의 주의를 끌어야 하거나 아이들이 올바르지 않은 일을 할 때 그들에게 소리를 지르지 않는 법을 배웠어요. 필리핀에서는 선생님이 매우 엄격하고 또 아주 전통적으로 굴기가 쉽죠. 저는 다른 접근 방식을 익혔어요."

그렇지만 짐이 분명한 확신을 품은 것은 선생님 일을 시작한 지 3년째 되었을 때였다.

"아이패드를 사용하면서 기술을 다루게 되었어요. 그러면서 가르치는 데 흥미를 다시 일깨우게 되었죠. 그 전에는 모든 일이 반복적이라서, 선생님으로 지내는 데 따분해지기 십상이었어요. 그렇지만 이 직업을 계속하게 만들어줄 수 있는 게 무엇인지를 찾는 기회를 맞았어요. 바로 기술이었죠."

짐은 학생들에게 다가가고, 또 학생들에게 특정한 기술과 사안을 가르쳐주는 데 기술적인 도구가 얼마나 중요한지를 알 수 있었다. 이를테면 독해 능력을 기르거나, 수업에서 배운 내용을 공유할 때 말이다. 짐은 전통적이지 않은 방식을 활용해 아이들에게 다가가는 방법을 지지하게 되었다.

"우리가 항상 지필고사를 치러야 하는 건 아니에요. 그 대신 아이들이 배운 내용으로 영상이나 목소리를 만들어내는 기회를 준다면 어떨까요?"

짐은 학생들이 편하다고 느끼는 방식으로 자신들이 배운 것을 드러내도록 하는 데 힘을 싣는 일이 얼마나 가치가 있는지를 깨달았다.

"좋은 선생님이 되려면 학생들의 성적이 좋아야 한다고 늘 생각했어요. 아이들이 높은 성취도를 보여주면 그게 곧 내가 일을 제대로 할 수 있고 또 잘하고 있다는 증거라고 생각했죠. 이제는 아이들을 어떻게 지원하는지가 중요하다는 걸 잘 알아요. 예전에는 다양한 고민거리와 어려움을 지닌, 다양한 배경의 아이들과 일을 했어요. 그리고 아이들에게 필요한 게 무엇인지 이해해야 나 역시 성공할 수 있다고 생각했죠."

짐은 자신만의 가르치는 법을 찾아낸 것은 자신을 믿어준 학교 덕분이라고 말한다. 이를 실험해볼 기회가 있었던 것이 자신을 선생님으로 만들어주었다고 생각한다. 지금은 부장 선생님이 된 그는 여전히 다양한 방식을 탐구하며 동료 교사들을 이끈다. 학교가 교사의 잠재력을 알아보고, 또 자신만의 샛길로 갈 수 있도록 해준 것은 훌륭한 일인 한편, 좌절을 불러일으킬 만큼

보기 드문 일이기도 하다.

짐은 청소년들이 무언가를 성취할 수 있게 돕는 적절한 환경과 기회를 만들어내야 한다는 아주 중요한 화두를 꺼냈다. 짐은 그렇게 하기 위한 답은 바로 일상적인 학습에 기술을 들이는 것이라 생각한다. 이것이 학생에게 어떤 영향을 끼쳤는지, 짐은 한 사례를 들려주었다.

"가브리엘이 정말 자랑스러워요. 이제 미국으로 인턴십을 떠나거든요. 내게 영향을 받아서 컴퓨터 공학을 전공하게 되었다고 했어요."

짐은 2학년과 6학년 때 가브리엘을 가르쳤다. 그리고 부모의 요청에 따라 가브리엘이 고등학교에 간 뒤에도 멘토가 되어주었다. 심지어는 멀리 떨어진 대학에 간 뒤에도 그랬다.

"가브리엘은 우등생이었고, 하나만 실수를 해도 힘들어 하고는 했어요. 가브리엘의 부모님이 면담을 요청했죠. 그리고 실력 향상이라는 명목으로, 자기 아들이 왜 만점을 받지 못했는지를 물었어요. 처음에는 그 질문이 정말 충격이었어요. 왜냐면 정말로 딱 한 군데만 실수했거든요. 그러니까 성적은 이미 거의 완벽했고, 충분히 축하할 만했어요. 그렇지만 면담을 마치고 나니, 이런 식으로 완벽한 성적을 얻는 데 초점을 맞추는 마음가짐이 학생에게 크나큰 영향을 줄 수 있겠다는 생각이 들었죠. 시험지에 한두 개 실수할지도 모른다는 두려움, 학교에서 우수한 성적이나 상을 받아야 한다는 압박감이요. 특히 학교에서 상을 받으면 집에서 보상을 받는 상황에서는 말이에요."

이 무렵, 짐은 교실에 학습 도구로 아이패드를 도입했다. 그리고 교육 동영상을 시청하거나, 인포그래픽을 만들어보거나, 자신의 블로그를 운영하는 일처럼 다른 학습 형태와 전략을 실험하는 데 나선 참이었다. 또 새로운 평가 방식도 만들어냈는데, 처음에 이 방식은 가브리엘을 비롯한 학생들에게 스트레스를 주었다. 학생들을 집에서 가르치는 과외 선생님은 기술을 사용하는 법을 몰랐기 때문이었다. 짐의 처지에서는 아주 뛰어난 한 수를 둔 셈이었다. 짐은 학생들이 안전한 학습 방식에서 벗어나, 성과에 바탕을 두고 시험을 치르도록 했다. 어떤 아이는 잘 대처했지만, 가브리엘의 자신감은 산산조각이 났다.

"가브리엘과 반 아이들에게 실수를 편하게 느낄 수 있도록 가르칠 기회였어요. 그러자 학생들은 피드백에 더욱 마음을 열어갔죠. 시험은 실수하면 낮은 점수를 받는, 한 번에 끝나는 일이 아니에요. 아이들은 다음 날, 또 그다음 날에 점수를 더 높일 수가 있으니까요."

가브리엘이 걸어나간 여정에, 그리고 우등생 이면의 또 다른 모습에 초점을 맞추는 짐의 태도에 나는 마음을 빼앗겼다. 짐이 학생들에게 내준 과제 가운데에는 개인 블로그를 만드는 일이 있었다. 반 아이들과 나누고 토의할 수 있는 생각을 기록하는 블

아이들에게 실수를 편하게 느낄 수 있도록 가르칠

기회였어요. 그러자 학생들은 피드백에 더욱 마음을

열어갔죠. 시험은 실수하면 낮은 점수를 받는, 한

번에 끝나는 일이 아니에요. 아이들은 다음 날,

또 그다음 날에 점수를 더 높일 수가 있으니까요.

로그였다.

"블로그를 쓰는 데 정답이나 오답은 없으니 학생들에게는 쉽지 않은 일이었죠. 아이들이 사용하기 편한 플랫폼을 알려주었지만, 가브리엘은 너무 따분하다면서 마음에 들지 않은 모양이었어요. 그래서 가브리엘은 자기 웹사이트를 만들며 실험을 했죠. 뭐, 처음에 떠올렸던 목표는 아니었지만, 정말 좋았어요."

이를 계기로 가브리엘은 고등학교에서 코딩을 배우게 되었고, 토요일 오전이면 해커톤 클럽(Hackathon Club)에서 어린 학생들을 가르치다가, 컴퓨터 공학 분야에서 학위를 받았다. 이렇게 가브리엘 안에 있던 무언가를 깨운 것은 바로 짐이었다.

"가브리엘은 덕분에 배우는 걸 즐기는 기회를 얻었다고 했어요. 그리고 코딩에서 중요한 건 오류를 제거하고, 또 플랫폼이 제대로 돌아가지 못하게 막는 원인이 무엇인지를 찾아내는 거죠. 그래서 가장 먼저 갖춰야 하는 건 바로 참을성이에요. 그리고 곧바로 해답을 얻을 수 없다는 사실을 받아들여야 하죠. 어린 시절의 가브리엘이라면 대처하기 힘들어 했을 거예요."

짐은 가브리엘의 부모와도 계속 연락을 하며 지낸다. 가브리엘의 부모는 문자를 보내어 아들에게 천천히 쉬어가며 하라고 얘기해야 할지를 묻는다. 이렇게 상황이 달라졌다는 건 재미있는 일이다. 짐은 처음 만났을 때는 가브리엘의 부모와 생각이 달랐다고 시인한다.

"그렇지만 가브리엘의 부모가 제게 마음을 열어주었고, 또 저는 부모에게 어떤 이유가 있는지를 알고 이해해야 했기 때문에, 좋은 관계가 된 것 같아요. 가브리엘의 부모는 그저 아들이 잘되기를 바랐던 거니까요. 우리는 함께 발전했죠."

학생들과 부모에게 이런 접근 방식을 계속 이어가면서 짐은 이들의 이야기를 경청하고, 완벽함을 추구하는 이들의 전통적인 태도에 의문을 제기하고, 실수하더라도 괜찮다고 말해준다.

"완벽한 사람이 되라면서 자신에게 부담을 주지 말라고 얘기해요. 수많은 것을 놓치게 될 거라고 말이에요. 삶의 재미도 놓치게 되겠죠."

그가 이런 어려움을 아는 까닭은 짐 역시도 반에서 상위권에 들 정도로 성적이 우수해서 상을 받고 졸업했지만, 그래도 항상 두려움에 시달렸기 때문이다. 짐은 자신이 안전하다고 느끼는 영역 바깥으로 나가본 적도 없고, 성적에 영향을 끼칠 만한 일은 하나도 하지 않았다고 한다.

"지금은 이런 이야기를 부모들에게 하면서 아이들을 진심으로 이해하고 있다는 걸 알리죠. 그리고 여러분의 아이에게 삶의 지혜를 가르쳐줄 기회를 놓칠까 봐 걱정된다고 이야기해요. 학생들이 회복력 있는 사람으로 자라났으면 좋겠어요. 물론 열심히 공부하는 법도 가르쳐야겠죠. 그렇지만 아이들이 잘해내지 못하거나 실패를 마주하더라도, 아이들을 다그쳐서는 안 돼요.

그때는 다가가서 괜찮다고 얘기해야 하죠."

짐이 가르치는 학생들은 대개 짐과는 달리 여러 특권을 누리는 환경에서 자라났다.

"학생들은 큰 기업이나 항공사를 소유한 사업가의 자녀예요. 수업료도 필리핀에 있는 일반 학교보다 훨씬 비싼데, 그래서 기술적인 자원에 쓸 예산이 충분한 거죠. 특권적인 학교에서 아이들을 가르치고 있어서 나는 교육자로서 자격이 충분치 않다고 여긴 적이 있어요. 그렇지만 사람들에게 이렇게 얘기하죠. 나는 공교육 시스템이 낳은 결실이고, 우리 어머니와 여동생들은 지방에서 아이들을 가르치고 있고, 내 마음은 그곳에 있다고요. 나는 내가 자라온 곳을 결코 잊지 못해요. 사립학교에서 가르치긴 하지만, 이는 한편으로는 내게 학교 바깥에 있는 학교를 자신의 힘으로 찾아갈 기회도 주었어요. 그 점이 중요하다고 생각해요. 무언가를 다르게 바라보려는 이유는 가치 교육을 하기 때문이에요. 운 좋게도 이 학생들이 지닌 세계관에 도전하고, 이 세상에는 너희만 살고 있지 않다고 얘기해주죠. 힘들게 살아가는 사람이 많고, 이런 점을 가르쳐주는 것도 내 일이에요."

솔직히 이야기하자면, 짐이 선생님으로서 자격이 없다고 생각했다는 사실이 나는 분했다. 어떤 학교에서 가르치건 힘든 일은 있게 마련이고, 아이들은 저마다 문제를 안고 있다. 성장 배경이나 사회적 위치와는 무관하게 말이다. 짐은 학생들의 삶 너머에 또 다른 삶이 있다는 것을 솜씨 좋게 보여주었다.

어떤 학생은 집에 가사도우미, 운전기사, 요리사가 있다. 이 학생들은 도시에 산다. 자가용을 타고 학교에 다닌다. 반대로 짐은 학교에 대중교통을 타고 다녔고 자가용도 없었다고 학생들에게 이야기한다. 차가 있으면 도둑을 맞을 수도 있는 곳에서 살았기 때문이다. 가치 교육을 한다는 것은 곧 짐이 자신의 학생들에게 부족, 토착민, 장애를 지닌 사람들을 비롯한 다양한 공동체를 접할 수 있게 해준다는 뜻이다. 이는 학생들이 안락한 집 바깥의 세상을 볼 수 있도록 도와준다.

"그게 현실이에요. 6학년 학생들이 중학교에 올라가기 전, 작별인사를 할 때 마지막으로 해주는 말은 그 아이들이 최고의 사업가, 변호사, 엔지니어, 정치인 등이 되면 정말로 자랑스러울 거라는 얘기예요. 그렇지만 우리가 같이 배운 것을 전부 다 잊더라도, 꼭 한 가지 항상 기억해둬야 하는 것은 다른 사람을 생각하는 좋은 사람이 되는 것이라는 얘기도 덧붙여요. 그리고 만약 내가 세상을 떠났는데 이 학생들이 비윤리적으로 굴었다는 얘기가 들려온다면, 무덤에서 나와서 쫓아다닐 거라고 하죠!"

교사 일과 더불어 짐은 디지털 학습 컨설턴트로서도 활동하며 여러 단체와 학교가 기술 프로그램을 계획할 수 있도록 하는 일을 하고 있다. 그렇지만 중요한 점은 이렇다. 기술에 관해 이야기해달라고 초청을 받아도 짐은 기술 이야기를 하지 않는다.

그 대신 기술을 이용해 학생들에게 어떻게 힘을 불어넣어줄 것인지, 학생들이 배운 것을 나눌 수 있는 도구를 학생들에게 어떻게 쥐여줄 것인지에 초점을 맞춘다.

일을 해오는 동안 짐이 아이들에 관해 알아낸 한 가지 진실은 무엇일지 궁금했다. 짐은 망설임 없이 답했다.

"아이들은 다양한 맥락을 지니고 있고, 저마다 필요한 것이 다르다는 사실이에요. 항상 아이들의 맥락을 살피면서 시작해야 해요. 상투적이긴 하지만, 학생들은 저마다 고유해요. 그 아이들이 처한 곳에서 아이들을 만나는 게 나의 일이죠."

우리 선생님들은 우리가 보살피는 아이들 하나하나가 각자의 이야기를 지니고 있다는 사실을, 그리고 그 이야기를 찾아내는 것은 우리 몫이라는 사실을 잘 알고 있다.

자라서 무엇이 되고 싶은지를
묻지 마세요

#음악

#진로

마크 리드

41세, 밴쿠버, 캐나다

아이들에게 자라서 무엇이 되고 싶은지를 묻지 말고, 어떤 사람이
되고 싶은지에 초점을 맞춰야 한다고 생각해요. 아이들은 자신이
하는 일을 통해서 정체성을 찾는 것이 아니라, 연결과 관계의
중요성을 자각하는 거죠.

캐나다 온타리오주에서 마크가 자라나던 시절, 어디에
나 음악이 있었다. 마크는 학교 밴드의 일원이었고, 아버지는 음
악 선생님이었다. 열두 살이 되었을 때, 마크는 아빠의 뒤를 이
어 음악 선생님이 되겠다고 결심했다.

열네 살, 어린 나이에 마크는 엄마와 함께 살던 작은 마을을
떠나, 도시로 이사 가서 아빠와 함께 살겠다고 결정했다. 공연
예술 고등학교에 들어가기 위해서였다.

"돌이켜보니 그때 생각했던 것보다도 훨씬 큰 결정이었어요.
학교를 옮기고, 같이 사는 부모도 바꾼 것이었으니까요. 그렇지
만 감정에 휩싸여서 한 행동은 아니었어요. 좋은 의미의 이기심
때문이었죠."

마크는 부모나 선생님의 뜻을 들어줄 생각은 없었다. 자기에게 맞는 게 무엇인지를 생각했다. 그리고 마크 주변 사람은 모두 그를 지지해주었다.

"어린 나이에 떠올린 생각이 있는데, 학교 다니는 내내 상호작용했던 어른들이 모두 다 내 결정을 보완해주고 지지해주면 어떨지 상상해보세요. 그러니까 이 열망에 기름을 부어준 모든 외부적인 요인이 없었다면, 나는 아무래도 조금 완고한 사람처럼 보였을 거예요."

마크는 중학교 음악 선생님이 되었고, 지금은 밴쿠버에서 널리 존경받는 진로 자원 교육자가 되었다. 그는 무역과 기술 분야에서 직업을 구하려는 십 대 학생들을 도와주는 대학 수준의 전환 교육 프로그램으로 가르치고 있다. 몇 년 전 두바이에서 '세계의 교사 상' 행사가 열렸을 때, 호텔 바에서 그를 만난 적이 있다. 만나자마자 편안한 기분이 들었다. 마크의 환대하는 마음가짐과 진심 어린 따뜻함은 그를 '세계의 교사 상' 가족의 비공식 대사로 만들어주었다.

마크는 동료인 앨리슨과 함께 어떤 이유로든 주류 교육에 맞지 않는 12학년 학생들을 대상으로 일하며, 인턴 기간이나 기초 훈련을 통해 학생들이 준비해서 직업을 구하게끔 해준다. 어떤 학생은 마크와 앨리슨을 만나 드디어 관심이 가는 무언가를 찾아내기 전까지는 졸업할 수 없을 것만 같았다. 마크는 졸업으로

가는 대안적인 경로를 찾기 위해 싸워야 한다는 사실을 늘 또렷이 인지하고 있었다.

"밴드를 지도했을 때, 악기를 어떻게 연주하는지보다 악기가 작동하는 원리에 더 관심을 품던 아이가 몇 명 있었어요. 그 아이들이 음악을 관두고 금속 가공이나 정비공 일을 하게 된 건 놀랄 일도 아니었죠."

그는 시스템에서 문제를 일으킨 학생을 종종 만나는데, 이 학생들에게는 마크가 마지막 희망이다. 학생들의 회복력은 마크에게 끊임없이 감명을 준다. 아이들은 무시를 받거나 이리저리 휩쓸릴 때조차도, 자신들에게 시간을 내어주고 기운을 불어넣어주는 사람에게 여전히 마음을 연다.

"학생들에게 나를 리드 선생님이라고 하지 말고 마크라고 불러달라고 요청해요. 인생에서 이 시기는 성인기와 일터로 이행하는 시점이니까요. 다음 단계에 필요한 기술과 태도를 길러주고 싶어요. 아이들이 여기에 어떻게 응답하는지를 보면 정말 놀라워요. 우리 모두 인간으로서 상호작용하면서 지내는 게 중요하지, 교육과정이 중요한 게 아니에요."

그 보답으로 학생들은 기회를 끌어안았다. 숙련 노동이건, 보건 분야건 말이다.

"아이들은 지금 세상이 엉망이라는 걸 깨달았어요. 그리고 보건 분야는 자신들이 가서 생산성을 발휘해 도움을 줄 수 있는 곳이라 생각했죠. 나와 함께하는 학생들이 공통으로 지닌 자질이에요. 어떤 프로그램을 듣고 있건, 학생들은 변화를 일궈내려고 해요."

학생들의 정신적인 힘을 알아차리고 길러내는 모습은 멋지다. 마크가 아직 음악을 가르치고 있던 무렵, 시몬이라는 학생이 있었다. 시몬은 고등학교 시절 내내 튜바를 연주했다.

"그 아이는 단단했고 성격이 좋았으며 모든 이와 친구였어요. 실제로 몸집도 컸죠. 몸도 그의 정체성을 이루는 일부였어요. '세계의 교사 상'과 관련해서 언론이 내게 관심을 보였을 때, 학교에 찾아온 기자 한 명이 시몬을 인터뷰했죠. 시몬은 이렇게 얘기했어요. '리드 선생님은 저를 세계 최고의 튜바 연주자로 만들어주셨어요.' 당시 시몬은 세계 최고의 튜바 연주자는 아니었지만, 순간적으로 신이 났던 거죠! 그때 이후로 7년이 흘렀어요. 시몬과 연락을 하며 지내요. 그리고 예전 밴드 단원과 함께 보디빌더 대회에 나가는 시몬을 보러 갔어요. 고등학교 때 125킬로그램쯤 나갔던 아이인데 지금은 그 절반 정도일 거고, 몸이 전부 다 근육이에요. 그리고 대회에 그냥 나가기만 한 게 아니라 우승했죠."

마크는 시몬의 내면은 여전히 똑같다고 얘기한다. 다만 시몬은 음악을 배우던 학생이었던 시절에 쌓은 규율과 일상적인 규칙, 자각을 바탕으로, 어른이 된 자신이 바라는 것을 이룬 것이다. 시몬은 마크의 밴드에 있던 남자아이 열 명 가운데 하나였고, 그들은 자신들을 아끼는 선생님과 강력한 유대를 맺어왔다.

"통계적으로 봤을 때, 이례적인 아이들이었어요. 마약도 안 하고, 술도 안 마시고, 십 대 임신과도 관련이 없고, 전과도 없는 남자아이 열 명이니. 그 아이들은 자신감 넘치는 어른이 되어 모두 전혀 다른 일을 하고 있죠. 이를테면 금융이라든가, 보건이라든가, 교육, 부동산 분야에서요. 한 명은 뉴욕으로 이사 가서 애플에서 일하기로 했는데, 계속 긴밀하게 연락하며 지내요. 저마다 이 모임에 무언가 특별한 역할을 해주었고, 서로에게 챔피언이자 치어리더죠."

그 비법이 무엇일지 궁금하다. 마크는 함께 밴드를 한 경험 때문이라 생각한다.

"밴드에서 각각의 악기를 맡았던 것 말고도, 거의 모두가 배구팀 소속이기도 했어요. 한 팀이 된다는 게 어떤 의미인지를 익혔던 것이고, 그게 계속 이어졌던 거죠."

몇 년 전 마크가 집을 샀을 때가 그의 인생에서 중요한 순간이었는데, 그때 밴드 출신 아이 가운데 여섯 명이 찾아와 페인트칠을 하고 조명을 설치하면서 그 순간을 더더욱 특별하게 만들었다.

"그중 한 명이 '우리가 이렇게 찾아오는 건, 선생님이 우리에게 찾아와줬기 때문이에요' 하고 얘기했죠."

나는 가족이 떠올랐다. 학생 열 명과 이들이 계속 마크와 관계를 이어가는 것 모두를 생각하니 그랬다.

"남자아이 가운데 둘은 고등학교 시절에 부모님을 떠나보냈어요. 그들이 아픔을 견뎌낼 수 있도록 밴드 아이들이 힘을 실어주었죠. 아이들은 우정이라는 유대를 초월해서, 자신들만의 가족을 이루기도 한 거예요."

이를 지켜볼 수 있었다는 것, 또 이렇게 '선택한 가족'의 일원이라는 것이 행운이라는 사실을 마크는 잘 알고 있다.

이렇게 마크가 얘기해준 희망찬 이야기만큼이나, 우리가 바라는 길을 따르지 않는 학생도 많다는 사실을 나는 경험으로 익히 알고 있다. 마치 마크가 만났던 환상적인 9학년 플루트 연주자인 오스카처럼 말이다. 오스카는 통찰력 있고 사려 깊은 학생이었고, 자의식에 집착하지 않았다.

"오스카는 악기를 다루는 재능을 타고났어요. 빼어났죠. 놀라운 소리와 기술을 품고 있었어요. 무얼 가르쳐도 곧바로 이해했어요. 그리고 한 학년이 끝나갈 무렵, 오스카에게서 더는 밴드를 하고 싶지 않다는 얘기를 듣고 마음이 아팠죠. 오스카를 찾아가서, 너는 내가 가르쳤던 사람 중 가장 뛰어난 열네 살짜리 플루트 연주자이고, 음악으로 두각을 나타낼 수 있을 거라고 얘기했어요. 오스카는 힘도 들이지 않고 그런 걸 해내는 것 같다고, 그렇게 타고난 재능의 절반이라도 내게 있으면 좋겠다고 말했죠.

오스카가 뭐라고 했는지 아세요? 알고는 있는데 별로 중요치 않다면서, 그걸로 마음이 움직이지는 않는다고 했어요."

이 일로 마크가 얼마나 좌절했을지 이해가 간다. 그렇지만 오스카를 떠나보내는 수밖에는 없었다. 남은 고등학교 시절 동안, 마크는 기회가 날 때마다 오스카에게 연락해서 돌아오고 싶어지면 밴드에는 언제든지 자리가 있다고 얘기했다. 오스카는 돌아오지 않았다.

"오스카가 열정을 쏟을 만한 무언가를 찾아내지 못할까 봐 걱정했어요. 지금 오스카는 어른이 되어 시내에서 미용실을 운영하고 있어요. 예전 학생들을 돕는 걸 좋아해서, 그 미용실로 머리를 자르러 갔죠. 의미 있는 시간이었어요. 그에게 이렇게 얘기했거든요. '스스로 알겠지만, 너는 뛰어난 플루트 연주자가 될 수 있었지. 그렇지만 넌 그렇게 되고 싶어 하지 않았어. 괜찮아. 이제 다 지난 일이니까. 네 직업이 마음에 들었으면 좋겠다.' 오스카는 하던 일을 멈추고는, 자기 일 이야기를, 어떻게 해서 미용실을 열게 되었는지를 열정적으로 얘기했죠. 내가 들어야 했던 얘기는 바로 그거였어요."

오스카는 자신이 할 일을 다 했고, 자기가 자라왔던 동네에 가게를 열었다.

그렇게 '떠나버린 아이' 이야기를 하면서, 이런 학생이 어떤 식으로든 자신만의 길을 찾아낼 수 있다는 사실을 깨닫고 감탄

했다. 우리가 아이들에게 보이는 바람과 기대가 항상 옳은 것만은 아니다. 마크는 학생이 달가워하지 않는 일에 시간을 더 써보라고 설득하는 대신, 학생들이 내리는 결정을 지지하는 쪽으로 생각을 바꾸었다.

"지금은 이런 생각을 해요. 괜찮아, 만약에 학생들에게 중요한 일이라면 그쪽으로 행동에 나설 거야. 만약에 중요치 않은 일이라면 행동하지 않겠지. 그건 그들의 선택이고, 학생들은 길을 찾아낼 거야. 만약 길을 찾아내지 못한다면, 그땐 내가 여기 있잖아."

바로 그렇다. 우리가 여기에 있다.

선생님이 하는 일 가운데 정말 많은 비중을 차지하는 것이 어떤 주제에서 학생들의 열정을 찾아내고 여기에 힘을 실어주는 것이다. 마크는 이 문제에 어떻게 접근해야 하는지를 열심히 설파하고 다닌다. 특히 오스카와 대화를 나눈 뒤로는 말이다.

"젊은 선생님들에게, 우리가 아이들에게 열정을 찾아내고 이를 따르라는 이야기를 정말 오랫동안 해왔다는 거예요. 그리고 이제는 누구에게 하든지 그 말이 최악의 조언이라는 생각밖에는 안 들어요. 대신 우리는 이렇게 말해야 해요. 네 열정을 찾아내고, 그 열정을 이끌고, 그걸로 돈을 벌 방법을 만들어보라고요. 자기가 있을 곳을 찾고, 좋아하는 일을 하면서 경제적으로 지속 가능한 삶을 산다면, 열정을 따를 필요가 없어요! 열정을 이끌어야죠."

마크가 다른 각도로 사물을 바라보고, 성장하고 있는 학생들을 담대하게 만들어주는 데 나는 크나큰 감명을 받았다. 공부 때문에 애를 먹거나, 교육 시스템에 맞지 않는 아이들을 둔 부모에게 마크는 어떤 이야기를 하고 싶을까?

"아이들에게 자라서 무엇이 되고 싶은지를 묻지 말고, 어떤 사람이 되고 싶은지에 초점을 맞춰야 한다고 생각해요. 아이들은 자신이 하는 일을 통해서 정체성을 찾는 것이 아니라, 연결과 관계의 중요성을 자각하는 거죠. 아이들이 자기 길을 찾는 동안 우리는 그들을 인정하고 지지해줘야 해요. 대개 교육과정을 최우선으로 삼고는 하지만, 만약 그 대가로 우리 아이들의 인간성을 희생해야 한다면, 교육과정 같은 건 잊어버리세요."

선생님이 되기보다는
멘토가 되기를

#수학

#여행

마리트 로시

69세, 투르쿠, 핀란드

부모에게 이렇게 말씀드리죠.
아이들에게는 여러분이 바로 롤 모델이고, 만약 여러분이
(예를 들어) 수학을 부정적으로 여긴다면, 그게 아이에게도
막대한 영향을 끼친다고요. 아이들은 시도를 포기할 거예요.
그러기보다는 아이들의 수학 숙제에 관심을 두고, 아이들이 끙끙
고민할 때면 가족이나 친구에게 도움을 요청하라고 하세요.
그리고 어떻게 문제를 해결했는지를 보여달라고 하세요. 그러면
상황을 역전시켜 긍정적인 결과를 낼 수 있어요.

마리트는 수학에 열정을 품고 있다. 장장 40년에 걸쳐 아이들을 가르치는 동안, 모두가 수학을 접하기 쉽게 만드는 것이 그의 사명이었다. 어린 학생들과 같이 일하는 한편으로, 교육자가 수학이라는 과목을 어떻게 접근할 것인가를 훈련하고 산술 능력 학습이라는 문제를 다루는 혁신적인 방법을 계속 연구하고 있다.

"수학을 더 재미있게 만드는 데 전념하고 있어요. 이렇게나 오랜 시간이 흘렀는데도 말이죠. 교과서를 펼쳤을 때 내용을 이해 못 한다면 너무 지루하게 느껴질 수가 있죠. 물론 교과서도 계속 필요하겠지만, 다른 방법을 찾아냈어요. 그게 두 번째로 중요한 일이었어요. 첫 번째로 중요한 건 가르쳤던 아이들이고요."

선생님이 되기보다는 멘토가 되기를

핀란드의 젊은 선생님이었던 시절, 마리트는 교육과정, 수업 구조, 또 교육 방식을 보고는 실망했다. 동료 교사들과 함께 영국으로 출장을 갔을 때, 선생님들은 문제를 해결하는 과제를 받았다. 한 명 한 명은 실패했지만, 같이 힘을 합치니 성공했다. 이는 마리트에게 촉매가 되었고, 그는 이때 알아낸 사실을 자신이 가르치는 교실에도 적용했다.

"학생들은 적극적으로 학습에 나서요. 교실을 교사 중심에서 학생 중심으로 바꿔야 해요. 그리고 더욱 유기적으로 학습할 때, 이를테면 모둠을 만들거나, 야외로 나가거나, 아니면 실용적인 방식으로 학습할 때 더 도움이 되기도 한다는 사실을 깨달아야 하죠. 선생님이 되기보다는 멘토가 되어야 해요. 앞장서서 이끄는 게 아니라 지침을 주어야 하죠. 수학 과목은 학생들이 기본적인 이론을 이해해야 하지만, 그러고 나서는 이론을 활용할 때 힘을 받을 수가 있어요. 모둠 활동을 하는 것이 결정적이죠. 내가 가르치는 학생들은 수업이 끝나고 나서 찾아와 다음에는 무얼 할 거냐며 물을 때가 많아요. 못 기다리는 거죠! 그런 순간이야 말로 최고예요."

마리트는 모두가 수학을 배울 수 있다고 생각한다. 그렇지만 수학을 잘하는지 못하는지를 판가름하는 건 잘못이라고 본다. 그러면 수학을 못한다고 생각하는 학생들이 고립될 수가 있다. 그는 "아, 나는 수학을 잘하지는 못했지"라며 아이들 스스로 자기가 수학을 못할 것이라 여기게 만듦으로써 상황을 악화시키는 부모를 보고는 한다. 나 역시도 이런 점에서는 아이들에게 죄책감을 느꼈다. 그렇다면 어떻게 해야 이런 함정에 빠지지 않을 수 있을까?

"부모들에게 이렇게 말씀드리죠. 아이들에게는 여러분이 바로 롤 모델이고, 연구에 따르면, 만약 여러분이 (예를 들어) 수학을 부정적으로 여긴다면, 그게 아이에게도 막대한 영향을 끼친다고요. 아이들은 시도를 포기할 거예요. 그러기보다는 아이들의 수학 숙제에 관심을 두고, 아이들이 끙끙 고민할 때면 가족이나 친구에게 도움을 요청하라고 하세요. 그리고 어떻게 문제를 해결했는지를 보여달라고 하세요. 그러면 상황을 역전시켜 긍정적인 결과를 낼 수 있어요."

교실에서 이 문제를 성공적으로 다룰 수 있는 또 다른 방식은, 바로 현실적인 상황에 수학을 대입하는 것이다. 그러면 학생들은 자신들의 산술 능력의 핵심을 파악할 수 있게 된다. 25년 전 마리트는 적십자사의 도움을 받아 학교 프로젝트를 개발했다. 아프리카에 있는 난민 캠프의 데이터를 바탕으로 만든 것이었다. 학생들은 백만 명이 넘는 사람들에게 어떤 음식이 얼마나 많이 필요한지를 알아내야 했다. 그와 더불어, 소포를 보내야 하는 횟수와 여기에 필요한 운전사의 수도 파악해야 했다. 이는 비단 수학에 국한되지 않고 여러 층위에서 학생들에게 가르침을 주었다. 마리트는 부모도 집에서 비슷한 방침을 따라보도록 격려한다. 집에서 일주일에 물을 얼마나 많이 쓰는지를 계산하거나, 빵을 굽는 데 필요한 재료를 계량 과제로 아이들에게 내어주는 식으로 말이다.

마리트는 수학과 과학에만 초점을 맞추지 않고, 문화적인 경험에도 집중한다. 그는 학생들을 위해 해외여행을 기획하기도 했다. 그 가운데는 헝가리로 떠났던, 잊을 수 없는 짧은 여행도 있다. 헝가리로 여행을 갔을 때, 그는 몇 년 동안 보살피던 반 아이들을 데려갔다. 그러니 모든 아이와 가까운 사이였다. 마리트의 학생들은 헝가리 여행을 무척이나 좋아해서, 일주일 동안 익힌 내용과 추억을 스크랩북에 한데 모았고, 그 스크랩북을 마리트에게 선물했다.

"정말 크나큰 보상이었어요. 특별한 아이들이었죠. 학교에서 배우는 것보다 더 많은 것을 그 일주일 동안에 배웠어요. 한 여자아이는 자신의 노동 윤리를 밝혔죠. 한부모 가정 아이였고, 재능이 많았는데도 자신을 잘 못 믿었어요. 그 아이가 인상 깊었던 까닭은 우리 어머니도 한때 한부모 가정의 가장이었기 때문이기도 했어요. 한부모 가정을 꾸린다는 게 얼마나 힘든 일인지 알거든요. 그 학생은 지금 '싱글맘'으로 지내는데요, 일에서 아주 큰 성공을 거두고 있죠."

마리트에게 보살핌을 받으며 잘 자라난 아이들 가운데, 안타

까운 기억으로 남아 있는 한 아이가 있다. 티나는 마음속의 악마와 싸우며 힘들어 하던 학생이었다. 똑똑했지만 학교에서는 성과가 그리 좋지 않았고, 학교를 떠난 뒤에는 마약을 복용하기 시작했다는 소식이 들려왔다. 그 뒤로 마리트는 티나를 두 번 보았다. 첫 번째는 당시 이십 대 초반이었던 티나와 친구 무리가 학생들이 기념하는 행사에서 말썽을 일으키려고 학교에 찾아왔을 때였다. 티나 무리가 나가지 않겠다고 하는 바람에 어떻게 해야 할지 몰라 한 선생님이 마리트를 찾아왔다.

"그 무리를 보러 갔는데, 보자마자 티나를 알아볼 수 있었어요. 그렇지만 아무 말도 하지 않았죠. 모두 지저분했고, 고약한 냄새가 났어요. 마약을 하고 있었던 것 같아요. 한 사람 한 사람에게 악수를 했더니 깜짝 놀라더라고요. 그리고 이 행사는 초대받은 사람들끼리 여는 것이라, 떠나주면 고맙겠다고 했어요. 그러자 아이들은 조용히 자리를 떴죠."

3년 뒤 마리트는 티나를 다시 한번 만났다. 이번에는 티나가 마리트의 학교에서 청소부로 일하고 있었다. 티나가 학생 때 다니던 바로 그 학교였다.

"티나를 만나서 정말 기뻤어요. 오랫동안 이야기를 나누었죠. 티나는 줄곧 정체성 때문에 고민했어요. 티나는 여자아이였지만, 자기는 남자아이가 되어야 한다고 생각해서 무척 혼란스러워했어요. 격동의 시간을 어떻게 보내왔는지는 모르겠어요. 티나가 그런 얘기는 안 했으니까요. 그렇지만 얘기를 하다 보니, 티나가 삶의 균형을 찾았다는 걸 알겠더라고요."

마리트는 40년 넘게 선생님 생활을 하는 동안 많은 것을 배웠다.

"아이들과 일하는 게 정말 좋아요. 아이들은 정말 솔직하거든요. 문제가 있거나 의견이 대립할 때면 빠르게 해결하고, 그다음으로 나아가죠. 어른들은 그렇지가 않아요. 솔직히 얘기하자면, 한번은 여자아이 두 명이 싸워서 두 아이 어머니가 교무실로 온 적이 있어요. 어머니 둘이 싸우기 시작하더라고요. 그런 건 견딜 수 없다고 하면서, 두 사람 모두 내보냈죠."

그렇지만 대개는 마리트는 오랜 경력을 쌓아오는 동안 학생들의 부모와 어울리는 일을 즐겨왔다. 그는 네 군데 학교에서 일했고, 키르코눔미에 있는 마지막 학교에서 교장이 되었다. 키르코눔미는 헬싱키에서 30분쯤 거리에 있는 도시다. 600여 명의 학생을 보살폈고, 선생님은 50명 정도였다. 학교가 좋은 평판을 얻게 되었던 건 어느 정도는 직원들을 지지하고 교육을 위해 힘썼던 부모들 덕분이라고 마리트는 생각한다.

"부모들은 집에서 어떻게 하면 아이들에게 도움을 줄지 궁금해했어요. 아주 간단하다고 얘기했죠. 그냥 오늘 하루가 어땠는지 물어보라고 했어요. 무얼 배웠는지, 어려웠는지, 하고 싶은 얘기가 있는지 물어보라고 말이에요. 아주 쉬운 질문이죠. 가끔

가다가 보면 부모들은 아이들과 같이 공부를 해야 한다고 생각하기도 해요. 아뇨, 학생들 스스로 자기 공부에 책임을 져야 해요. 부모들은 그저 관심으로 품어주고, 또 아이들이 별생각 없이 판에 박힌 대답을 하지 않게끔 매일 조금씩 질문을 바꿔주기만 하면 돼요. 그리고 아이들이 대답하는 걸 잘 들어줘야 하죠. 그러지 않으면 학생들은 자기가 하는 일이 별로 중요하지 않은 거라고 생각하거든요. 우리는 귀 기울여 들어줘야 해요."

선생님은
프랑스어를 가르치시는데
흑인인 거예요?

#어학

#이민자

#선생님이자 어머니

미리엄 맨더슨

50세, 런던, 영국

미리엄은 런던 북서부에 있는 악명 높은 스톤브리지 에스테이트에서 자라났다. 범죄율이 높기로 소문난 이 지역은 밝은 미래를 꿈꾸기 쉽지 않은 환경이었다. 그렇지만 미리엄의 마음은 확고했고, 또 의욕이 넘쳤다. 불현듯 그는 언어에 열정을 느꼈는데, 프랑스어 선생님 덕분이었다. 어학 분야 학위를 이수하며 그는 아이들과 일하고 싶다는 관심과 프랑스어·스페인어 소질을 결합했다. 그렇게 선생님이 된 지도 벌써 30년이 넘었다.

"내겐 딱이었어요. 즐겁고 잘하는 일을 찾아냈죠. 시간이 지난 뒤에는 조금 더 녹록지 않은 환경에 처한 학교에서 가르치는 일을 계속해보자고 결정했죠. 공동체에 보답하고 싶었거든요. 학교는 살던 곳에서 걸어서 갈 수 있는 데였죠."

선생님은 프랑스어를 가르치시는데 흑인인 거예요?

미리엄이 교직 생활을 시작한 남학교는 신임 교사에게는 쉽지 않은 곳이었다. 그렇지만 미리엄에게는 훌륭한 멘토가 있었다. 과감한 남자 프랑스어 교사였다. 그 선생님은 미리엄이 실험적인 교육을 하고 자유롭게 접근해볼 수 있도록 힘을 실어주었다. 미리엄은 그가 어려운 환경의 불만 가득한 십 대 남자아이들이 있는 반을, 당당하고 씩씩하게 프랑스어 노래를 부르는 교실로 바꾸는 모습을 지켜보았다. 그는 아이들을 원하는 곳으로 이끌었다. 미리엄에게는 꼭 비밀을 알아내고픈 마법 같았다.

"비슷한 결과를 낸 다른 선생님들도 보았어요. 아이들을 손바닥 위에 올려두고 다루는 역사 선생님처럼요. 그 선생님은 한 번도 목소리를 높인 적이 없어요. 공정하고 한결같았고, 아이들도 그를 믿었죠. 학교에 드웨인이라는 어린 소년이 있었는데요, 말썽을 일으키고 가르치기가 어려웠죠. 수업 때마다 교실을 뒤집어놓느라 열과 성을 다하는 아이였는데, 역사 시간에는 안 그랬어요. 역사 수업 때는 완전히 다른 아이였고, 선생님을 존중하며 관계를 맺었죠."

이것이 미리엄이 수습 기간에 얻은 첫 번째이자 가장 강력한 교훈이었다. 이는 꾸준함과 더불어 학생들과 개인적인 차원에서 관계를 맺는 것이 중요하다는 사실을 알려주었다. 선을 넘지 않으면서, 아이들 개개인에게 진정한 관심을 드러내는 것 말이다. 그는 자신이 가르치는 과목에 대한 진정한 열정을 보여주는 것이 얼마나 중요한지도 알게 되었다. 미리엄은 이렇게 보석같이 가르치는 지혜를 다음 학교로 가지고 갔다. 이제 막 중등학교로 바뀐 학교였다.

"문제 학생들 때문에 중등학교로 바뀐 초기 학교 가운데 한 곳이었어요. 바로 그곳에서 나는 정말로 기대에 부응했고, 진정한 선생님으로 거듭났죠. 모든 기술과 경험을 쏟아부어서 그곳을 정복했어요. 학교에서도, 또 학교가 끝난 뒤에도, 어째서 세상이 아이들을 일정한 방식으로 바라보는지, 또 그런 편협한 시선을 바꾸려면 교육이 어떤 일을 해야 하는지 아이들과 이야기를 나누는 데 오랜 시간을 들였죠."

미리엄의 학생들은 이런 접근 방식에 화답했다. 처음으로 누군가가 자신들을 다그치지 않는다고 느꼈기 때문이다. 그는 자기가 잔소리하면 아이들이 아예 관심을 보이지 않으려 한다는 사실을 잘 알고 있었다. 그래서 아이들에게 자신이 가치 있게 여겨진다는 느낌을 안겨주었고, 학교와 공동체에 소속감을 심어주었다. 대부분은 미리엄이 운영하던 방과 후 보충수업을 통해 이뤄졌다.

"아이들과 일과가 어땠는지 얘기하고는 했어요. 왜 선생님과 문제가 생겼는지, 집에 가면 누가 있는지, 부모님이 집에 없으면 뭘 먹는지, 저녁 시간은 어떻게 보내는지를요. 저녁 여섯 시가 되면 학교를 나와서 같이 집까지 걸어갔어요. 나 자신을 이 공동체의 어머니라고 했고, 학교에서만이 아니라 길에서도 아이들을 지켜봤어요."

미리엄이 선생님이자 흑인 여성으로서 초기에 겪었던 중요한 경험 가운데 한 가지는, 데이비드라는 금발에 파란 눈의 소년이 있는 교실에서 일어났다. 데이비드는 수업 내내 집중을 잘했지만, 무언가 혼란스러워하는 것도 같았다. 미리엄은 무슨 문제가 있느냐고 물어보았다.

"그 아이가 얘기했어요. '선생님, 선생님은 프랑스어를 가르치시는데 흑인인 거예요?' 그래서 이렇게 말했죠. '그래, 그러면 세계에서 프랑스어를 쓰는 나라를 모두 살펴보자.' 이 학생들은 세계지도를 본 적이 없었어요. 그리고 어떤 언어를 어디에서 쓰는지도 당연히 몰랐죠. 수업이 발전하기 시작했어요. 마침내 데이비드는 충격에서 벗어났고, 뛰어난 학생이 되었어요."

미리엄은 자신의 외모와 자신이 가르치는 과목 사이에 가교 구실을 했다. 여기서 나아가, 어린 시절 해외여행을 다니는 특권을 누렸다든지 해서 언어를 좋아하게 된 것은 아니라는 점을 분명히 밝혔다. 그의 성장 배경은 자신이 가르치는 교실에 있는 빈곤층 학생들과 비슷했다. 이 점을 밝히는 게 중요하다는 사실을 그는 잘 알았다.

"선생님으로서 젊은 마음가짐을 품고 청소년들이 무언가 될 수 있다고 믿는 게임을 하는 거예요. 이 아이들 대부분은 더 부유하고 특권적인 사람들에게 있는 기회를 가져본 적이 없어요. 그렇지만 그 때문에 더 못난 사람이 되는 건 아니라는 걸 아이들에게 알려주고 싶었어요. 저도 그 아이들과 같은 처지였고, 한 번도 프랑스로 휴가를 떠난 적은 없지만 프랑스어와 사랑에 빠졌던 것이거든요."

미리엄의 보살핌을 받아 잘 지낸 학생도 있지만, 손을 내밀기가 너무 힘든 아이도 있었다. 그 가운데는 범죄 조직에 얽힌 사고 때문에 슬프게 세상을 떠난 아이도 몇 명 있다. 이 일은 미리엄의 어깨를 무겁게 짓눌러 '선생님이자 어머니'라는 그의 모습을 만들게 되었다. 그때 미리엄의 남편은 '낫 어나더 드롭(Not Another Drop)'이라는 캠페인 활동을 하고 있었는데, 이 캠페인은 "피 한 방울을 또 흘리는 일은 제발 안 됩니다. 이런 칼부림 사건은 지긋지긋합니다"라는 뜻을 담고 있었다. 이 캠페인에서는 행진을 조직했고, 지역신문은 최근 젊은 희생자의 사진과 함께 이 소식을 보도했다. 기사에 나온 몇몇 얼굴은 미리엄이 가르쳤거나 미리엄의 학교에 다녔던 학생이었다. 또 다른 학생은 칼부림 사건의 가해 혐의로 유죄를 선고받았다.

"리카르도라는 학생이 있었어요. 5년 동안 가르친 아이였죠. 다정했지만 그렇게 능력이 있는 편은 아니었고, 자의식이 이루 말할 수 없이 강했어요. 그 아이만 지적하거나, 그 아이에게 수치심이나 당혹스러움을 불러일으키지 않으면서 도울 방법을 찾으려고 했죠. 그 아이가 계속 노력하기를 바랐지만, 내가 한 것이 충분치는 않았던 모양이에요. 또래 집단이 주는 압박이나 평가받는 사회 분위기에서 지켜주지도 못했고, 자신이 있는 자리를 넘어서서 살아남을 수 있는 수단이나 기술을 주지도 못했죠. 리카르도는 삶의 다른 방식이 있다는 사실을 알 수가 없었어요. 갓 어른이 되었을 무렵에 살인으로 유죄 선고를 받았죠. 가슴이 찢어졌어요."

이렇게 어려움을 겪는 학생들의 공통점 한 가지는, 부모 양쪽 모두가 여러 가지 이유로 오랫동안 자리를 비웠다는 점이었다. 자신들의 고국으로 돌아가는 경우도 포함해서 말이다.

"아이들에게서 풍기는 냄새나, 아이들의 모습이나, 아이들이 잠을 충분히 자고 있는지, 아니면 교복이 깨끗한지 아닌지를 보면 부모가 곁에 있지 않다는 걸 바로 알 수 있었어요. 차림새가 단정하지 않았고, 매일 하루를 시작하고 마무리할 때 아이들을 보호해주거나 길러주는 사람이 아무도 없었죠. 리카르도도 그런 아이들 가운데 하나였어요. 학교 바깥에서는 그냥 혼자 버려졌기에 끔찍한 선택을 내렸던 거죠."

미리엄의 또 다른 학생이었던 알론소도 리카르도와 환경이 비슷했다. 그렇지만 두 가지 큰 차이점이 있었다. 한 가지는 알론소의 어머니가 오랫동안 곁에 없기는 했어도 아들의 삶에 제법 많이 관여했다는 점이다. 또 한 가지는 어린 시절에 자메이카에서 교육을 받았다는 점이다.

"알론소는 자메이카에서 초등학교에 다니다가 런던으로 이사를 와서 고등학교에 다니게 되었어요. 자메이카에서는 선생님을 존중하는 법과 교육의 중요성을 배웠죠. 그래서 영국에서 만난 또래 학생들이 생각이 다르다는 걸 믿을 수 없을 정도였죠. 수업 시간에는 이런 생각을 뚜렷이 밝혔고, 선생님이 얘기하고 있으니 반 아이들에게는 '닥쳐!' 하고 말하곤 했어요. 리카르도와는 정반대였죠. 리카르도는 선생님에게 무례하고, 교육을 거부하고, 자신의 결점을 감추는 것을 멋으로 여기며 자랐어요."

리카르도는 결국 감옥에 갔다. 알론소는 런던의 최고급 호텔에서 요리사로 일하고 있다.

나데주라는 학생도 있었다. 미리엄은 런던 남부에 있는 학교에서 10년 넘게 교사 생활을 했는데, 그 학교는 어학 중학교라는 지위를 받았다. 미리엄은 교실에서 특별히 아끼는 아이들이 있는 건 아니지만, 자신과 프랑스어를 할 수 있는 나데주 사이에는 상호 존중과 감사가 있었던 것이 확실하다고 한다.

"나데주가 내 후배라고 얘기하고는 해요. 그도 나처럼 언어를 좋아하고, 지금은 모국어인 프랑스어만큼이나 스페인어도 유창하게 잘하죠. 선생님인 내가 씨앗을 하나 심고, 나데주의 미래에 영향을 끼치고 또 계속해서 기쁨을 맘껏 느끼도록 어떤 열정과 열성을 불어넣어주었다는 기분이 들어요. 나데주 역시 선생

선생님은 프랑스어를 가르치시는데 흑인인 거예요?

님이자 어머니가 되었고, 이제는 내가 시작한 어학 중학교를 이끌고 있죠. 우리는 계속 연락을 하고 지내요. 정말로 자랑스러워요!"

미리엄은 나데주가 이 같은 직업을 선택한 것이 전혀 자신 때문이라고 이야기하지는 않겠지만, 나데주에게 묻는다면 선생님 덕분이라고 할 것이 분명하다.

"나데주가 교사 자격 인증 석사과정을 밟고 있다고 말했을 때 놀랐어요. 선생님이 되겠다고 생각한 줄은 몰랐거든요. 물론 나데주는 학교에서 즐겁게 지내왔죠. 교실에서 보탬이 되고는 했고, 프랑스어를 힘들어 하는 학생들을 도와주었어요. 나는 영어 말고 다른 모국어가 있는 걸 부끄럽게 여기는 아이들을 가르쳐 왔어요. 그래서 아이들이 모국어를 장점으로 여길 수 있도록 열심히 노력했죠. 아이들 하나하나가 자신이 쓰는 언어를 자랑스러워했으면 해요. 나데주는 그런 면에서 긍정적인 사례였죠."

나는 자신보다 지식이 더 많거나 자신에게 도전하려는 학생에게 겁을 먹는 선생님들을 안다. 미리엄은 그렇지 않다. 미리엄은 이와 같은 환경에서 기운차게 활동하며, 학생들이 잠재력을 최대한 발휘할 수 있도록 격려한다. 미리엄에게 가장 큰 교훈을 가르쳐준 알렉스 같은 슈퍼스타에게도 애정을 쏟으면서 말이다.

"알렉스는 미국에서 온 아이였고, 모든 걸 잘했어요. 수학, 영어, 외국어, 스포츠까지도요. 또래 학생들에게 이런 점이 눈엣가시였던 모양이에요. 알렉스의 자신감은 눈에 확 띄었죠. 또 말을 직설적으로 해서 처음 만났을 때는 무례하다고 느낄 수도 있을 정도였고요. 그리고 영국 교사를 미국 교사와 비교하고는 했죠. 알렉스는 수업을 듣는 것보다 학생이 주도적으로 나서는 대학식 교육에 익숙했어요. 알렉스는 그 방법을 더 쉽게 받아들였어요."

그의 행동에 짜증이 난 친구들, 반 아이들, 그다음에는 학년 전체가 알렉스를 무시하게 되었다.

"학생들은 알렉스를 '코번트리로 보낸 거'죠. 이건 좀 오래전 말인데요, 아무도 알렉스에게 말을 안 걸었다는 뜻이에요. 그런 건 한 번도 본 적이 없었죠. 최고 학년이 되었을 때도 마찬가지여서, 어떤 영향을 끼칠지 걱정이 되었어요. 그런데 어땠는지 아세요? 알렉스는 전혀 상관하지 않았어요! 심지어 신경 쓰지 않는 척을 한 게 아니라, 정말로 신경을 안 썼어요. 그리고 아이들이 하나씩 다시 알렉스에게 이끌려가는 모습을 지켜보았죠. 처음에 '왕따'를 부추겼던 여자아이도 그 모습을 지켜보았어요. 그리고 연말이 되자 모두 다시 친구가 되었죠. 대단한 일이라고 생각해요. 자존감이라는 걸 가르칠 수는 없으니까요."

미리엄처럼 알렉스도 아주 어렸을 적에 한 부모를 떠나보냈다. 이는 알렉스에게 내면의 힘을 길러주었다. 알렉스는 자신의 모습으로 편안히 지내고, 있는 그대로의 자신에게 자신감을 품는 법을 미리엄에게 가르쳐주었다. 알렉스는 여러 방면에서 탁월하다는 이유로 축하를 받기보다는 벌을 받았다. 배척을 당하면 대개 아이는 무너지고, 눈에 띄지 않으려고 자신의 빛을 꺼뜨리기도 한다. 알렉스는 그러지 않았다. 알렉스는 이기적이지도 않았다. 그저 자신이 타고난 능력을 믿었으며, 그 때문에 양해를 구하거나 이를 숨기려 하지 않았다. 미리엄과 알렉스는 계속 연락을 주고받았고, 지금 알렉스는 운동선수의 꿈을 좇고 있다.

지난 3년 동안 미리엄은 런던 북서부에 있는 대규모 종합 중등학교에서 교장을 맡아왔다. 이 학교 학생의 40퍼센트 가까이가 빈곤층 출신이다. 미리엄은 지금 맡은 일도 좋아하지만, 교실에 들어가는 것이 그립다.

"처음 교장이 되었을 때는 아이들을 가르치는 일을 완전히 단념하지 않겠다고 마음먹었어요. 그래서 매주 한 번씩 열리는 어학 수업을 이어나갔죠. 한 달을 하는 동안 맡은 일 때문에 수업을 중단해야 하는 일이 계속 벌어지자, 학생들과 나 자신에게 부당한 상황이란 걸 깨달았죠. 그래서 지금은 훌륭한 동료와 함께 공동으로 수업을 진행해요. 교실에 있을 때면 마치 안식처에 있는 것 같아요. 재킷을 벗고, 소매를 걷어 올리고, 본격적으로 시작하는 거죠. 선생님들은 아이들의 호기심을 살리고, 또 아이들이 질문하도록 만드는 법을 익혀야 해요."

그렇다면 부모가 아이에게 도움을 주려면 어떤 일을 해야 할까? 아이의 삶에 발을 들여놓고 또 관여하는 것이 중요하다는데 우리 둘 모두 생각이 같았다. 미리엄은 그러지 않았을 때 얼마나 비극적인 결과가 나올 수 있는지를 너무도 많이 봐왔다. 미리엄의 또 다른 조언은 기술을 잘 알고 지내라는 것이다.

"아이들이 우리 선생님들보다 기술을 더 잘 다루도록 하지 마세요. 설령 여러분이 그 기술을 알고 있는 것처럼 시늉해야 할 때가 있더라도 말이죠. 기술을 좋아하지만, 젊은 세대가 어떤 위험을 마주하고 있는지는 우리 모두 다 알죠. 그래서 아이들이 커다란 온라인 세상에 어떻게 참여하는지를 면밀하게 지켜봐야해요. 보통은 부모가 요금을 내주니까, 아이들 기기에 접근할 수가 있어요. 온라인 활동에서는 불쾌하고 잔인한 일이 많이 벌어질 수가 있어요. 부모로서 우리는 아이들이 온라인을 책임감 있게 활용하도록 돕고, 아이들을 보호할 의무가 있죠."

선생님은 프랑스어를 가르치시는데 흑인인 거예요?

교육이라는
가능성의 건축

#기술

#프로젝트학습

마리엘라 과다뇰리

51세, 산타페, 아르헨티나

건축과 교육은 공통점이 있어요.
가능성을 품은 집은 마치 잠재력을 품은
아이 같아요. 둘 다 창의성과 희망을 품고
다가가야 하니까요.

마리엘라는 아르헨티나의 대도시인 산타페에서 건축가로 일을 하다가 선생님이 되었다. 그는 교육자 집안에서 자라면서 자신의 미래도 교육계에 있을 거라 생각했지만, 처음에는 건축을 향한 열정이 더욱 강했다. 대학에서 건축을 전공할 때, 어느 강사가 강의실에 있는 학생들에게 글을 나눠주고는 토론을 시켰다. 학생들이 글을 모두 읽자, 강사는 종이를 동그랗게 뭉치고는 버렸다.

"강사는 이건 나쁜 글이라고 말했어요. 교육과정에 들어 있어서 우리에게 나눠주어야 했지만, 자기가 선생님이라고 해서 항상 맞는 것은 아니라고 얘기했죠. 우리는 항상 스스로 생각해야 한다고 말했어요."

마리엘라는 이 일을 떠올리며 웃음을 터뜨린다. 강사는 마리엘라가 스스로 결론을 내리도록 자유를 주었던 데다, 선생님이란 어떤 존재인지 마리엘라의 마음속에 불을 피워 올렸다. 졸업하고 난 뒤 한 초등학교에서 기술에 관한 수업을 해달라며 마리엘라를 불렀다. 마리엘라는 자신이 있고 싶은 곳은 바로 이곳이라는 것을 단숨에 깨달았다. 24년 전 일이었고, 그러고 나서 마리엘라는 한 번도 후회한 적이 없다.

"건축과 교육은 공통점이 있어요. 가능성을 품은 집은 마치 잠재력을 품은 아이 같아요. 둘 다 창의성과 희망을 품고 다가가야 하니까요. 또 관점이 중요하기도 해요. 이 역시 건축가라는 첫 번째 직업에서 선생님이라는 두 번째 직업까지 품고 온 요소죠."

이는 아이와 선생님이 맺는 관계를 바라보는 단순하면서도 근본적인 방법이라고 생각한다.

이런 점을 아름답고 뚜렷하게 보여주는 이야기가 있다. 마리엘라는 건축에 관한 지식과 교육자라는 직업을 결합해서 공동체 프로젝트를 맡아달라는 요청을 받은 적이 있다. 마리엘라와 학생들은 산타페에 있는 역사적인 광장을 다시 디자인해달라는 부탁을 받았는데, 여기에는 다양한 예술 기법을 이용해 거대한 벽화를 보수하는 일도 포함되어 있었다. 이 프로젝트로 아이들은 다양한 주제를 배우며 시각적인 이야기를 만들어냈다. 유명한 심장병 전문의이자 보건 활동가인 르네 파발로로도 이야기 속에 녹여냈다. 르네 파발로로는 역사상 두 번째로 위대한 아르헨티나 사람으로 꼽히는 인물이다. 그의 모습을 그려둔 곳에는 심장이 달린 나무를 함께 그려 넣어 그의 소명 의식을 반영했다. 프로젝트에는 신나는 기운이 잔뜩 감돌았으며, 시장도 이들의 노력을 인정하고 축하했다. 수줍음이 많았던 마티아스라는 아이의 반응이 한순간 마리엘라를 깜짝 놀라게 했다.

"시장님께 칭찬받고 나자, 마티아스가 달려와 팔로 허리를 끌어안았어요. 정말 꽉 끌어안았죠. 아무 말도 하지 않았지만, 그 순간 이 모든 경험이 이 아이에게 얼마나 중요했는지 느낄 수가 있었어요. 마티아스의 포옹은 '우리가 해냈어요!' 하는 뜻만 품은 게 아니었어요. 그 순간이 마티아스가 스스로 자신의 가치를 깨달은 순간이라고 생각해요."

모범을 보여주며 가르치는 일을 무척 중시하는 마리엘라는 이것이 선생님 역할에만 그치는 것이 아니라 부모의 역할이기도 하다고 생각한다.

"우리는 아이들의 삶에서 모두 교육자예요. 여기서 부모가 가장 중요한 부분을 차지하죠. 바로 이 삶이라는 '프로젝트' 속에서 부모가 아이를 응원해야 해요!"

마리엘라는 네 군데 학교에서 기술을 가르치는데, 이들 학교 하나하나가 다 다른 상황이다. 빈곤층 학생을 위한 특별 학교,

교육이라는 가능성의 건축

13~19세의 아이들이 다니는 기술 중학교, 사립 가톨릭 학교, 또 여러 아이가 섞여 있는 초등학교다. 마리엘라는 선생님으로 일해오면서 두 가지 중요한 싸움을 거쳤다. 첫 번째 싸움은 남자가 가득한 기술 중학교에서 여자 선생님으로 일하며 겪은 것이다. 두 번째 싸움은 다른 사람이 그의 방법론을 믿도록 만드는 싸움이었다. 그는 관습적인 시험을 활용하지 않고, 발전 과정을 보며 평가를 내리기 때문이다. 그가 이런 접근 방식에 자신이 있었던 까닭은 이 방법으로 성취해낸 결과 때문이었다. 마리엘라와 학생들은 지역과 나라에서 주는 상을 받았고, 획기적인 프로젝트로도 인정받았다. 그렇지만 마리엘라는 성공으로 자신의 성취를 측정하지는 않는다. 그에게 동기를 부여하는 것은 마리엘라가 가르치는 학생들의 반응이다. 많은 학생이 마리엘라의 수업을 듣게 해달라며 교장 선생님에게 애원한다.

"가장 기분이 좋을 때는, 아이들이 졸업하고 나서 수업에서 배운 과정이 끼친 영향을 얘기해줄 때예요. 그리고 자신이 믿는 것을 위해 목소리를 내라고 가르쳐주었던 것을 이야기하죠. 수업은 아이들에게 더 나은 삶을 살 수 있도록 영향을 끼쳤어요. 그리고 아이들은 사랑을 가득 품고 나를 기억해줘요. 정말 엄청난 일이죠."

이냐치오도 이런 학생 가운데 하나였다. 이냐치오는 똑똑한 남자아이였지만, 가정환경 때문에 생긴 복잡한 행동 문제를 지 우리 선생님들은 재능 사냥꾼이라고 생각해요.

아이들에게 주의를 기울이고, 아이들한테서 배우고,

아이들의 배움을 환하게 밝혀주는 것이 우리 몫이죠.

아이들의 마음은 열려 있으니, 그걸 채워주어야 해요.

니고 있었다. 2년쯤 전 이냐치오가 십 대 초반이었을 무렵, 이냐
치오는 지필고사를 치르지 않아 한 학년을 다시 다녀야 했다. 그
때문에 이냐치오는 지루해하며 가만히 있지 못하고 훼방을 놓았
다. 그러나 이는 마리엘라에게, 그리고 프로젝트 기반 학습을 향
한 그의 헌신에 신호탄이 되었다. 이냐치오가 마리엘라의 수업
에 들어왔을 때, 마리엘라는 이냐치오도 참여할 수 있도록 자신
의 평가 과정을 적용했다. 몇 주 뒤 이냐치오가 작업에 참여했다.

"우리가 다뤄야 할 구체적인 기술적 문제가 있었어요. 비가
오면 학교 주변 땅에 물이 넘쳐서 해결책을 찾아야 했죠. 그래서
학생 프로젝트의 한 가지는 바로 사회에서 버려진 재료를 재활
용해서 포장용 돌을 만드는 것이었어요. 이냐치오는 이 일에 마
음을 쏙 빼앗기고는 플라스틱을 떠올리며 시험해보자고 했죠."

한 해 동안 마리엘라는 이냐치오를 종종 과학 페어에 데려가
서 그가 학교생활에 어울리도록 하고, 영감을 불어넣어주려 했
다. 마리엘라는 이냐치오가 선생님 한 명 한 명에게 평가당하는
기분을 느낀다는 사실을, 그리고 '나쁜 학생'이라는 꼬리표를 싫
어하지만 이걸 바꿀 만한 힘이 없다고 느낀다는 사실을 알게 되
었다.

"과학 페어에서 학교에 포장용 돌을 까는 프로젝트를 발표하
는 학생으로 이냐치오를 선정하자, 40명쯤 되는 학생 가운데 왜
자기를 골랐는지 이냐치오는 이해하지 못했어요. 그렇지만 신

나 했죠. 이냐치오는 학교를 중퇴할 뻔했지만, 이 프로젝트와 선생님 가르침 덕분에 학교에 남아 있어야겠다는 생각이 들었다고 털어놓았어요. 이 일이 얼마나 행복했는지는 말로는 표현 못 할 거예요."

마리엘라가 어떤 기분이었는지 똑똑히 알 수 있다. 이냐치오는 최근 마리엘라에게 연락해, 기술 중학교에서 중등학교로 학교를 옮길 것이라 이야기했다. 다시 말해, 공부하는 기간이 1년 줄어든다는 뜻이었다. 이냐치오는 긍정적인 결정이라며 마리엘라를 안심시키고자 했다.

"이냐치오는 자기를 믿어도 된다고 말했어요. 계속 믿어주었으면 좋겠고, 절대 선생님을 실망케 할 일이 없을 거라고 했죠."

때로는 교사가 학생의 잠재력을 찾아내는 것은 어렵다. 그렇지만 끊임없이 노력하는 것이 우리 소임이다. 설령 아이들이 우리를 받아들이지 않을 때라도, 특히나 그럴 때일수록 더더욱 그렇다. 마리엘라는 이냐치오를 인내심으로 품어주었다. 마리엘라는 자기 자신과 이냐치오 모두를 자랑스러워해야 마땅하다.

"우리 선생님들은 재능 사냥꾼이라고 생각해요. 다른 선생님에게서 들은 말인데, 정말 울림이 컸어요. 아이들에게 주의를 기울이고, 아이들한테서 배우고, 아이들의 배움을 환하게 밝혀주는 것이 우리 몫이죠. 아이들의 마음은 열려 있으니, 그걸 채워주어야 해요."

교장 선생님들의
위대한 멘토

#인종차별

#식스폼

#교장

하워드 프리드

69세, 허트포드셔, 영국

어려운 상황이 만들어내는 결과를 내가 가르친 아이들에게서
보았죠. 앞으로 살아갈 날이 아이들 앞에 펼쳐져 있었지만,
아이들은 주변 환경이 만든 피해자였어요. 그런 점은 이 학생들이
좋은 직업과 행복한 삶으로 향하는 길을 찾아 나갔다는 사실을
더욱 놀랍게 만들어주죠.

하워드는 런던에서 46년 동안 교육계에 몸담았다. 경제 선생님에서 교장 선생님으로, 그리고 이제는 교장 선생님들의 멘토이자 코치가 된 그의 여정은 그가 다양한 공동체와 학교를 경험하도록 해주었다. 그는 전문성, 이성, 영감의 목소리 그 자체다. 그를 친구이자 귀한 동료라 말할 수 있어 영광이다. 그는 교육계의 대부다.

"처음 일을 시작한 곳은 런던 서부의 액튼에 있는 레이놀즈 고등학교였어요. 그 지역을 전혀 모르고 있었죠. 처음으로 일자리를 제안받은 곳이었고, 그렇게 받아들여서 갔는데, 가자마자 가르치는 일을 사랑하게 되었어요."

1984년 하워드가 다니던 학교를 비롯해 그 지역의 중등학교

세 곳이 한 학교로 통합되었다. 하워드는 새롭게 설립된 액튼 고등학교의 시니어 리더십 팀에 들어갔다. 이 팀은 런던에서 가장 빈곤한 지구 가운데 하나로 꼽히는 사우스 액튼 지구에서 온 아이들을 담당했다. 심각한 빈곤과 높은 자살률 등 매우 어려운 상황 속에서 아이들이 성장하는 곳이었다.

"교육을 받은 가족이 전혀 없는 아이가 많았어요. 아무런 열망도 품고 있지 않았죠. 힘든 시간을 보내고 있었지만, 그 시기를 지나 보내면, 아이들은 정말로 배우고 싶어 했어요. 우리 앞에는 역경이 많았지만, 우리는 결국 학생 대부분이 시험을 통과하도록 만들었어요. 그 아이들 가운데 상당수가 대학에 갔고, 교육 기준청 조사관, 엔지니어, 바리스타 같은 전문적인 직업을 얻게 되었죠."

(현재의) 중등교육 자격 검정 시험과 A 레벨 시험*을 위한 경제학을 가르치는 것과 함께, 하워드는 인간적인 도움을 주는 역할을 맡으며 학년 부장을 담당해 수많은 사고에 대처했다. 드문 경우지만 응급차를 불러야 하는 일도 있었다. 하워드는 어떨 때는 학생들 사이에서 일어난 싸움을 해결하다가, 또 곧바로 그 싸우던 남자아이들이 축구팀을 결성해서 학교를 대표해 자랑스럽게 싸우는 모습을 보기도 했다.

---

*   영국의 대학 입학 시험.

"사람들 정신을 쏙 빼놓을 만한 아이들이었어요. 그 아이들 때문에 몇몇 선생님의 삶이 불행해졌다는 사실도 알고 있죠. 그런가 하면, 그보다 훨씬 더 많은 선생님에게는 그저 사랑스러운 아이들이었어요. 차에 시동이 안 걸릴 때면, 서로 차를 밀며 도와주겠다고 투닥거리고는 했죠."

선생님들이 학생들과 이런 식으로 관계를 맺는 모습을 보면 나는 항상 감탄한다. 하워드에게는 간단한 일이다. 하워드는 선생님이 아이들에게 관심을 품고 아이들이 잘하기를 바라면, 아이들은 거기에 화답할 것이라 믿는다. 때로는 나쁜 행동을 하는 것도 결코 피할 수는 없지만, 선을 더 확실하게 긋고, 꾸짖고, 또 가장 중요하게는 용서를 하는 것이 선생님과 부모의 역할이다.

"언제나 학생들 편이었어요. 아이들도 그걸 알았죠. 몇 해 전, 한 학생의 일 때문에 법정에 증인으로 나간 적이 있었어요. 그 남자아이는 잘못했고, 당연히 저는 그 점을 솔직히 얘기했죠. 그렇지만 그 아이의 장점을 모두 설명하고 싶기도 했어요."

하워드는 마게이트로 떠났던 소풍을 떠올린다. 그때에는 학교에 규모가 큰 프로젝트가 벌어지고 있어서, 코치 다섯 명과 여러 직원의 도움을 받고 있었다. 학생들 가운데는 액튼 밖으로 나가본 적이 없거나 바다를 본 적이 없는 학생이 많았다. 그래서 수학여행은 학생들의 어린 시절 최고의 추억이 되었다. 학생들은 마을을 돌아다니고, 바닷가에 가고, 놀이공원에 들를 수 있을

지도 모른다는 희망을 품었다. 모두 말을 잘 들었고, 아무런 사고 없이 하루를 보내다 버스로 돌아왔다.

"우리 학생들은 아프리카계 카리브인 비율이 높았어요. 버스로 돌아오자, 백인 청소년들이 무리 지어 모여서 욕설을 뱉어내기 시작했어요. 주변에서 분노가 일어나는 것이 느껴졌고, 우리 남자아이들이 뛰쳐나가 그 무리를 제대로 때려눕힐 준비가 되어 있다는 걸 알 수 있었죠. 그래서 버스 기사들에게 곧바로 출발해달라고 했어요. 우리는 모두 집으로 돌아가는 길에 그 일에 관해 이야기를 나누었고, 선생님들은 왜 인종차별적인 조롱에 반응하지 못하도록 막았는지를 설명해줬죠. 물론 아이들은 이해했지만, 힘들었을 거예요."

하워드는 자신에게 회복력을 가르쳐준 것은 학생들이라고 이야기한다. 이 학생들은 편견이 가득하고 극도로 빈곤한 환경에서 성장한 사회적 약자에 해당하는 아이들이었다.

"아이들은 열악한 아파트에 살았어요. 그래서 시의회에서 주민들이 환경을 돌보지 않는다고 비난하는 악순환에 갇혀 있었죠. 이 점을 구실 삼아서 해당 주거지에 예산을 전혀 쓰지 않았고, 그러니 아무것도 좋아질 리가 없었어요. 학생들은 매일 아침 그곳을 나서서 학교에 나와 여전히 배우고, 웃고, 즐겁게 지냈죠."

하워드는 소셜 미디어를 통해 예전에 액튼 고등학교와 레이

놀즈 고등학교에서 만났던 상당수의 학생과 연락을 하며 지내고 있다. 가장 나이가 많은 학생은 이제 육십 대 초반에 접어들었지만, 쉰 살을 넘기지 못한 학생도 있다.

"이 점이 나를 마음속 깊이 슬프게 해요. 중독이나 폭력 때문에 죽은 게 아니었어요. 암이나 당뇨병 때문에 세상을 떴어요. 빈곤한 환경에서 생기는 흔한 질병이죠. 그리고 지금도 우리는 여전히 수많은 가족이 그런 식으로 살아가도록 놔둬요. 어려운 상황이 만들어내는 결과를 내가 가르친 아이들에게서 보았죠. 앞으로 살아갈 날이 아이들 앞에 펼쳐져 있었지만, 아이들은 주변 환경이 만든 피해자였어요. 그런 점은 이 학생들이 좋은 직업과 행복한 삶으로 향하는 길을 찾아 나갔다는 사실을 더욱 놀랍게 만들어주죠."

사람들에게 존경받는 경력을 쌓아오는 동안 다섯 학교에서 선생님으로 지냈던 것이 하워드에게는 특권이자 기쁨이었다. 어떤 학교에서나 영감을 불러일으키는 학생들에게 둘러싸여 지냈기 때문이다. 액튼 고등학교에서 십 년 동안 가르친 뒤 그는 엔필드 고등학교로 옮겨가 교감이 되었다. 학교에는 그리스 키프로스섬 출신 학생이 많았는데, 그곳에 가자마자 집처럼 편안한 기분이 들었다. 하워드는 유대인이다. 그가 맨 처음 갔던 '부모의 밤' 행사는 바르 미츠바[*] 축하 행사를 연상케 한다. 모두 큰소리로 이야기를 나누며, 서로 몸이 닿는 것도 신경을 쓰지 않았기 때문이다. 학교를 믿어주고 교사가 학생들에게 품은 비전을 지지해주는 부모를 만나는 것이 얼마나 특별한 일인지를 알게 되었다. 그 공동체 안에서 일했던 시간은 그의 경력 속 수많은 하이라이트 가운데 하나였다.

그 바로 뒤에 하워드가 교장직을 처음 맡은 것은 런던 동부에 있는 녹록지 않은 지역인 레이턴스톤이었다. 그곳에서 하워드는 때때로 일과가 끝나고 학교 바깥에서 부모나 가족이 들고 있는 야구 방망이를 뺏어야 했다. 아이들에게서는 말할 것도 없었다. 부모나 가족은 다른 아이나 그 아이네 가족을 향해 씩씩거리며 놀이터에 찾아왔고, 하워드와 직원들은 아이들을 안전하게 지키고자 무관용 방침을 따랐다.

"신임 교장으로 갔을 때 학교에는 재학생이 적었고, 직원들도 제법 어렸죠. 그렇지만 학생들은 우리를 믿어주었어요. 교장으로 있는 동안 학교는 재학생이 넘쳐나게 되었죠. 그곳에서 가장 기억에 남는 순간 하나는 바로 훌륭한 교감 선생님이 시상식 행사에 유명인을 초대하고 싶다고 했을 때였어요. 학생들에게 힘을 불어넣어주는 데 아주 탁월한 방법이었죠. 어느 해엔가는 당시 아스널에서 뛰고 있었던 프리미어 리그 축구 선수인 이안 라이트를 초대했어요. 놀랍게도 이안이 초대를 받아들였죠.

---

* 유대교에서 성년의례(남자는 13세, 여자는 12세)를 치른 사람을 가리키는 말.

시상식을 하기 전, 이안이 교장실로 찾아와 점심을 함께했어요. 아이들은 이 소식을 듣고는 이안이 보고 싶다며 교장실 바깥 창문으로 배수관을 타고 올라왔죠. 행사장에서 이안은 아이들 모두에게 환상적으로 대해주었고, 잔뜩 고무된 아이들로 가득한 학교를 뒤로하고 떠났어요. 아이들은 그날을 결코 잊지 못할 거예요."

레이턴스톤에서 8년 넘게 일한 뒤 하워드가 두 번째이자 마지막으로 교장 선생님이 된 것은 노스 해로에 있는 피너 고등학교였다. 그는 13년 넘게 그곳에 머물렀다. 런던 북서부에 있는 부유한 교외 지역이었다. 하워드가 교장을 맡는 동안 학교는 높은 성과를 거두었다. 무척이나 성공적이었고, 당당히 선보일 수 있을 만큼 포용적인 곳이 되었다. 하워드에게는 항상 중요했던 요소였다.

"남자아이 세 명이 있었는데요, 자폐 스펙트럼과 ADHD를 비롯해 여러 가지 도움이 필요한 아이들이었어요. 그 아이들은 쉬는 시간이나 점심시간이면 항상 내게 와서 얘기를 나누었어요. 아이들이 학교생활을 해나가는 모습을 보면 정말 놀라웠죠. 학교 활동과 행사에 참여했고, 다른 학생과 직원도 그 아이들에게 정말 잘해주었어요. 지역에 있는 대학에서 과정을 밟게 되었고요. 아이들을 떠나보내기가 힘들었고, 아이들을 지킬 수 있는 자원이 있기를 바랐어요."

하워드가 이 학교에 부임했을 때, 해로 지역의 그 어떤 고등학교에도 식스폼(sixth form)[*] 과정이 없었다. 이는 지역 당국이 다루기 꺼리는 사안이었다. 자치구 안의 부모들이 캠페인을 벌였고, 하워드는 해결책을 찾지 못하다가 지역의 다른 다섯 고등학교 교장 선생님과 함께 폴란드로 영국 문화원 연수를 가게 되었다. 바르샤바에서 크라코브까지 기차를 타고 가는 길에 이 문제를 의논하면서 행동 계획을 세웠다.

"우리는 기차에서 악수를 나눴어요. 우리 경력 중에서 가장 큰 위험을 품고 있다고도 할 수 있는 일을 추진하기 시작했죠. 학교의 재정적 안정성을, 또한 우리의 일자리와 평판을 위협할 수도 있는 일이었어요. 그 뒤로 2년 동안, 그러니까 2003년부터 2005년까지 우리는 계획을 세우고, 서신을 보내고, 회의를 마련하고, 부모와 운영위원의 지지를 얻었어요. 2006년 지역 당국의 소망과는 반대로, 각 학교에 식스폼 과정이 생겼죠. 처음에는 모두 합해서 학생 444명을 모집할 수 있었어요. 그 가운데 117명이 우리 학교 식스폼 과정으로 들어왔죠. 우리는 돈이 없었고, 자금 지원도 거부당한 상태였어요. 이러다가는 재앙이 일어날 것 같았어요. 길고 고된 이야기지만 짧게 이야기하자면, 명석한 교장 선생님이 있는 한 지역 대학교와 힘을 합해서, 그 대학교를

---

[*]   영국에서 대학 입학 시험을 치르는 중등학교 6학년 과정.

통해 자금을 지원받을 수 있도록 만들었어요. 결국은 모두 우리 편이 되었죠. 의회까지도요. 가장 인상 깊었던 순간은, 그 학생들 117명이 12학년 첫 수업을 들으러 우리 학교로 걸어 들어올 때였어요. 지금은 해로 지역 고등학교의 식스폼 과정에 있는 학생이 2500명은 족히 넘죠."

나는 하워드와 동료들의 인내심, 헌신, 비전에 박수를 보내고 싶다. 이들은 무엇이 필요한지를 보았고, 그 필요를 충족하고자 위험을 무릅썼다. 하워드는 자신들이 성공한 것은 오로지 참여한 모든 학교가 공동으로 노력했고, 모두가 신뢰를 공유하고 있었기 때문이라고 망설임 없이 강조한다. 이는 경쟁이 아니라 협동이었다. 모든 공동체가 지역 학교 네트워크에서 볼 수 있어야 하는 모습이다.

"황송하게도 내가 은퇴를 하고 나니 학교에서는 새로운 식스폼 과정 학군을 '하워드 프리드 식스폼 센터'라고 불러야 한다고 고집을 피웠어요. 정말 이루 말할 수 없는 기분이었죠. 가장 후회스러운 건, 우리 부모는 이미 세상을 떠서 그 모습을 보실 수 없었다는 거예요. 두 분은 개최식에 분명 자랑스러워하며 참석하셨을 텐데 말이죠. 아내와 딸들도 참석했는데요, 정말 기뻤어요."

아버지이기도 한 하워드는 부모가 품는 죄책감에 공감한다. 그는 이런 죄책감을 부정적인 에너지로 만들기보다는 이를 받아들이고 함께 살아가는 법을 배워야 한다고 말한다. 양육은 불완전하게 마련이고, 우리는 모두 불완전하다. 우리는 아이들에게 무조건 사랑을 주어야 하지만, 경계를 지워버리면서 혼란스럽게 해서는 안 된다. 시스템은 보살핌의 일부이지, 처벌이 아니기 때문이다.

하워드는 모든 부모가 아이의 교육에 진심으로 관심을 품기를 바란다. 그렇지만 부모 생각으로 해야 할 것을 얘기하지 말고, 아이들이 하고 싶은 것을 얘기하도록 두기를 바란다. 아이들이 직접 실수를 해보게 두고, 그다음 실수에서 회복하는 일을 돕는 것이다.

"여러분의 성장 배경과 경험을 아이들에게 강요하지 마세요. 아이들은 여러분과 다르고, 아이들은 자신의 삶의 길을 찾아야 해요. 부모 역할은 그저 아이들이 성장해서 가능한 한 행복하고 만족스러운 삶을 살도록 해주는 게 전부라고 생각해요. 그렇지만 그 삶은 여러분의 삶과는 아주 다르겠죠. 여러분은 그걸 평가하는 게 아니라 받아들여야 해요."

하워드는 청소년만이 아니라 자신의 동료도 이끄는 빛이다. 그는 동료 교사가 자신감과 겸손함이 조화를 이루는 전통적인 선생님이 되어야 한다고 생각한다. 그가 교장으로 지낼 때 핵심적인 요소로 여겼던 하나는 바로 직원의 직업적인 성장이었다. 그는 함께 일했던 30명가량의 교장 선생님을 이루 말할 수 없이 자랑스럽게 생각한다. 자신이 운영한 두 학교의 선배 교장 선생님이라는 입장으로서도, 또는 자신이 이끌었던 코칭과 멘토링 프로그램을 통해서도 그렇다. 하워드가 말을 할 때면 우리는 귀를 기울인다.

좋은 기회를 놓치는
기쁨을 주세요

#어학

#직업교육

#멘토

바바라 지엘론카

39세, 난네스타드, 노르웨이

사회적으로 감정을 배우는 데에서 모든 것이 시작해요. 매년 처음 몇 주 동안은 학생들과 건강한 유대 관계를 쌓는 데만 초점을 맞춰야 해요. 점수보다 삶의 기술이 훨씬 더 중요하죠.

바바라는 폴란드에서 나고 자랐다. 부모 모두 교사였던 그는 부모가 교육에 헌신하는 모습을 보고 감명을 받아 어릴 때부터 선생님의 길에 들어서고 싶다고 생각했다. 박사 학위를 받고 졸업한 뒤 폴란드에서 교사 생활을 할 것이라 생각했지만, 노르웨이에서 방문한 한 선생님과의 우연한 만남이 삶의 흐름을 바꾸어놓았다. 해외에서 돈을 벌 수 있는 데다, 그가 열정적으로 좋아하는 여행을 비롯해 흥미로운 기회가 생겨날 터였다. 스물다섯 살 나이에 그는 폴란드를 떠났다.

지난 14년 동안 바바라는 노르웨이 북부에 있는 난네스타드의 고등학교에서 영어를 가르쳤다. 그에게는 정말로 고향처럼 느껴지는 곳이다. 미디어와 커뮤니케이션, 영업과 서비스, 스포츠, 보건, 접객 분야를 아우르는 지식 교육과 직업 교육을 학생 900명에게 제공하는 학교였다. 학생들 가운데 일부는 학업을 더 이어나가고, 또 다른 일부는 곧바로 업계에 뛰어든다. 이 지역에서 가장 큰 회사 가운데 한 곳은 오슬로 국제공항이다. 학교는 오슬로 국제공항과 다른 지역 사업체와 협력하며 학생들을 위한 미래의 진로를 구축하고 있다. 바바라의 역할 가운데 일부는 업계에서 요구하는 실용적인 영어를 가르쳐서 학생들이 일터에 나갈 준비를 갖추게 하는 것이다.

바바라가 처음 교사를 시작했을 무렵, 그는 노르웨이 학교에 다양성이 없는 것을 보고 깜짝 놀랐다. 다른 지역에서 온 아이는 10퍼센트를 넘지 않았고, 그마저도 주로 시리아, 아프가니스탄, 스웨덴 출신이었다. 지금 바바라의 학생 60퍼센트는 노르웨이 국적이고, 나머지는 다른 여러 나라와 다양한 배경에서 자란 아이다. 바바라는 학생들과 최대한 빨리 관계를 구축해서 그들이 어떤 사람이고, 어떤 장점이 있고, 어떤 도움이 필요한지를 파악하는 일이 무척 중요하다고 생각한다. 매년 학년이 시작할 때마다 바바라는 학생 한 사람 한 사람과 이야기를 나누는데, 때로는 예상치 못한 얘기를 들을 때도 있다.

"마테우스라는 학생과 면담을 했어요. 열다섯 살이었는데, 심각한 난독증을 앓고 있었고 예전에 영어 수업에서 안 좋은 경험을 해서 불안해하고 있었죠. 그 아이는 영어를 정말 싫어했고,

수업에 참여할 기분이 안 든다고 말했어요. 그렇지만 그보다 깜짝 놀랐던 건, 마테우스가 내게 소중한 시간을 자신에게 쓰지 말고, 그럴 만한 다른 학생에게 써야 한다고 얘기했을 때였어요. 마테우스는 자기가 그만한 가치가 없다고 생각했던 거예요."

바바라는 앞서 마테우스를 가르쳤던 선생님들에게 그가 능력이 떨어진다는 경고를 들었지만 신경 쓰지 않았다. 그는 한 학생을 두고 어떤 말이 오가는지, 또 어떤 꼬리표가 붙는지 관심을 두지 않는다고 말한다. 스스로 결론을 내리는 것이 그의 몫이기 때문이다. 이 경우에는 마테우스에게 시급히 도움이 필요하다는 사실을 바바라는 간파했다. 해답은 바로 디지털 기술을 이용하는 것이었다. 그는 전통적인 교육 방식에 어려움을 겪는 학생들에게 디지털 기술을 강력하게 추천한다. 바바라는 우선 마테우스가 자신의 학습 장애를 잊도록 설계한 전략을 실행했다. 그리고 패턴을 읽어내며 활자를 음성으로 바꿔주는 소프트웨어인 음성 인식 프로그램을 소개해주었다.

"마테우스가 학교에 다니는 내내 '난독증'이라는 글자를 이마에 달고 다닌 것만 같았어요. 그래서 거기서 자유로워졌으면 했죠. 가르치는 내용에 마음을 열 수 있도록 말이에요. 마테우스는 2점을 받다가 5점을 받게 되었어요. 1점이 가장 낮은 점수고, 6점이 가장 높은 점수죠. 마테우스가 모든 희망과 믿음을 잃었다가 자신감을 품고 피어나는 모습을 보았어요. 그건 가장 큰 성취

좋은 기회를 놓치는 기쁨을 주세요

였고, 그 모든 것은 마테우스 자신의 헌신 덕분이죠. 그 아이를 절대로 잊지 못할 거예요."

자신의 도움을 받은 학생들에게 유익한 일이 생길 때면 승리감이 든다. 그렇지만 바바라나 나나 우리 둘 모두는 스스로 포기한 사람과 함께 노력하면서 얻는 힘을 잘 알고 있다. 마테우스는 지금 대학교에서 전자공학을 배우고 있다.

바바라는 학생의 입장이 되어보고, 학생에게 필요한 것을 이해하는 강력한 능력을 지니고 있다. 그는 크나큰 공감 능력으로 열심히 노력해서 관심을 보이고 먼저 다가가면, 각자의 능력이나 배경과 상관없이 누구나 성취를 이룰 수 있다고 생각한다. 이런 신념은 그의 경력 초기에 톡톡히 시험을 치렀다.

"고등학교에서 일을 시작한 지 2년째 되던 해였는데요, 이스마엘이라는 어린 남자아이가 반에 들어왔어요. 제가 처음으로 가르치게 된, 노르웨이 사람이 아닌 학생이었죠. 소말리아에서 온 고아였고, 입양된 아이였어요. 당시 아프리카 국가에서 온 아이들에 관해 별로 아는 것이 없었죠."

이스마엘의 이야기는 비극적이었다. 이스마엘은 부모가 총에 맞는 모습을 목격했고, 그 뒤로 소말리아에서 소년병이 되었으며, 자기 몸보다 큰 무거운 총을 들고 싸움에 나섰다. 이스마엘은 아주 한정적인 영어를 쓰고 노르웨이어는 전혀 할 수 없는 채로 노르웨이에 도착했다. 그러니 이런 상태가 이스마엘이 이미 마주하고 있던 복잡한 어려움에 부담을 더 얹었을 것이다.

"이스마엘은 완전히 트라우마에 시달렸어요. 수업 시간에는 아무 말이 없었고, 또래 아이들과 시간을 보내지도 않았고, 그 어떤 관심도 바라지 않았죠. 나무 막대기에 학생들 이름을 적어 두었는데요, 질문에 대답할 아이를 찾아야 할 때면 나무 막대를 하나 뽑았어요. 한번은 이스마엘의 이름을 뽑았는데, 이름을 두 번 불러야 했어요. 이스마엘은 제 눈길을 외면했죠. 마치 몸은 교실에 있지만 실제로는 그곳에 없는 사람처럼요."

이스마엘은 끔찍한 삶에서는 구출되었지만 전혀 알지 못하는 세상에 내던져졌다. 이스마엘에게는 그저 초현실적인 기분이었을 것이다. 바바라는 절박한 심정으로 이스마엘과 교류하기 위해 노력했지만 방법을 찾지 못했다.

"이스마엘이 어떤 생각을 하고 무얼 느끼는지 상상조차 할 수 없었어요. 참고할 만한 내용이나 도움이 될 만한 지식도 없었죠. 그래서 우리 복지 시스템이라면 이스마엘을 어떻게 도울지 알고 있을 거라 믿어봤어요. 그렇지만 복지 시스템도 모르기는 마찬가지였어요. 지금은 우리 모두 훈련을 받아서 활용할 만한 전략과 기술이 있지만, 그때는 없었죠."

이 일이 얼마나 바바라를 끈질기게 따라다닐지 알고도 남는다. 그리고 이스마엘에게는 또 얼마나 참담했을까. 이스마엘은 어린 시절의 고통에서 벗어날 수 없었고, 나중에는 마약으로 손을 뻗었다.

　이런 상황은 우리 마음속에 계속 남는다. 우리가 실패했다는 생각에 계속 머물러 있기도 쉽다. 선생님으로서의 능력에 의심이 들 때면, 바바라는 예전 학생들이 보내준 메시지를 읽으며 왜 이 일을 하고 있는지를 떠올린다. 레아는 이런 학생 가운데 한 사람이었다. 레아는 중학교에서 고등학교로 월반을 해서 바바라의 반으로 온 아이였다. 다른 학생보다 나이가 어렸지만, 열심히 노력하는 일과 동기부여, 그리고 인내심의 가치를 잘 아는 아이였다.

　"처음에 레아는 자기가 6등급*을 받을 수 있을 거라 생각하지 않았어요. 그렇지만 레아는 책임감 있게 학업을 발전해나갔는데, 이제껏 가르친 최고의 학생 가운데 하나로 꼽을 정도가 되었어요. 이 이야기의 정점은 레아가 영어 선생님이 되었다는 사실이에요. 우리는 지금도 정기적으로 연락하며 교육 아이디어와 자료를 주고받고 있어요."

　바바라는 레아 얘기를 할 때 얼굴이 환해진다. 레아는 바바라가 지지하고 신뢰하는 관계를 쌓아온 수많은 학생 가운데 한 사례일 뿐이다. 레아가 이 멘토에게 영감을 받아 선생님이 되는 길

---

*　노르웨이 성적 제도에 따르면, 전체 1~6등급 가운데 6등급이 가장 높은 수준이다.

을 택했다고 해도 나는 놀라지 않을 것 같다.

"사회적으로 감정을 배우는 데에서 모든 것이 시작하죠. 매년 처음 몇 주 동안은 학생들과 건강한 유대 관계를 쌓는 데만 초점을 맞춰야 해요. 점수보다 삶의 기술이 훨씬 더 중요하죠. 저는 성과를 측정하는 걸 별로 좋아하지 않아요. 부모도 성과 때문에 애면글면해서는 안 돼요. 아이가 창조성, 존엄성, 자율성을 기를 수 있도록 도와주어야 해요. 6등급을 받을 때마다 용돈을 주면 안 돼요. 노르웨이에서 가끔 일어나는 일이거든요. 성공에 보상하기는 하지만, 개인적인 성장은 과연 어디에 있죠? 리셋이 필요해요."

나는 평가를 바라보는 바바라의 관점, 교육이란 단지 수학이나 영어만 다루는 것이 아니라 기본적인 기술을 아울러야 한다는 생각에 동의한다. 지금은 그 어느 때보다도 청소년들이 서로 소통하지 못하고 있다. 얼굴을 보는 일보다는 화면을 보는 데 더 익숙하다. 바바라는 줄곧 교실에서 디지털 기술을 권해왔지만, 일반적으로는 디지털 기술을 어떻게 생각하는지가 궁금하다.

"디지털 기술을 정말 좋아해요. 만약 10년 전에 똑같은 질문을 받았다면 이렇게 답했을 거예요. 학교에서 디지털 기술을 써야 하고, 그러면 종이, 책, 프린트 자료를 잊어버리고 지낼 수 있을 거라고 말이죠. 그렇지만 최근 5년 동안에 생각이 완전히 바뀌었어요. 공동체의 동의를 바탕으로 휴대폰을 쓰지 않는 구역을 만드는 걸 응원해요. 그리고 교육용 앱을 쓸 때도 아주 까다롭게 따지게 되었죠."

이는 바바라의 교육법에 일어난 근본적인 변화다. 한때 바바라는 동료 교사들이 디지털 기술을 받아들이도록 장려했지만, 이제는 아이들에게 제한을 두지 않으면 얼마나 큰 피해를 끼칠 수 있는지를 잘 알게 되었다. 바바라가 학생들과 나누는 메시지 하나는 바로 소셜 미디어의 횡포와 포모(FOMO, fear of missing out) 증후군, 즉 '좋은 기회를 놓칠까 봐 두려워하는' 증후군이다. 그는 대신 조모(JOMO, joy of missing out), 즉 '좋은 기회를 놓치는 기쁨'을 포용할 때 생기는 힘과 안도감을 얘기한다!

"어른인 우리 교사와 부모가 앞장서서 실천해야 해요. 놀이터에 가면 눈앞에 있는 아이보다 휴대폰을 들여다보고 있는 부모를 정말 많이 봐요. 비단 노르웨이만이 아니라 어디서나 벌어지고 있는 일이죠. 아이들은 멋진 존재고, 우리는 아이들과 이야기를 나누면서 아이가 진정 어떤 사람인지를 발견해야 해요. 아이들과 의사소통을 잘한다면 아이들은 다른 사람과 제대로 소통하는 법을 익히면서 성장할 거예요. 소셜 미디어로만 소통하는 것 말고요."

바바라는 이를 간과해서는 안 된다는 중요한 메시지를 어른인 우리에게 전한다. 우리가 본보기를 보이며 앞장서야 한다. 화면에서 멀어져 쉬는 일을 우리 모두 더 많이 행동으로 옮겨야 한

다. 그러면 우리 주변에 있는 아이들도 똑같이 행동할 것이고,
의미 있는 대화를 나눌 기회가 더 많이 생겨난다.

좋은 기회를 놓치는 기쁨을 주세요

우리가 표현해야 하는 건
바로 존경이죠

〜

#경제

#창업

아르만도 페르시코

55세, 베르가모, 이탈리아

우리는 모두 서로를 존경해야 해요. 그냥 존중하는 것 말고요. 그 말은 충분치 않다는 느낌이거든요. 이탈리아에서 존경한다는 것은 존중을 넘어서는 수준이에요. 우리 모두 표현해야 하는 건 바로 그런 존경이에요. 부모는 아이들을 존경하는 모습을 보여주어야 한다고 생각해요. 그렇게 하면 결국은 존경하는 법을 아이들에게도 가르쳐주게 될 테니까요.

아르만도는 이탈리아 롬바르디아 지역에 있는 베르가모 언덕에 산다. 그는 자연에 스며드는 것을 좋아하며, 코로나 팬데믹 기간 동안 고달픈 두어 해를 보낸 뒤 이제는 그 어느 때보다도 삶을 포용한다. 그의 마을은 코로나 바이러스가 처음 발생한 한복판에 있었으며, 끊임없는 응급차 사이렌 소리 때문에 새의 노랫소리가 묻힐 지경이었다고 한다. 처음으로 할아버지가 될 신나는 마음으로 채비를 하는 아르만도와 그의 가족에게는 기쁨이 다시 찾아오고 있다. 그리고 교사로서 쌓아온 훌륭한 경력에서 한 발짝 물러서고 있다.

아르만도는 대학에서 경제학을 전공한 뒤 10년 동안 공인회계사로 일하다가, 우연히 지역 사립학교에서 온 전화 한 통을 받왔다. 14~19세의 아이들에게 회계 수업을 해줄 선생님을 찾고 있는데, 혹시 관심이 있느냐고 했다. 경력을 전환할 수 있는 반가운 일이라는 생각이 들었다. 자신이 해야 할 일은 바로 이것이라는 사실을 깨닫고 나서 얼마 지나지 않아 이 일은 열정을 쏟는 천직이 되었다.

"사람들을 직접 마주하게 되었는데요, 정말 놀라웠어요. 학생들과 시간을 보내면서 아이들이 공부하는 이유는 책이 아니라 삶에서 나온다는 사실을 깨달았죠. 그래서 교육 방식을 바꿨고, 수습 사업가 프로그램을 만들었어요. 책을 펼쳐보기 전에 경험으로 배움을 시작해야 한다고 생각해요. 실질적인 면에 초점을 맞추고 시작하면 학생들에게 과목이 더욱 생생하게 다가오고, 그러면 책에 있는 내용에도 더 잘 반응하게 되죠."

내가 이야기를 나누었던 모든 특별한 선생님과 마찬가지로, 아르만도는 교육의 한가운데에 학생들을 놓고 학생들이 필요한 것에 화답했다. 아르만도의 학교도 이런 식으로 운영이 되어서, 학생들의 성적보다는 안녕에 더욱 초점을 맞추었다. 이는 지금도 여전히 이례적인 접근 방식에 해당한다. 아르만도는 교사가 가르치는 이유를 서로 이야기한다면 자신들의 역할이 얼마나 중요한지를 이해할 것이라 생각한다.

"사람이 아니라 제품을 내보내는 조립라인으로 빠지면 위험해요. 그럴 것이 아니라 학생 하나하나를 바라보면서 다양한 요구를 살펴봐야 해요. 그러면 아이들 개인이 어디서부터 시작할지를 파악하고, 자라날 수 있게 도울 수 있으니까요. 이런 사치를 부릴 수 있게 해주는 사립 시스템에서 일할 수 있어서 행운이지만, 다른 모든 학교도 이런 방식을 기본으로 해야겠죠.”

아르만도의 학생 가운데 20퍼센트는 사업가가 되었는데, 이는 평균인 3퍼센트보다 현저히 높은 수준이다. 그 가운데 200명이 넘는 학생들은 최소한 2000개의 일자리를 창출했으며, 공동체에 귀중한 기회를 만들어준다.

“최고의 결과예요. 그 학생들의 선생님으로서 개인적으로도 큰 성취를 한 기분이 들어요. 학생들과 함께하면서 자기 사업을 일구는 법을 가르쳐줄 때, 위험을 감수할 생각이라면 그와 함께 딸려오는 책임도 져야 한다고 얘기하죠.”

역동적이고 용감한 방식이자 특별한 성취다. 아르만도는 학생들이 스스로 만들어내는 경력으로 발걸음을 내디디고, 운을 시험해보고, 또 보답하도록 힘을 실어주었다. 그가 이를 실현한 한 가지 방식은 바로 학생들을 소규모 협동 집단에 집어넣는 것이었다. 친구들과 협동하며 배우는 것은 강력한 수단이며, 학생들에게 서로 소통하는 법과 자신의 목소리를 지키는 법 모두를 가르쳐준다. 학생들이 미래에 어떤 길을 걸어가든 도움이 되는 삶의 기술이다.

“집단 속에서는 무엇보다도 서로를 신뢰해야 해요. 그게 핵심

'계속 놀라세요.' 로베르토가 자신이 할 수 있다는

사실을 깨달았을 때 그 눈 속에서 불꽃이 튀는 것을

보았어요. 이런 즐거운 일 덕분에 이 자리에 있는지

모르죠. 학생들이 스스로 놀라는 모습을 보는 것이요.

우리가 아이일 때는 이런 능력이 있지만, 자라나면서

그 능력을 잃기 시작하고, 어른이 되면 거의 찾을 수가

없어요. 우리 모두 깜짝 놀라기 운동을 벌여야 해요.

이죠. 그리고 배우는 활동을 존중하며 배움에 대한 호기심을 품어야 하죠. 패배주의적으로 굴거나, 따분해하거나, 무시하는 태도는 안 돼요. 저는 소규모 집단 구조에서 긍정적인 행동을 보고는 해요."

아르만도는 선생님으로서 한 걸음 물러서되 곁을 지키면서 집단들에게 힘을 준다. 실현하기가 어려운 균형이지만, 아르만도는 학생들이 한계 없이 스스로 한껏 표현할 수 있기를 바란다.

"학생들에게 이렇게 얘기하죠. 내가 많은 것을 알고 있고 도움을 주고자 이 자리에 있지만, 여러분 한 사람 한 사람이 자기 삶의 주인공이 되어야 한다고 말이에요. 학생이 문제를 해결하는 것을 도울 수는 있지만, 학생을 대신해서 해결해주지는 않을 거예요. 가르치는 방식을 바꿔보니, 자기 자신의 모습에 더욱 책임을 지는 학생이 얼마나 자신감이 커지는지를 볼 수가 있었어요."

이는 부모도 참고할 만한 좋은 내용이다. 우리는 아이들이 스스로 문제를 해결할 수 있는 도구를 내어주기보다는 직접 뛰어들어서 아이들의 문제를 해결해주는 데 익숙하다. 자신이 맞닥뜨리는 그 어떤 문제도 다룰 능력을 갖추지 못한 채로 어른이 되도록 키우는 일은 위험하다. 아르만도의 교육법 덕분에 도움을 받은 학생 가운데 열여섯 살 로베르토가 있다. 로베르토는 극복해야 할 또 다른 문제도 있었다. 심신을 쇠약하게 만드는, 말을 더듬는 증상이다. 아르만도가 로베르토를 처음 만났을 때, 한 문장을 다 얘기하는 데 몇 분이 걸렸다.

"사람들 앞에서 이야기하는 일이 로베르토에게는 아주 어려웠을 거라고 상상할 수 있을 거예요. 로베르토는 정말로 능력이 뛰어났지만, 말을 더듬는 증상 때문에 자신감이 하나도 없었어요. 우리는 로베르토가 있는 집단과 함께 작은 회사를 시작했고, 로베르토가 그 안에서 맡은 역할을 다루는 것을 지켜봤죠."

아르만도는 로베르토의 부모를 만났다. 로베르토의 부모는 로베르토가 평생 말을 더듬을 것이라 내다보았으나, 아르만도에게는 그 나름의 생각이 있었다. 아르만도는 한 달에 한 번씩 로베르토와 함께 자기를 만나러 와서, 로베르토가 문제를 다루는 데 어떤 단계에 와 있는지, 또 아들이 어느 정도 발전하고 있는지를 얘기해달라고 부탁했다. 부모가 함께 관여하는 것은 로베르토가 삶의 모든 측면에서 지지를 받는 데 핵심적이었다. 아르만도는 학생 집단 안에서도 로베르토에게 책임을 더 많이 부여하기로 했고, 그 뒤로 몇 주 동안 로베르토는 자신감이 커졌다.

"불과 몇 달 뒤 로베르토가 자기 자신을 바라보는 시각이 달라지고 있다는 게 느껴졌어요. 회사를 만들려고 일을 하면서, 자신이 만들어내는 것이 자기 것이라는 사실을 깨달은 거죠. 어떤 일을 하고 무얼 생각해야 하는지는 제가 얘기해주지 않았어요. 해결책은 로베르토와 팀의 몫이었으니, 문제도 마찬가지였죠.

로베르토는 무언가에 주인 의식을 가지고 마음속 깊이 자랑스럽게 여겼어요."

한 학기가 끝날 무렵, 로베르토의 팀은 엘리베이터 피칭[*]을 해야 했다. 로베르토는 아르만도를 찾아가, 청중 앞에 서서 말할 준비가 되었다고 말했다.

"로베르토가 해냈어요! 발표에 탄력을 받았죠. 자기가 열정을 품고 있는 것을 이야기로, 빠르고 자신 있게 말했어요. 단 한 번도 말을 더듬지 않고요. 그건 로베르토가 자신을 믿었던 덕분이라고 생각해요."

이제 로베르토는 직원 30명의 보험 회사를 소유하고 있다. 그리고 아르만도는 두말할 필요 없이 로베르토를 무척이나 자랑스러워한다. 로베르토 역시 선생님을 똑같이 생각한다. 둘은 지금도 여전히 연락을 주고받으며 지낸다. 학생과 선생님 사이의 관계가 로베르토에게 꽃을 피울 수 있는 최고의 환경을 만들어주고, 로베르토의 부모도 그 여정에 함께 데려갔던 모습이 환한 빛을 발한다. 아르만도는 학생들에게 항상 이런 환경을 제공할 수는 없었다고 재빨리 짚어낸다.

"아이들을 가르치기 시작하던 초기에는 실수를 저질렀죠. 성공보다는 실패에서 더 많은 것을 배웠어요. 지금도 여전히 그때

---

[*]   짧은 시간에 자신을 소개하거나, 제품이나 서비스를 판매하는 기술.

의 실패를 떠올리고요. 시모나라는 한 학생처럼요."

시모나는 오랫동안 학교에서 어려움을 겪었다. 시험이 다가올 무렵, 아르만도는 시모나가 전혀 준비되어 있지 않고 자기가 지금 무엇을 하는지도 감을 잡고 있지 못하다는 사실을 알 수 있었다. 아르만도는 시모나가 계속 나아가는 것이 불가능하다고 생각해 시험을 치르지 못하게 막았다.

"그때는 그것이 시모나에게 가장 좋은 선택이라고 생각했어요. 그런데 그렇지 않았죠. 잘못된 선택이었어요. 물론 지금도 시모나가 여전히 시험을 통과하지 못했으리라고 생각하지만, 중요한 건 그게 아니에요. 동료 선생님과 같이 결정을 내렸어야 했어요. 다른 사람의 눈을 통해서 시모나를 살펴봤다면, 제가 발견하지 못했던 것을 찾아냈을지도 몰라요."

시모나는 학교를 중퇴했지만, 25년이 지나 스스로 가족을 꾸리며 행복하게 정착했다. 그렇지만 이 기억은 아르만도의 마음에 여전히 묵직하게 자리 잡고 있다. 시모나에게 기회를 놓치게 한 것은 아닌지, 그는 앞으로도 계속 생각하게 될 것이다. 긍정적인 관점으로 본다면 그 상황은 아르만도에게 필요했던 촉매가 되어, 그가 오늘날의 선생님이 되도록 만들었다.

"그 일은 제가 학생들을 믿고, 또 학교와 부모와 학생이 이루는 삼각형을 존중하도록 만들었어요. 우리는 모두 서로를 존경해야 해요. 그냥 존중하는 것 말고요. 그 말은 충분치 않다는 느낌이거든요. 이탈리아에서 존경한다는 것은 존중을 넘어서는 수준이에요. 우리 모두 표현해야 하는 건 바로 그런 존경이에요. 부모는 아이들을 존경하는 모습을 보여주어야 한다고 생각해요. 그렇게 하면 결국은 존경하는 법을 아이들에게도 가르쳐주게 될 테니까요."

청소년들과 일하는 것은 정말 보람찬 일이지만, 힘든 시기를 만들어내고 또 교사로서 자신을 바꾸는 인물이나 이야기는 어김없이 있다. 아르만도는 경력을 끝마쳐가는 시기에 은퇴를 눈앞에 두고 있다. 그래서 그가 세상과 나누고 싶은 한 가지 메시지가 있을지 무척 알고 싶었다.

"'계속 놀라세요.' 로베르토가 자신이 할 수 있다는 사실을 깨달았을 때 그 눈 속에서 불꽃이 튀는 것을 보았어요. 이런 즐거운 일 덕분에 이 자리에 있는지 모르죠. 학생들이 스스로 놀라는 모습을 보는 것이요. 우리가 아이일 때는 이런 능력이 있지만, 자라나면서 그 능력을 잃기 시작하고, 어른이 되면 거의 찾을 수가 없어요. 우리 모두 깜짝 놀라기 운동을 벌여야 해요."

삶을 바라보는 정말 멋진 관점이다.

아이들과 목표 사이에
다리를 놓는 것

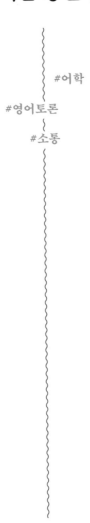

#어학

#영어토론

#소통

미오 호리오

37세, 시가현, 일본

지식도 중요하지만 나아가 그 지식이 현실 세계와
연결되어 있다는 사실을 학생들이 이해했으면
좋겠어요. 그러면 배움의 진짜 즐거움을 깨닫게
될 거예요.

307

미오는 일본 시가현의 농촌 지역에서 나고 자랐다. 영문학과 음성 커뮤니케이션 분야에서 학위 과정을 밟던 중에 미오는 스리랑카를 찾았다. 그곳에서 그는 개발도상국이 마주한 어려움을 보고 이해할 수 있었으며, 발전하는 데에는 교육이 핵심이라는 사실을 깨달았다. 또 베트남에서 열리는 국제 캠프에서 자원봉사하며 고아원 아이들에게 영어를 가르쳤다. 미오가 처음부터 선생님이 되려던 것은 아니었지만, 바로 그 순간부터 미오의 운명이 앞으로 어떻게 펼쳐질지 뚜렷해졌다.

"베트남 아이들은 부모님이 없었지만 모두 한 가족처럼 지냈고, 그래서 행복해했어요. 그래도 그 아이들에게 교육이 아주 중요하다는 것을 알고 있었죠. 그 아이들이 현실적으로 지닌 유일한 기회는 좋은 직업과 월급으로 독립적인 삶을 꾸려가는 일이라는 것도요. 그때 내가 무얼 하고 싶은지 깨달았어요."

13년 전 미오는 영어 선생님이 되어 시가현으로 돌아갔다. 당시 영어는 인기 없는 과목이었다.

"우리가 있는 곳은 오래전 지도자의 무덤이라고 하는 산이 둘러싸고 있었어요. 그런 마을에서 영어를 가르치는 것은 힘든 일이라 할 수 있겠죠. 처음 교사 일을 시작했을 때, 학생 대부분은 언어에 관심이 없었어요. 낯선 언어를 쓰는 모습이 상상이 가지 않았으니까요. 영어를 좋아하지 않거나 단지 대학에 들어가는 데 필요해서 영어를 배우는 아이들을 가르치기 위해서 싸워야 했어요. 그렇지만 국제 관계와 언어에 관심이 있는 학생도 찾아냈죠. 그 아이들의 호기심을 소중히 다루고 싶었어요."

10년쯤 전 미오의 영어 수업을 들은 나나는 일본에서 열리는 전국 현 대항 영어 토론 토너먼트에 참가하고 싶다고 말했다. 나나는 다른 과목보다 영어를 더 좋아했지만, 대회에 필요한 수준에는 전혀 미치지 못했다. 미오는 대회에 참가하고 싶다면 동료 학생을 더 데리고 와야 한다고 얘기했지만, 나나가 그렇게까지 진지하게 임할 줄은 미처 예상치 못했다.

"이튿날 나나가 토론 팀에 합류하고 싶다는 학생 세 명을 더 데리고 왔어요. 잠시 멍해졌죠. 그 학생들은 선생님들을 자주 곤란하게 만들던 아이들이었거든요. 학교에 늦거나 수업을 빼먹는 것은 기본이고, 규칙을 지키지 않고 선생님을 무시하곤 했어요. 저도 그렇고 제 동료도 그렇고, 이 아이들이 중간에 포기할 것이라 확신했죠."

흥미가 생긴 미오는 아이들이 관심을 두는 한은 얼마든지 도와주고 싶었다. 그래서 두 학생을 더 데리고 와서 팀을 완성했고, 영어 토론 분야의 전문가인 동료 교사에게 도움을 받았다. 선생님들이 예상했던 대로 학생들은 버거워했다. 그런데도 영어 발음이 좋은 것만은 맞았다. 영화 〈해리 포터〉를 수없이 보면서 습득한 발음이었다. 미오는 가능성이 얼핏 비치는 것을 발견했다. 토너먼트 주제는 일본의 무역 정책이었기에, 먼저 일본어로 자료를 검색해야 했다. 학술적인 연구나 지금 벌어지는 현안을 파악하는 데 익숙하지 않은 학생들에게는 이것만으로도 복잡한 일이었다.

"영어로 토론하는 것은 고사하고, 이 난관을 잘 헤쳐갈 수 있는 학생이 과연 있을지 알 수가 없었어요. 그런데 놀랍게도 학생들은 잘 버텨냈죠. 그러다 다른 학교 아이들과 연습 삼아 토론을 했는데, 그때 아이들이 발전했다는 사실을 알 수 있었어요. 우리 팀은 연습 토론에서 곧바로 졌어요. 상대 팀이 던진 질문에 우리 학생 중 누구 하나 대답하거나, 상대방이 말하는 내용을 이해하지 못했고, 타당한 주장도 전혀 내놓지 못했거든요."

토론이 한 차례 끝날 때마다 학생들은 결국 미오와 동료 교사가 만든 주장과 반론을 되풀이하는 데 그쳤다. 때로는 미오가 토론에 개입해야 했다. 어떤 단어는 너무 어려워서 미오가 얘기해 준 표현과 문장을 뒤따라 말해야만 했다. 진척을 이룬 것 같지가 않았다.

"이때의 경험이 학생들에게 자극이 되었어요. 토론을 벌인 다음 날이 주말이었는데, 학생들은 내게 혹시 학교에 나와서 토론 연습을 시켜줄 수 있는지 물어보았죠. 연습에서 지고 나서 포기할 줄 알았는데, 진정한 투지와 회복력을 보여주었어요. 정말 좋았죠!"

일주일 동안 아이들은 학교를 마친 뒤에도 남아서 대회 준비를 이어갔다. 주말에도 학교에 나와 말하기와 듣기 기술을 연습했다. 토론 대회와 관련 없는 수학여행을 가서도 학생들은 저녁마다 따로 미오에게 질문을 던지며 함께 연습했다. 미오는 피곤했지만 학생들을 실망하게 하고 싶지 않았다.

"수업도 자주 빼먹던 아이들이 수업을 마친 뒤나 주말에도 남아 있다는 사실을 믿을 수가 없었어요. 아이들의 노력이 결실을 보기 시작하면서 자존감과 지적 욕구도 커졌죠. 토너먼트가 열릴 무렵에는 상대방이 얘기하는 내용도 이해할 수 있었고, 선생님들이 도와주지 않아도 반박할 수 있었어요."

연습 경기를 하고 석 달 뒤에 열린, 10팀이 참여한 토너먼트 경기에서, 아이들은 두 경기에서 지고, 한 경기에 비기고, 마침

내 한 경기에 이겼다. 팀이 토너먼트에서 순위권에 들지는 않았지만, 학생 한 명은 최고의 토론자 2등 상을 받았다.

"이름이 불리자 팀 전체가 기뻐서 눈물을 흘렸어요. 내 눈에도 눈물이 가득 찼죠. 가장 자랑스러웠던 것은, 아이들이 차츰 마음가짐을 바꾸고 꾸준하게 자신들의 목표를 달성했다는 사실이에요. 아이들과 함께 보냈던 시간은 내 경력에서 최고의 추억이 되었어요. 청소년과 함께 노력하는 일이 얼마나 큰 보상을 가져다주는지를 가르쳐주었죠."

미오는 학생들과 목표 사이에 다리를 놓는 것이 자신의 소임이라 생각한다. 그는 더 가까이서 소통하고, 자료를 준비하고, 얼마나 도울 것인지를 조심스럽게 조율하면서 역할을 다했다. 너무 많이 도와주면 스스로 아무것도 못 하게 되니, 딱 적당한 만큼만 도움을 주어 아이들이 목표에 닿을 수 있도록 힘을 실은 것이다. 궁극적으로 아이들이 얻은 것은 시험 성적보다도 귀중한 것이었다. 그것은 바로 놀라운 개인적인 성장이었다.

"그리고 나나는 두 가지를 가르쳐주었죠. 첫 번째로, 호기심이 정말로 중요하다는 사실이에요. 나나는 공부하는 것은 싫어했지만 소통하는 것은 즐겼어요. 그리고 나나의 흥미는 정말로 도전적인 일을 해내도록 박차를 가해주었죠. 나나가 보여준 열정 덕분에 그를 믿게 되었어요. 두 번째 교훈이죠. 학생의 잠재력을 믿고, 그 잠재력을 실현할 수 있도록 도와야 한다는 것을요."

아이들과 목표 사이에 다리를 놓는 것

나나는 외국어 대학교에서 영문학을 전공하게 되었고, 지금은 국제적인 항공사에서 일하며 전 세계를 여행하고 있다.

이렇듯 교사가 학생의 곁을 더 가까이 지켜주면서 힘을 실어줄 수 있다는 사실을 미오가 배우기는 했지만, 곧 또 다른 문제를 마주하게 되었다. 8년쯤 전 미오는 예전에 자신이 다녔던 고등학교로 돌아갔다. 그곳 학생들은 훨씬 자율적이었고, 영어도 더 능숙했다. 그렇지만 아이들의 주된 동기는 시험에서 더 좋은 성적을 받는 것이었고, 대학 진학이 공부하는 주된 이유였다. 더군다나 자신감이 없어서 다른 문화적 배경을 지닌 사람과 영어로 소통하는 일을 주저했다.

"아이들이 조금 더 제대로 된 맥락에서 영어를 연습했으면 싶었지만, 그런 기회는 너무 적었어요. 그래서 온라인 회의를 할 때 쓰는 방식을 활용해 학생들을 일본 바깥에 있는 학생들과 연결해주었죠. 그러자 부차적인 효과까지 생겨났어요. 문화와 다양성을 알게 되고, 또 언어를 배우는 것이 어떤 잠재력을 발휘하게 하는지 깨달았죠."

몇 년 전 미오가 가르쳤던 한 학생인 에리카는 영어 발표를 준비하고 있었다. 주제는 무슬림 공동체에 관한 것이었는데, 에리카가 한 번도 겪어보거나 소통해본 적이 없는 대상이었다.

"에리카의 발표는 고정관념과 편견으로 가득했어요. 인터넷으로 조사한 내용이었고, 거기서 얻은 정보에 의문을 품지 않았죠. 저는 무슬림 친구인 마디하에게 연락해서, 혹시 우리 학생들 과 이야기를 할 수 있을지 물었어요. 그래서 에리카와 반 아이들이 마디하를 인터뷰했고, 여성 무슬림의 시각을 나타내는 작업을 만들었죠. 일본 미디어에서는 별로 반영되는 법이 없는 내용이었어요.”

이는 에리카의 지평을 넓혀주었고, 에리카가 이전에 지니고 있던 태도를 긍정적으로 바꿔주었다. 미오는 학생들이 경험을 통해 얻는 가장 큰 교훈 중 하나는 바로 전 세계적인 소통의 중요성과 공통으로 사용할 수 있는 언어를 찾아내는 일이라고 생각한다. 나 역시 열정을 품고 있는 일이다.

“아이들의 모국어는 일본어였고, 마디하의 모국어는 우르두어였어요. 그렇지만 영어로 서로 의사소통을 했죠. 영어 구사 능력이 없었다면 그렇게 쉽게 관계를 맺을 수 없었을 거예요. 물론 영어 토론 같은 활동을 하면서 어학 능력을 계발할 수도 있겠죠. 그렇지만 실제로 사용을 해봐야 언어를 배우는 일이 어떤 잠재력을 지니고 있는지를 완전히 깨닫게 돼요. 영어 선생님으로서 가장 기쁜 일은 바로 학생들이 언어를 구사하는 일의 잠재력을 깨닫고, 고정관념이라는 장벽을 깨는 모습을 보는 것이에요.”

지금 에리카는 선생님이 되기 위해 공부하고 있다.

“교육은 지속 가능하고 또 평등하게 제공되어야 한다고 생각해요. 나나와 에리카를 가르치던 무렵에는 학교 사이의 격차 때문에 좌절하는 일이 잦았어요. 다른 문화나 외국어를 배우는 데 관심 있는 학생은 있었지만, 예산이 부족하다든가 하는 몇 가지 문제 때문에 아이들에게 진정한 경험을 안겨줄 수가 없었죠. 반면에 특별히 선정된 학교는 재정 지원을 넉넉히 받아서 외국 학교와 함께 프로그램을 진행했죠. 불공평한 일이에요."

미오는 학생들과 긴밀하게 관계를 맺으면서 학생들이 미래를 구상할 때 지지하고 도와주는 것이 중요하다고 생각한다. 그는 선생님이 학생을 더 잘 이해해야 하고, 부모가 아이를 깊이 잘 알아야 한다고 생각한다. 그는 성공하겠다는 확고한 동기를 품은 학생을 많이 만나는데, 이는 부모의 기대와 희망, 그리고 스스로의 동기부여에서 나오는 것이다. 이런 태도 덕분에 대학 진학률이 90퍼센트라는 결과가 나오기는 하지만 우려도 생긴다.

"학생이 선생님과 똑같이 오후 6시에 학교를 마치는 일은 일상다반사예요. 그러고는 '학원'에 가서 밤 10시까지 계속 공부하죠. 그러고 나면 드디어 집에 돌아갈 수 있어요. 아이들 건강이 정말로 걱정돼요. 자정이 되어야 잠자리에 들거든요. 그래서 무척 피곤해하고, 낮에 수업 시간에 두통으로 힘들어 하거나 졸고는 해요. 아이들이 시험 점수를 좇기보다는 관심사를 향한 호기심을 따를 수 있도록 도와주었으면 좋겠어요. 나나의 변화 덕분에 선생님들이 지원해주면 아이들의 끈기와 투지를 키워줄 수 있다는 사실을 배웠어요. 지식도 중요하지만 나아가 그 지식이 현실 세계와 연결되어 있다는 사실을 학생들이 이해했으면 좋겠어요. 그러면 배움의 진짜 즐거움을 깨닫게 될 거예요."

미오는 아이가 어떤 것을 배워야 하는지보다 어떤 사람인지를 알아가는 데 부모가 에너지를 쏟기를 바란다.

학교는
안전하다!

#초등

#다문화

#국가교육위원회

데이지 메르턴스

34세, 펜라이, 네덜란드

때로는 답을 아는 것이 힘이 아닐 때가 있어요. 우리
선생님들도 답을 모를 때가 있을 거예요. 그렇지만 질문을
하면 되죠. 아이들에게 이야기하고, 동료에게 물어보고,
온라인을 찾아보고, 책을 읽어보세요.

어린 시절부터 데이지는 집에서 힘든 일이 생기면 학교로 도망을 쳤다. 매일 아침 자전거를 타고 학교로 갈 때 기분이 달라지는 것이 느껴졌다. 한결 안전한 곳으로 가고 있다는 사실을 잘 알았기 때문이었다. 교육계에서 일한 지 14년이 지난 지금, 그는 이런 순간이 선생님이 되는 데 촉매 역할을 했다는 것을 잘 안다.

"학교는 걱정 없이 자유를 찾는 것을 떠오르게 해주어요. 학교에서는 놀고, 배우고, 집에서 일어나는 온갖 달갑지 않은 일을 잊을 수가 있었어요. 과거를 아름답고 긍정적인 것으로 바꿀 수 있게 해주었죠. 인생에서 가장 중요한 배움 가운데 하나였어요."

교육대학에 진학한 데이지는 이상적인 학생과는 거리가 멀

었고 또 진지하게 배우지 않았다고 스스로 인정한다. 2학년을 보낸 뒤 거의 낙제할 상황에 놓였는데 어느 강사가 데이지에게, 가르칠 때 가장 중요하게 여기는 가치가 무엇인지를 물었다. 그렇게 나눈 대화 한 번이 데이지에게 인식을 바꾸는 전환점을 가져다주었다. 그때부터 데이지는 공부에 집중하며 고유한 동기를 품게 되었다.

"질문을 듣고 몇 시간이 지나서야 답을 할 수가 있었어요. 대답은 지금도 똑같아요. 중요한 가치는 성찰, 자율성, 자신감, 자기 효능감, 그리고 가장 중요한 것은 바로 제가 학생들과 맺는 관계예요."

3학년 때 교사 연수를 하며 데이지는 인턴십 과정으로 고향에 있는 다문화 학교에 배치가 되었다.

"첫날에 너무 감격스러워서 눈물을 흘렸어요. 그렇지만 어렸을 때 다니던 학교와는 너무 달랐죠. 다문화 환경이 지닌 매력에 익숙하지 않았어요. 이런 유형의 학교에는 낙인이 찍혀 있었어요. 어렸을 때 대부분이 백인인 기독교 학교에 다녔거든요. 물론 친구들하고 여러모로 달랐지만요. 우리 어머니가 절반은 인도네시아 혈통이었고, 청소부였으니까요. 어린 시절에 나는 혼자 겉도는 아이였죠."

그렇게 첫날이 지나고 나니 데이지는 바로 여기가 자신이 있어야 할 곳이라는 생각에 신이 났다.

"이 아이들의 삶에 무언가를 보태줄 수 있겠다고 생각했어요. 아이들에게는 지식도 필요했지만, 또 한편으로는 안전하고 사랑받는다는 기분도 필요했거든요. 그 사실을 알아챘죠."

데이지는 교사 자격을 취득하고 난 뒤 고향에서 일하지 않고 빈곤 지역의 도심에 있는 초등학교에서 일하며 도전하는 쪽을 택했다. 지금도 그는 여전히 그 학교 직원 45명 가운데 한 사람으로서 30개 이상의 국적으로 이루어진 학생 415명을 가르치고 있다. 데이지는 언어와 수학을 어려워하는 10~12세의 아이들을 가르친다. 데이지는 지식, 언어, 독서를 풍성하게 갖춰 주제를 바탕으로 하는 학습법을 이끌고 있으며, 학교 내 교육 수준을 조정하는 일도 맡고 있다. 2016년 데이지는 초등교육 부문에서 '올해의 선생님' 상을 받았다.

"네덜란드 남부의 작은 마을 출신인 사람이, 힘든 환경 속에서 한부모 가정에서 자란 사람이 이렇게 인정을 받게 될 줄을 누가 알았겠어요?"

그렇지만 저명한 상을 받은 것이 데이지에게 가장 중요한 성취는 아니다. 그에게 가장 큰 성취는 가르치는 과정을 통해 찾아온다. 그 경험 전체가 성취다. 그는 지금까지 얻어낸 것에 안주하지 않고 계속 성장해간다. 더 나은 사람이 되고, 또 교육계에 더 큰 영향을 끼치고자 읽고 연구한다.

"자신을 계속 계발하고 싶어요. 이건 끝없는 이야기니까요."

　데이지는 놀라운 학생에 관한 이야기가 많지만 자신이 맡았던 반의 한 여자아이를 결코 잊지 못할 것이다. 릴라는 일곱 살짜리 여자아이였는데, 뇌종양 진단을 받았다. 여름방학이 끝난 뒤 다시 학교에 나오지 못할 정도로 몸이 안 좋아졌다. 릴라의 부모는 주말에 데이지를 집으로 초대했고, 데이지는 릴라에게 《신데렐라》를 읽어주었다. 릴라가 삶의 끄트머리에 가까워지고 있다는 것을 데이지는 알 수 있었다. 책을 읽어주고 난 뒤 데이지는 정원으로 가서 릴라의 부모와 이야기를 나누었다.

　"릴라의 어머니가 딸의 상태를 살펴보러 갔다가, 도와달라고 소리를 지르며 뛰어나오셨어요. 릴라가 힘겹게 숨을 헐떡이고 있었어요. 릴라의 어머니와 함께 심폐소생술을 하려고 했지만, 우리가 할 수 있는 것이 아무것도 없다는 사실을 알았어요. 너무 힘들었지만 인제 그만 멈춰야 한다고 어머니께 말씀을 드려야 했죠. 그때는 내가 일을 처리했어요. 릴라의 부모와 할머니가 있었지만 완전히 아수라장이었거든요. 그분들한테는 정말 끔찍한 일이었죠."

　너무 늦었지만 의사를 불렀고, 데이지는 릴라의 가족과 함께 의사를 기다렸다. 자리를 뜨고 난 뒤 데이지는 교직원에게 연락했다. 교직원은 함께 모여 이 소식을 릴라 반 아이들에게 어떻게 전할 것인지를 의논했다. 애도 지원 단체에서 지침과 상담을 받았고, 데이지는 아이들을 마주할 준비를 했다. 몇몇 학생은 릴라의 말동무를 하러 릴라의 집에 찾아간 적도 있었다. 그 아이들이 얼마나 충격을 받을지 데이지는 잘 알고 있었다.

"주말 내내 릴라가 죽었다는 얘기를 아이들에게 어떻게 전할지 고민했어요. 그리고 월요일 아침, 동료 교사 몇 명과 함께 교실에 들어갔죠. 그냥 직감에 몸을 맡기고, 지나치게 많이 생각하지 않기로 했어요. 어린아이들과 나누었던 대화 가운데 가장 아름다운 순간이었죠. 물론 정말 많이 슬퍼했지만, 릴라가 더는 아프지 않고 천국에 갈 것이라고 받아들이기도 했어요. 한 아이는 최근에 자기 집 금붕어가 죽었는데, 릴라와 그 금붕어가 함께 지내기를 바란다고 했죠."

그때 데이지는 아이들이, 또 아이들이 세상을 바라보는 시선이 얼마나 순수하고 단순한지를 알게 되었다. 아이들은 주어진 상황에서 항상 긍정적인 면을 바라보고 희망을 보았다. 데이지는 어른다운 이유보다는, 어린아이의 시선으로 사태에 다가갔다.

"어른인 우리는 때로는 아이의 눈으로 세상을 보려고 노력해야 해요. 그러면 관계를 맺는 데 도움이 돼요. 단순히 선생님으로 일을 할 때만이 아니라, 인생에서도요. 이것이 바로 릴라와 멋진 반 아이들 덕분에 배운 교훈이에요."

팬데믹 이전, 데이지는 라우렌틴 데르 네덜란덴 공주와 함께 아이들의 참여에 초점을 맞춘 프로젝트 일을 하고 있었다. 한 세션에서는 공주가 아이들을 인터뷰하며, 선생님들이 어떤 점을 개선할 수 있다고 생각하는지, 또 네덜란드의 교육 시스템을 어떻게 평가하는지 물었다. 아이들은 아주 솔직하게 대답했다.

"우리는 그 모든 얘기를 받아들였어요. 어른들은 아이들이 얘기하는 지침이나 비판은 더 잘 받아들여요. 어른들에게는 편견이나 오해가 있지만, 아이들은 그냥 생각나는 대로 이야기해요. 그래서 우리도 마음을 더 잘 열 수가 있어요."

데이지는 항상 학생들에게 피드백을 부탁하고, 이를 활용해서 수업을 개선한다. 어른들이 동료가 주는 피드백을 받아들이는 것은 어려워하는 데 견줘, 아이가 보내는 피드백은 더 잘 인정하고 무언가 해결하려고 방법을 찾는다. 데이지는 교육 시스템 전반에서 학교가 발전하는 데 학생들의 목소리와 조언을 함께 아우르는 일이 중요하다는 것을 강력하게 지지한다.

일을 해나가는 과정에서 수없이 많은 어려움에 맞닥뜨리지만, 데이지는 그보다 더 강인한 사람은 찾기 어려울 만큼의 열의와 헌신으로 어려움을 품는다. 모든 아이는 매번 깨질 때마다 새로운 기회를 얻는다는 것이 데이지의 좌우명이다. 모든 것이 새롭게 자리를 잡고, 아이들은 다시 시작한다. 최근 데이지가 맡은 한 학생은 행동의 한계를 끊임없이 밀고 나갔다.

"아르난도는 심각한 난독증이 있었고, 가정 형편도 어려웠어요. 부모 가운데 제대로 교육을 받은 이가 없어 전혀 의욕을 얻지 못했죠. 아르난도와 좋은 관계를 맺고 동기를 불어넣어줄 방법을 찾아야 했어요. 아르난도는 글자를 읽거나 쓸 줄 몰랐거든요. 정기적으로 아르난도가 매일 이룰 목표를 설정해줬어요. 눈을 맞춘다든지, 책을 몇 페이지 읽는다든지, 메모한다든지 같은 것을요. 천천히 나아졌지만, 효과가 있었어요."

데이지는 자신이 학생들과 더불어 학습 과정의 공동 주인이라고 생각한다. 그는 교실의 지도자이고 아이들에게 질문을 던지지만, 아이들도 자신에게 질문을 던질 수 있게 만들고 싶다.

"때로는 답을 아는 것이 힘이 아닐 때가 있어요. 우리 선생님들도 답을 모를 때가 있을 거예요. 그렇지만 질문을 하면 되죠. 아이들에게 이야기하고, 동료에게 물어보고, 온라인을 찾아보고, 책을 읽어보세요."

교육 생태계 안에서 부모는 큰 역할을 한다. 배움은 학교에서만 일어나지 않는다. 그렇지만 자신에게 별다른 희망을 걸고 있지 않아서 아이들에게 배움을 안겨줄 수 없다고 생각하는 부모를 데이지는 걱정한다. 스스로가 희망을 느끼지 못한다면 이를 어떻게 아이에게 반영할 수 있을까? 그리고 자신의 기분이 아이에게 고스란히 반영되면 어떨까?

"자기 딸이 성적이 낮다며 성을 내는 아버지가 있었어요. 왜 더 좋은 성적을 받을 수 없었는지 이해하지 못했죠. 저는 그 아버지에게, 당신의 딸은 같은 반 모든 아이의 롤 모델이라고 말했어요. 열심히 노력하고, 또 그런 점이 바로 그 아이의 능력이라고요. 동기와는 아무 상관이 없었어요. 그리고 긍정적인 면을 받아들이고 아버지의 실망이 딸을 짓누르게 하지 않으려면, 반응하는 방식을 바꾸어야 했죠. 부모는 자신들의 반응을 통해서 아이들이 어떤 것을 얻게 될지를 생각해야 해요."

이는 기대와 관련이 있다. 기대치가 높건, 비현실적이건, 전혀 없건 간에 말이다. 그리고 부모가 이런 기대를 아이에게 어떻게 전달하는지와 관련이 있다. 부모는 얼마나 많이 칭찬해줄 수 있을지, 더 좋은 성취를 얻도록 어느 정도까지 계속 밀어야 할지, 그 사이에서 아슬아슬하게 서 있는 경우가 많다. 가느다란 선 위에 발을 딛고 있는 셈이다. 데이지는 부모가 참담한 실망감을 아이에게 전해서는 안 된다고 생각한다. 그리고 자신의 아이가 어떤 능력을 지니고 있는지를 얘기해주는 학교를 믿어야 한다고 생각한다.

최근 데이지는 네덜란드 국가교육위원회의 위원이 되었다. 지난 100년 동안 위원회에 소속된 교사로서는 불과 두 번째다. 크나큰 영광인 동시에, 그에게는 교육부가 어떤 일을 하는지를 살펴보고 또 교육위원회와 교육 단체가 어떻게 운영되는지를 알아가는 기회였다. 그런 만큼 이 위원회 자리에는 선생님이 있어야 한다.

"그 자리에 앉을 자격이 모자랄까 봐 걱정됐어요. 그렇지만 우리 학생들이 보여줬으면 하는 자신감을 그대로 반영하고 있어요. 앞으로 계속해나갈 거예요."

그의 목소리를 더하는 일은 아주 중요하다. 교육에 관한 결정을 내리는 사람들이 교육 분야에서 일하고 있지 않은 경우가 너무나 많기 때문이다. 어느 나라에나 교육 시스템을 이끄는 '데이지'가 있어야 한다.

학교를 병원처럼
운영할 수 있을까

#이민자

#문학

#독서

#교육연구

지앙 쑤에친

46세, 베이징, 중국

여러 기술을 겸비한 다양한 사람이 모일 때, 바로 그때
창의력을 발휘할 수가 있어요. 그러면 성공을 거둔
창의적인 사람이나 기업가가 되기도 하겠지만, 나아가서
올바르게 발달한 인간이 될 수가 있어요.

지앙은 중국에서 태어났고, 여섯 살 때 캐나다로 이사를
왔다. 중국의 작은 농촌 마을에서 온 이민자였던 지앙과 그 가족
은 소득 수준이 높은 토론토 대도시 지역에 자리 잡는 과정에서
언어 장벽, 경제적 어려움, 문화적인 문제를 겪었다. 공부를 어
려워하던 산만한 학생이었던 지앙에게 학교는 이루 말할 수 없
이 힘든 곳이었다. 그러다 지앙을 믿어주는 어느 선생님을 만나
게 되었다. 선생님은 지앙이 읽을 책을 주었다. 그는 지앙을 격
려하며 지적인 호기심을 일깨워주었다. 지앙은 학교 도서실을
찾았고, 한시도 그곳을 떠나지 않았다.

열심히, 또 꾸준히 노력한 덕분에, 지앙은 전액 장학금을 받
고 예일 대학교에 들어가 영문학을 전공했다. 그는 이와 같은 성

취를 이룰 수 있었던 것은 자신의 잠재력을 발견하고 지원해주었던 선생님들 덕분이라고 말한다. 예일 대학교에서도 지앙은 교수들을 통해 이와 비슷하게 힘을 받았지만, 대학 시절의 경험은 그에게 트라우마를 남겼다.

"엄청난 특권층이었던 다른 아이들과 전혀 다른 배경에서 저는 자랐어요. 서로 품고 있는 관심사나 가치가 달라서 친구도 전혀 없었어요. 그 아이들과 어떻게 어울려야 하는지도 몰랐죠. 가족과 떨어져 지내는 것도 그때가 처음이었는지라, 뿌리를 찾고 싶다는 열망을 마음속 깊은 곳에서 불러일으켰어요."

졸업하고 난 뒤 지앙은 교육 분야를 발전시키는 데 도움이 되는 일을 하고 싶었다. 올바르게 해내기만 한다면, 이 일이 여러 사람의 인생을 바꿀 가능성을 품고 있다는 사실을 잘 알고 있었다. 그와 동시에 중국에도 호기심이 생겼다. 그래서 지앙은 자신이 태어난 곳으로 돌아가 그곳에서 영어를 가르치겠다고 결심했다. 그때 지앙은 교직이 자신의 운명이라는 사실을 깨닫게 되었다.

"가르치는 일이 지적으로 자극을 준다고 생각해요. 정보를 얻고, 이를 효과적으로 전달해서, 학생들이 심도 있게 삶을 생각해보도록 자극을 주는 일이니까요. 우리 할아버지와 아버지는 중국에서 선생님으로 일하셨는데, 그래서 그런지 선생님들이 나를 어떤 식으로 가르치는지를 항상 주의 깊게 살펴봤어요."

지앙은 베이징을 중심으로 중국에서 25년 동안 학생들을 가르쳤다. 이제는 교장 선생님이 된 지앙은 또 한편으로 교육 연구에도 깊이 발을 담그고 있다. 교육 연구를 할 때면 그가 겪은 다양한 경험이 도움이 된다. 지앙은 이 과정에서 서로를 도울 수 있는 사람들의 공동체를 만들어서 이들이 성장하도록 돕는 것을 지지한다. 지앙은 마음을 사로잡는 혁명적인 비유를 든다.

"그게 말이죠, 학교는 아이들을 교육하려고 만든 곳이 아니라 어른들이 편해지려고 만든 곳이에요. 학교를 좀 더 병원처럼 운영했으면 좋겠어요. 한 사람 한 사람이 관심과 피드백을 받을 수 있도록 말이에요. 의사가 환자를 대하듯이, 선생님은 학생 개개인의 정서적인 욕구와 학습 궤적을 잘 알고 있어야 해요. 그렇게 해서 개인에 맞는 전략을 고안해낼 수 있도록 말이죠."

나는 지앙이 독립적인 유형의 사람들 가운데 최고로 손꼽히는 부류라고 생각한다. 신선한 통찰과 현실적이고 사려 깊은 생각과 실천 사이에서 균형을 잘 잡고 있으니 말이다. 지앙은 교육 과정에 의문을 품는 동시에, 시스템이 필요하다는 사실을 잘 이해한다. 그는 단지 스스로 생각해볼 수 있는 선생님의 능력에 제약을 걸고 싶지 않을 뿐이다.

"우리가 학생을 바라볼 때 스스로 신중하게 판단해야 한다고 생각해요. 인간이라면 당연히 그럴 수 있다고 생각해요. 우리는 누구나 타고난 선생님이니까요. 그렇지 않나요? 젊은 세대를 도

와주고, 그 세대가 스스로 선택을 할 수 있도록 힘을 불어넣는
거죠."

지앙이 크나큰 열정을 품고 있는 것 하나는 바로 문학이다.
그는 다른 과목과 더불어 책을 읽는 기술을 가르친다. 지앙은 글
을 까다롭게 선별한다. 글의 내용이 반 아이들과 잘 호응하기를
바라기 때문이다. 책 한 권을 읽을 때마다 지앙은 학생들이 책
속 세상에 완전히 들어설 수 있도록 불러들인다. 그리고 지앙과
학생들은 함께 이야기, 인물, 주제를 탐구한다. 질문을 바탕으로
삼아 더 잘 관찰하고, 독립적으로 판단하고, 주변 세상을 더 민
감하게 파악하면서 말이다.

"교사로서 해낸 가장 훌륭한 성취는 바로 아이들에게 책을 읽
고 싶은 마음을 불어넣은 것이에요. 이런 일이야말로 여러 선생
님이 할 수 있는 가장 중요한 일이라고 생각해요. 중국의 학생은
배움에 관해 아주 좁은 시각을 가지고 있는 경우가 흔해요. 그리
고 시험 점수를 높이는 데에만 초점을 맞추죠. 어휘 실력이 높아
졌다는 것은 단어를 외우면서 증명할 수 있다고 생각하겠지만,
학생들에게 책을 읽어야 한다고 설득했어요. 그래야만 그 말이
어떤 의미인지를 진정으로 이해할 수 있을 테니까요. 그리고 책
은 학생들이 다른 삶과 세상으로 향하는 문이 되어주죠."

지앙은 반에서 모두 다 같이 책을 읽도록 격려해주고, 아이들
이 비판적인 독자가 되는 데 필요한 기술을 얻을 수 있도록 돕는

다. 그는 이런 역할이 마치 건물을 지을 때 비계가 하는 역할과 비슷하다고 설명한다. 아이들이 능력을 기르고 자신감을 얻는 동안 옆에서 버텨주는 것이다. 책을 읽는 일이 힘을 기르고 자유로워질 수 있는 원천이라는 사실을 아이들이 깨닫게 되면, 지앙은 성공했다는 것을 느낀다.

지앙이 지금 일하는 학교에서 교장 선생님이 되었을 무렵, '문제아'라는 낙인이 찍힌 열네 살짜리 빈센트라는 아이 얘기를 듣게 되었다. 집에서는 빈센트를 무관심하게 방임했고, 학교에 오면 외톨이로 지냈다. 쉬는 시간이 되면 교정을 돌아다니며 풀을 살펴보는 호기심 많고 내향적인 아이였다.

"빈센트는 식물과 나무에 관한 지식이 백과사전 수준이었어요. 중국에서는 어린아이가 다른 사람을 신경 쓰지 않고 자기 하고 싶은 일을 하는 것을 이상하다고 여겨요. 선생님들과 다른 반 아이들은 빈센트가 이상하다고 생각했죠. 오랫동안 빈센트는 집에서도 학교에서도 자기가 있을 자리를 찾지 못했고, 그래서 자연으로 달아났던 거죠."

훨씬 더 큰 걱정거리는 바로 빈센트가 학교에 칼과 나무토막을 들고 오겠다고 고집을 부렸다는 점이다. 교직원들은 이 일로 난감해했고, 지앙이 직접 나서서 문제를 해결해주기를 바랐다.

"빈센트와 자리에 앉아 이야기를 나눴어요. 칼과 나무토막을 왜 학교에 가지고 오려는 건지 묻자, 빈센트는 목공을 좋아한다고, 그게 자기 관심사라고 얘기했어요. 나는 목공에 관해서 전혀 아는 것이 없었죠. 그래서 빈센트에게 무엇을 만들었는지 더 알려달라고 했고, 빈센트는 놀라운 정보를 잔뜩 알고 있었어요. 반에서 발표를 해보는 것이 어떻겠느냐고 제안했지만, 빈센트는 너무 수줍어했어요."

지앙은 빈센트가 열정을 품고 있는 일에 관해 이야기할 기회를 주었다. 지앙은 빈센트가 학교에 칼을 가져오는 것을 걱정하는 까닭은 빈센트를 믿지 못해서가 아니라, 다른 아이들이 제풀에 다칠 수 있어서 그런 것이라고 설명했다. 빈센트에 대한 믿음을 보여주면서 지앙은 막혀 있던 무언가를 풀어냈다.

"혹시 방과 후에 목공 동아리를 운영해줄 수 있는지 빈센트에게 물었어요. 이번에도 빈센트는 너무 부끄럽다고 말했죠. 그렇지만 그 뒤로 몇 주 동안, 빈센트에게서 무언가 변화가 일어나는 모습을 볼 수 있었어요. 빈센트는 반 아이들과 이야기를 더 많이 나누며 자신감 있는 남자아이가 되었죠. 고개를 높이 들고 다녔고, 자세도 바뀌었어요."

단순한 대화 한 번이 빈센트에게는 큰 변화를 만들어낸 것이다. 빈센트는 새로운 시각으로 자기 자신을 보기 시작했는데, 이는 빈센트가 마음을 더 열고, 적극적으로 참여하고, 주변 사람을 믿을 수 있도록 기운을 불어넣어주었다. 지앙은 빈센트를 잘 이해했다. 이것이야말로 지앙이 빈센트에게 줄 수 있었던 가장 강력한 선물이었을 것이다. 몇 주 뒤 두 사람은 목공 동아리 이야 기를 다시 나누었고, 빈센트는 한번 생각해보겠다고 말했다. 그러다 팬데믹이 찾아왔다.

"빈센트가 그렇듯이, 모든 아이는 저마다 타고난 모습이 있어요. 우리는 그런 모습을 포용해야 해요. 우리는 어린아이도 존중받고 신뢰받을 가치가 있는 인간이라는 점을, 또 자신의 방식으로 세상을 바라볼 수 있어야 한다는 점을 잊고는 해요. 자기 아이가 자신이 상상했던 사람이 되지 않았다고 불행해하는 여러 부모를 지켜봤어요. 그렇지만 애초에 아이는 그렇게 상상했던 사람이었던 적이 없었죠. '모든 아이는 백지상태와 같다'라는 격언을 아시나요? 글쎄요, 그 말은 틀렸어요. 모든 아이는 자신에게 고유한 성격을 지닌 영혼이에요."

이는 부모가 들어야 하는 강력한 메시지라고 생각한다. 나도 계속해서 곱씹어볼 이야기다.

지앙이 교육을 언제나 이런 관점으로 바라봤던 것은 아니다. 선생님으로 일하던 초기, 그는 공부에 자극을 주는 엄격한 경험을 바라는 상위권 학생을 모집해 엘리트적인 학교 프로그램을 운영했다. 어느 해에는 모집 과정에 문제가 있어서 다양한 수준의 학생 집단을 받게 되었다. 그 결과를 보고 지앙은 깜짝 놀랐다.

"수준이 낮았던 학생들이 예상을 뛰어넘어버렸어요. 실제로 그 학생들은 뛰어난 모습을 보여주었죠. 그 프로그램에서 다양한 학습 방식을 제공했고, 학생들이 거기에 잘 호응했기 때문이에요. 많은 아이는 중국의 경직된 학교 시스템 안에서 지내면서 힘들어 하고는 해요. 그렇지만 내가 만들어낸 환경 속에서 그 아이들은 다른 모습으로 변해갔죠. 그리고 상위권 학생만 차별적으로 대해서는 안 된다는 사실을 가르쳐주었어요. 공부를 힘들어 하는 학생은 대개는 마음이 더 열려 있고, 관용적이고, 자신의 잘못을 기꺼이 인정하는 아이예요. 실제로는 전통적으로 공부를 잘한다고 하는 학생보다 그런 학생이 더 좋은 모습을 보여줄 수가 있어요."

이렇게 관찰한 내용이 무척 멋지다고 나는 생각한다. 그리고 나도 선생님으로 일해오면서 볼 수 있었던 모습이기도 하다. 지앙이 경력을 쌓아오는 동안 이런 사례는 수도 없이 많았지만, 특히 그의 기억에 남는 한 아이가 있다. 윌리엄은 아주 성격이 좋은 남자아이였지만 가난한 학생이었고, 고등학교 시험 성적이 좋지 않았다. 교실에서는 질문에 대답하겠다며 가장 먼저 손을 드는 일이 잦았지만, 그렇다고 항상 제대로 된 대답을 내놓는 것은 아니었다. 그래서 반 아이들은 끊임없이 윌리엄을 놀려댔다. 힘든 여건도 있고 괴롭힘을 당하기도 했지만, 윌리엄은 이런 일을 결코 지나치게 개인적으로 받아들이지 않았고, 계속해서 긍정적인 태도를 유지해나갔다.

"고등학교 3학년 때, 학생들에게 미국에 있는 인문과학 대학에 지원할 기회가 생겼어요. 시험보다는 면접을 통해서 선발하는 과정이었죠. 놀랍게도 윌리엄이 그 학교에 합격했어요. 대학 과정을 따라갈 만한 지적 능력이 부족하다고 생각해 걱정했지만, 윌리엄은 그 학교로 갔어요. 그리고 선생님들은 윌리엄을 정말 좋아했죠! 언제나 기꺼이 질문을 던졌고, 자신의 결점을 인정했고, 열심히 노력했거든요."

그가 3학년 때 대학에서는 컬럼비아 대학교로 편입하는 것이 어떻겠냐고 권했다. 윌리엄은 컬럼비아 대학교에 지원했고, 또 합격했다. 졸업한 뒤에도 뉴욕에 머물렀고, 지금은 소프트웨어 엔지니어로서 성공한 삶을 살고 있다.

"윌리엄하고는 계속 연락을 하며 지내요. 그리고 여전히 삶에 호기심을 품고, 자신이 받았던 교육에 아주 감사하게 여기고 있어요. 훌륭한 사람이에요. 때로 학교는 훌륭한 사람을 만드는 데에는 관심을 두지 않고 훌륭한 학생을 만드는 데에만 신경을 쓰죠. 거기서 차이가 생겨나요."

지앙은 아주 협소한 영역에서는 천재적인 두각을 나타내면서도 현실 세계에서는 제대로 역할을 하지 못하는 중국 학생들에 관한 중요한 문제를 꼬집는다. 옥스퍼드, 케임브리지, 하버드, 그리고 지앙의 모교인 예일 등 세계에서 높이 평가받는 대학에 가는 학생이 많지만, 그 대학에 일단 입학하고 나면 평가 기준에 대처하지 못하고는 한다.

"그 대학들의 평가 방식은 중국 학생들에게 익숙한 방식보다 훨씬 더 총체적이에요. 논의 수준도 훨씬 열려 있고 추상적이죠. 중국 학생들은 정답과 오답에만 익숙해 있어요. 빠르게 계산하고 기억력을 높이는 훈련은 받았지만, 호기심을 품는 방법은 배우지 않았어요. 그래서 정신적으로 무너져 내리고, 우울해지고, 친구들을 시기하게 되죠."

한 가지 방식을 모두에게 적용하는 접근 방식은 교육 시스템이 낳은 위험한 부작용이자 전 세계적인 문제이기도 하다. 수학을 어려워하는 학생은 수학을 더 공부하는 것만이 답으로 여긴다. 이런 문제를 해결하는 다른 방법이 있어야만 한다.

"마치 발이 부러진 상황에서, 이를 올바르게 진단해서 치료할 방법을 찾아야 하는데 그러지 않고 '몇 바퀴 더 달려봐' 하고 얘기하는 것이나 다름없잖아요. 학교 공부를 힘들어 하는 학생이 겪는 일은 바로 이런 것이죠. 그저 만회하라며 숙제를 더 내주니까요. 완전히 잘못된 방법이에요."

지앙이 가르치는 내용은 지금 중국의 문화와 사회의 흐름, 그리고 돈에 집착하는 것과 전혀 반대되는 내용이다. 지앙은 학생들이 스스로 자신의 모습을 찾고, 지적인 호기심을 품고, 물질주의적인 마음가짐을 덜어내고, 평생 여러 가지를 탐구하는 데 흥미를 품도록 격려한다. 몇 달이 흐르는 동안 지앙은 반 아이들의 관점이 바뀌고 개성이 피어나는 모습을 보았다. 그렇지만 자신이 속한 문화는 바꿀 수가 없다.

"아이들에게는 나의 사고방식이 스며들어요. 그렇지만 그 아이들 하나하나가 사회로 들어가면, 돈을 벌어야 한다는 압박과 사회에서 규정한 협소한 의미의 성공에 부합해야 한다는 생각이 자리를 잡게 되죠. 아이들은 시키는 대로 행동하고, 결국 어떤 아이들은 불행하고 혼란스러운 삶을 살아가게 되기도 해요."

만약에 지앙이 교육제도에 마술 지팡이를 휘둘러서 아이들에게 도움을 줄 수 있다면 딱 한 가지 어떤 일을 하고 싶을지가 나는 무척 궁금했다.

"협업을 증진하는 일이요. 개인의 성취만 중요한 것이 아니라, 다른 사람과 함께 일하고 관계를 맺는 능력이 중요하다는 사실을 보여주는 것이죠. 여러 기술을 겸비한 다양한 사람이 모일 때, 바로 그때 창의력을 발휘할 수가 있어요. 그러면 성공을 거둔 창의적인 사람들이나 기업가가 되기도 하겠지만, 나아가서 올바르게 발달한 인간이 될 수가 있어요."

교육이 어떤 모습을 갖출 수 있는지, 또 어떻게 해서 새로운 학교 시스템을 설계할 수 있을지 다시금 상상하는 것이 지앙의 사명이다. 나는 지앙을 굳게 믿는다.

믿을 수 있는 유일한
어른이 되어주세요

#어학

#문화간학습

#스파이스업 토론

칸디다 쿠투

55세, 포르투, 포르투갈

있죠. 내가 발견한 아이들에 관한 한 가지 진실을
알려드릴까요? 아이들에게는 관심이 필요해요. 부모에게
이렇게 얘기해요. 5분이면 돼요. 그냥 아이에게 무얼
했는지를 묻고, 답을 들어보세요. 그리고 애정도
표현하고요.

칸디다는 맨 처음으로 했던 수업에서 포르투갈의 시인
이자 선생님인 세바스티앙 다 가마의 말을 인용해 학생들에게
자신을 소개했다. 좋은 선생님의 진정한 핵심이 무엇인지에 관
한 글귀였고, 아이들이 행복해지기를 바라는 일에 방점을 찍고
있었다. 그날 칸디다는 선생님으로서의 소명을 깨달았고, 그는
이 일을 계속해서 즐기며 36년이 흐른 지금도 여전히 영감을 얻
는다. 지금 칸디다의 좌우명은 그때와 마찬가지로 자신의 학생
들을 행복하게 만드는 일이다.

"정말 운이 좋다고 말할 수 있죠. 제가 하는 일을 무척 아끼고,
또 이런 메시지를 학생들에게 끊임없이 전하고 있으니까요. 만
족스러운 선생님 생활을 하고 있고, 이런 자리에 있다는 것이 특

권이라고 생각해요."

칸디다는 직업적인 행복을 힘들게 얻어냈다. 결혼 생활을 하는 동안 남편이 경력을 쌓을 수 있도록 자기 일은 뒷전으로 삼고 두 아이를 기르는 데 집중했다. 그러다 시간이 흘러 서로 험한 말을 내뱉고 싸우며 이혼한 끝에, 칸디다는 다시 상근직 선생님으로 돌아왔다. 그는 석사과정을 밟고, 교과서와 자료집을 집필하고, 리스본에서 높이 평가받는 노바 대학교의 연구원이 되어 문화 간 학습을 전공하며, 이것이 어떻게 학생들이 언어 실력을 유창하게 향상하는 데 도움이 될지를 탐구했다. 지금 그는 담임 선생님, 프로젝트 지도자, 멘토라는 세 가지 역할을 골고루 맡고 있다. 이런 방식이 자신의 에너지와 열정에 걸맞다는 사실을 잘 알고 있다. 칸디다는 자신이 특별한 선생님이 아니라고 이야기하지만, 나는 확실히 생각이 다르다.

칸디다가 가르치고 있는 중등학교는 포르투 외곽의 가난한 농촌 지역에 있다. 학생이 1200명 정도, 교직원이 180명 정도다. 이 지역은 규모가 크고 활기찬 이주민과 이민자 인구로 구성되어 있다. 우크라이나, 브라질, 베네수엘라, 로마니 공동체에서 온 사람이 섞여 있어, 여러 가지 욕구를 품은 다양한 교실 환경을 만들어낸다. 평균적으로 학생들의 아버지 가운데 불과 3퍼센트, 그리고 어머니 가운데 5퍼센트만이 대학 교육을 받았다. 칸디다는 중등학교로 올라가기 전인 7학년부터 9학년을 가르친다. 칸디다의 영어 수업은 인기가 좋다. 다른 방식으로 접근하며 가르치기 때문이다.

"학생들이 마음을 열도록 길러내고, 뚜렷한 의견을 품도록 격려해요. 수업할 때마다 '스파이스 업(Spice Up)'이라는 활동으로 시작하죠. 주로 지금 일어나고 있는, 논란의 여지가 있는 사안을 제기해요. 아이들 사이에서 토론을 벌이죠. 5분 동안 하는 활동으로 설계를 했는데요, 아이들이 말문이 막히면 나는 인용문을 던져주거나 대안적인 시각을 소개하면서 슬쩍 옆구리를 쿡 찌르는 역할을 하죠. 비판적인 의식을 일깨우고, 아이들이 스스로 자기 목소리를 낼 수 있도록 만들어줘요. 언쟁을 벌이면서도 한편으로는 상대방의 의견을 온전히 존중하죠. 학생들 때문에 매번 깜짝 놀라요."

칸디다는 학생들이 얼마나 자신감이 붙었는지를 알 수 있다. 그리고 그의 방법론을 믿고 지지하는 학교에도 감사하고 있다. 그 효과는 절로 드러난다. 특히 힘든 환경에서 자라서 복합적인 욕구를 지닌 아이가 많고, 또 몇몇 아이는 가족과 떨어져 보육원에서 지내고 있는지라 더욱 그렇다. 칸디다가 결코 잊을 수 없는 여자아이가 하나 있다. 칸디다가 선생님으로서 자리매김할 수 있게 해준 아이다.

"안나는 8학년 학생이었어요. 정말로 차분하고 생각이 깊은 아이였지만, 무언가 사연이 있다는 걸 느낄 수 있었죠. 안나는 긴소매 옷으로 팔을 가리고 다녔는데요, 어느 날 언뜻 안나의 팔을 봤더니 흉터로 가득했어요. 무슨 일이 있었는지 물었고, 안나는 얘기하고 싶지 않다고 말했죠."

처음에 칸디다는 안나가 자해를 해오고 있거나, 피부병 때문에 생긴 흉터를 감추는 것일지도 모른다고 생각했다. 안나가 말을 하고 싶은 마음이 없었기에 칸디다는 안나에게 더욱 주의를 기울이며 신경을 썼다. 그리고 마침내 안나가 칸디다에게 이야기를 털어놓았다.

"안나는 자기가 살면서 겪은 일을 모두 얘기해주었어요. 참담한 심정이었죠. 안나가 네 살이었을 때, 어머니가 살이 데일 정도로 안나를 뜨거운 물에 집어넣었고, 의붓아버지가 담뱃불로 지졌다고 했어요. 계속 얻어맞으며 지냈고요. 안나가 여섯 살이었을 때 좋은 이웃이 자기 집으로 데려간 덕분에 겨우 구출되었고, 그 뒤로 그 이웃이 계속 보살펴주고 있었어요. 안나의 얘기를 들으며 눈물이 났어요."

열한 살이었던 안나는 어린 시절에 그와 같은 트라우마를 겪었음에도 탁월한 지혜와 이해심을 발휘하며 학교생활을 했다. 안나는 타고난 친절함이 있었고, 또래를 잘 보살폈고, 힘들어 하는 아이가 있으면 위로해주었으며, 못되게 구는 아이가 있으면 꾸짖었다. 그를 만나는 누구에게나 크나큰 영향을 끼쳤다.

"안나의 친구인 페드로는 정말로 못된 아이였어요. 짓궂은 행동을 하고 다녔는데, 안나가 어린애처럼 굴지 말라고 얘기를 하면 안나 말을 들었죠."

안나의 분노는 오직 한 사람, 자신의 어머니만을 향했다. 안나는 어머니를 혐오했다.

어쩌면 당연한 얘기겠지만, 안나는 여러 학습 장애를 겪었다. 칸디다는 중등학교에서 안나가 직업교육 과정을 밟은 뒤 전문 과정에서 학위를 딸 수 있도록 도왔다.

"안나는 정말 용감한 아이였어요. 안나가 구출되지 않았다면 과연 살아 있을 수 있었을지 장담할 수 없어요. 안나는 정말로 '삶의 기쁨'을 누렸던 거죠! 그러면서 내가 얼마나 운이 좋은지 깨달을 수 있었어요. 물론 내 삶에도 문제가 있고 나쁜 일도 벌어지지만, 솔직히 불평할 게 뭐가 있겠어요? 선생님으로서나 인간으로서나 안나에게 가장 많이 배웠어요. 안나는 영웅이었죠."

칸디다와 안나는 몇 년 전에 연락이 끊겼지만, 마지막으로 소식을 들었을 때 안나가 포르투를 떠나 다른 곳에 정착해 행복하게 지낸다는 얘기를 들었다.

"안나가 분명 좋아하는 일을 하고 있을 거라고 확신해요. 그리고 안나는 아이를 낳고 싶다고 했어요. 자신은 한 번도 겪어본 적 없던 그런 어머니가 되어주고 싶다면서요. 안나는 훌륭한 엄마가 될 거예요."

이 이야기는 마음을 아프게 하는 동시에 따뜻하게 만들어준다. 이 경험이 선생님으로서의 칸디다의 모습을 만드는 데 얼마나 영향을 끼쳤을지를 알 수가 있었다. 그는 또 다른 학생들이 자신에게 새겨지는 일을 이야기한다. 이런 경험은 돌이킬 수 없고도 강력하다고 느낀다. 마치 다니엘처럼 말이다. 칸디다가 처음 만났을 때 다니엘은 아홉 살이었다. 다니엘은 칸디다가 크리스마스에 진행한 자원봉사 프로젝트에 참여했다. 이 프로젝트에서 학생들은 음식과 선물을 기부받아 지역에 있는 빈곤한 가정에 선물로 주었다.

"다니엘이 남다르다는 사실이 느껴졌어요. 나이에 비해 정말 성숙했거든요. 생각을 똑 부러지게 표현했고, 정말 열심히 일했죠. 내게 혹시 필요한 것이 있는지, 아니면 자기가 도와줄 만한 일이 있는지를 항상 물어봤어요. 안타깝게도 다니엘은 괴롭힘을 당하는 주된 표적이었죠. 그렇지만 우리가 알게 된 순간부터는 다니엘의 안전한 피난처가 되어주었어요."

다니엘은 쉬는 시간이 되면 칸디다를 찾고는 했다. 그럴 때 칸디다는 학교 도서실에 있는 자리에서 일하고 있을 때가 많았다. 다니엘은 옷차림도 말도 어른스럽다는 이유로 끊임없이 놀림을 받았다. 어휘력이 풍부하고 잘 쓰지 않는 말을 썼기 때문이다. 다니엘은 자기가 어떤 기분을 느끼는지 칸디다에게 얘기하고는 했다.

"다니엘에게 자신을 믿으라고 얘기했어요. 왜냐면 언젠가는 다니엘이 타고난 모습으로 지낼 기회가 찾아올 테니까요. 단지 친구를 사귀겠다는 이유로 변하지도 말고, 자기 모습과 다른 사람이 되지도 말라고 이야기했죠. 언젠가는 다니엘이 얼마나 놀라운 사람인지 사람들이 알아보게 될 거라고 말이에요."

다니엘이 7학년이 되자, 칸디다는 다니엘의 담임 선생님이 되었고, 다니엘은 무척 신이 났다. 이는 곧 칸디다가 다니엘에게 더 많은 시간을 쏟을 수 있고, 또 반에서 생기는 괴롭힘 때문에 빚어지는 문제를 중점적으로 다룰 수 있다는 의미였다.

다니엘에게 전환점이 된 것은 바로 반에서 '마틴 루서 킹의 날'을 기념했을 때였다. 학생들은 어떤 식으로든 원하는 방식으로 참여할 수 있었다. 그래서 어떤 아이는 파워포인트로 발표 준비를 했고, 다른 아이는 영화를 가지고 왔다. 다니엘은 검은 정장 차림으로 학교에 와서, 자기가 준비한 것을 먼저 발표해도 되겠느냐고 물었다.

"다니엘은 혼자서 교실 앞에 나가 마틴 루서 킹의 유명한 연설문인 〈나는 꿈이 있습니다〉를 외워서 발표했어요. 내용 전체를 영어로 익혀서, 열정적이고도 연극적으로 보여주었죠. 같은 반 아이 몇몇이 웃음을 터뜨렸는데, 그 아이들을 가만히 쳐다보자 웃음을 멈추고 서서히 다니엘에게 관심을 품기 시작했어요. 다니엘이 연설을 마쳤을 때 어땠냐고요? 모두 박수하며 소리쳤죠. '너 진짜 끝내준다!' 하고요. 다니엘은 정말 대단했어요."

마침내 친구들은 다니엘을 이해하고 받아들였다. 지금 다니엘은 열일곱 살이 되었고, 얼마 전 칸디다에게 자신이 영어로 쓴 시를 보내주었다. 언제나 자신의 곁을 지켜주어서 감사하다는 내용이었다.

"학생들에게 나는 어머니가 아니라 선생님이지만, 학생들은 언제든 나를 의지한다고 얘기하고는 해요. 다니엘은 바로 그렇게 했던 거죠."

칸디다와 다니엘은 여전히 주기적으로 연락을 주고받는다. 그렇게 뛰어난 무대를 선보였으니 다니엘이 공연 예술 분야에서 일하고 있다고 얘기해주지 않을까 생각했지만, 다니엘은 의사가 되고 싶다고 한다. 칸디다는 다니엘이 꿈을 이룰 것이라 믿는다.

"지난해 다니엘이 등 수술을 받고 한 달 동안 학교를 쉬었어요. 그래서 다니엘이 집에서도 공부를 이어갈 수 있도록 선생님과 학생 모두 달려가서 필요한 일을 다니엘과 나누어서 했죠. 다니엘을 병문안했는데, 정말 행복해했어요. 다니엘 같은 꾸준함과 성실함이라면 원하는 것은 무엇이든 될 수 있을 거예요."

롤 모델이자 안전망 역할을 하는 것은 선생님에게 막대한 책임을 부여한다. 그렇지만 칸디다는 이런 책임도 끌어안는다. 어떤 학생에게는 자신만이 유일한 희망이라는 사실을 잘 알고 있기 때문이다. 그런 아이에게는 칸디다가 믿을 수 있는 유일한 어른이다. 두어 해쯤 전, 칸디다는 학교에서 행동 문제와 규율에 따른 처벌 과정을 담당하는 역할을 추가로 맡게 되었다.

"그 시기에는 정말로 사연이 많았어요. 문제를 일으키는 아이들에게 벌을 줘야 한다는 사실을 잘 알고 있었으니까요. 말썽이 생긴 몇몇 경우는 정말 심각해서 벌을 안 줄 수가 없었어요. 그렇지만 그렇게 벌을 주는 일이 정말 싫었죠. 그 아이들은 정말로 힘들게 살고 있었거든요. 학생이 잘못된 행동을 할 때마다 이렇게 생각했어요. '이 아이에게는 어떤 일이 있었을까? 이렇게 행동하도록 영향을 끼친 원인이 있을 텐데.' 아이들에게는 누구나 다 사연이 있어요. 긍정적인 사연이건 부정적인 사연이건 말이죠. 그렇지만 아이들이 애초부터 악한 것은 아니에요. 한 학생이 스카우트 지도자에게 학대를 당했다고 밝혔어요. 그래서 우리가 해결하러 나섰죠."

칸디다는 그렇게 질책하는 일이 얼마나 고통스러웠는지를 학교장인 페르난도에게 이야기했고, 이 직책을 맡지 않게 해달라고 요청했다. 페르난도는 칸디다가 학생 하나하나의 사연을 들으며 얼마나 힘들었는지를 잘 이해했고, 그가 학생들에게 멋진 경험을 만들어주고자 열심인 점을 높이 샀다. 칸디다가 어떤 심정이었는지 딱 알 수가 있다. 훈육하고 보호하는 일을 하는 데 알맞은 유형의 사람은 따로 있다. 나 역시도 때로는 감정에 젖고는 한다.

"있죠, 내가 발견한 아이들에 관한 한 가지 진실을 알려드릴까요? 아이들에게는 관심이 필요해요. 부모에게 이렇게 얘기해요. 5분이면 돼요. 그냥 아이에게 무얼 했는지를 묻고, 답을 들어보세요. 그리고 애정도 표현하고요. 돈으로 살 수 있는 모든 것을 가진 아이도 봤어요. 스마트폰도, 옷도, 휴가도요. 그렇지만 부모가 무관심해서 그 아이는 이루 말할 수 없이 불행하게 지냈어요."

칸디다가 가르쳤던 수잔나는 부유한 대가족의 일원이었다. 수잔나의 어머니는 해외에서 박사 학위 공부를 하고 있었고, 아버지는 정치인이었다. 부모와는 결코 함께 시간을 보내지 못했다. 수잔나와 그 형제자매는 가정부의 손에서 컸다. 가정부는 그 아이들의 어머니 노릇을 했는데, 항상 한 아이는 축구 연습하는 데 데려다주고, 또 다른 아이는 수영 수업에 데려다주느라 분주하게 지냈다.

"수잔나와 수잔나의 형제자매는 딱 한 가지 갈망하는 것만 빼고는 모든 것을 가지고 있었어요. 바로 부모님의 관심이었죠. 교실에서 보여주는 반항적인 행동에 그 사실이 드러났어요. 수잔나는 모든 선생님에게 무례하게 굴면서 항상 불만을 늘어놓았죠. 그렇지만 그 속에 들어 있는 수잔나의 본뜻은 바로 이거였어요. '나를 좀 알아봐주세요.' 집안이 부유하다고 해서 아이가 잘지내는 것은 아니에요. 그렇다 하더라도 문제는 있죠. 수잔나는 영어를 좋아했고, 그래서 나를 좋아했어요. 수잔나는 학교를 떠날 때 '사랑해요'라고 쓰인 하트를 들고 있는 테디베어를 내게 선물했어요. 수잔나가 애정을 표현할 수 있다는 사실에 안심했어요. 그리고 수잔나가 자기 자신을 향한 애정도 찾아냈기를 바라죠."

우리가
어떤 선생님인지를
알게 되려면

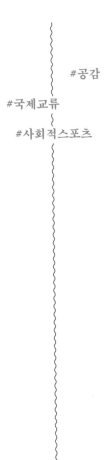

#공감

#국제교류

#사회적스포츠

마리 간바리

39세, 뮌스터, 독일

마리는 어린 시절 기억 한 가지를 꼽는데 그건 바로 평
가당하는 기분이다. 초등학교 시절 마리의 선생님은 마리가 무
능하다는 꼬리표를 붙였다. 당시 마리는 불안감과 낮은 자존감
때문에 힘들어 했다. 부모가 이혼하고, 자신이 가고 싶은 중학교
에 진학하지 못했기 때문이었다.

"그 선생님은 아주 부정적인 영향을 끼쳤어요. 그의 평가는
내게 예언이 되어서, 이를 떨쳐내는 데 오랜 시간이 걸렸죠. 우
리 어머니가 나를 지지해주고 또 학교 밖에서 함께 신체 활동을
했던 일이 힘이 되었어요. 그러다 8학년이 되었을 때 멋진 선생
님인 잉그리드를 만나게 되었죠. 잉그리드 선생님은 멘토 같은
존재였어요. 그가 없었다면 잘해낼 수 없었을 거예요."

마리는 자신감과 능력이 자라났고, 배우는 데 재미를 붙이기 시작했다. 마리는 자신의 잠재력을 발견했고, 이 덕분에 박차를 가하며 학교의 기대치를 훨씬 넘어서게 되었다. 마리는 고등학교를 졸업한 뒤 갭 이어(Gap Year)를 보내며 뉴욕으로 가서 오페어* 생활을 했다.

"뉴욕에 머무는 동안 시민권, 희생자, 법에 관해 대학 수업을 들었어요. 독일로 돌아와서는 법학을 전공하고 싶다고 마음을 먹었죠. 우리나라에서만이 아니라 전 세계에서 정의를 이룩하고자 싸우고 싶었거든요. 크나큰 낙관주의를 품고 있었죠."

이 무렵 마리는 스무 살이었고, 앞으로 인생을 펼칠 일만 남아 있었다. 그렇지만 무언가가 자신의 발목을 잡고 있다는 느낌을 받았다. 마리는 어린 시절의 경험이 특정한 상황에서 자신의 반응과 행동에 무의식적으로 영향을 끼치고 있다는 사실을 알았다. 마리는 이 문제를 외면하지 않고 무언가 하려 했기에 심리치료를 받으러 갔다.

"어깨를 짓누르던 무게가 사라지기 시작했고, 점점 더 힘이 생기는 기분이었어요. 자신을 믿는다면 어떤 일이든 할 수 있다는 사실을 깨달았죠. 그리고 모든 아이에게 바로 이런 기회를 똑

---

* '동등하게(au pair)'란 뜻의 프랑스어로, 대개 젊은 외국인 여성이 집안일이나 육아를 도맡는 대신 숙식을 제공받는 제도.

같이 주고 싶었어요. 법학에서 방향을 틀었죠. 아이들의 삶에 긍정적인 영향을 끼치고 싶다면 인과관계를 만드는 처음에서부터 시작해야 한다는 사실을 알고 있었으니까요. 선생님이 되기 위해 뮌스터 대학에서 스포츠 과학, 수학, 문화 간 심리를 전공했어요."

마리는 이와 같은 인생의 전환점을 떠올리며 감상에 빠진다. 그는 아이들이 놓치고 있는 가능성을 볼 수가 있었고, 자신이 그들의 변화를 만들어낼 수 있다고 생각했다. 졸업하고 그는 최고의 석사 학위 논문으로 상을 받았고, 박사과정을 시작한 다음 선생님이 되었다. 지금 그는 통합 중등학교에서 일하고 있다. 이 학교는 학업 성취에 따라 학생의 우열을 가리지 않고, 여러 배경을 지닌 학생을 모두 포용한다. 그와 동시에 마리는 지역에 있는 대학교에서 강사이자 연구자로도 일하고 있다. 정서적 능력, 사회적 능력, 공감 능력에 초점을 맞춘 발전적인 학습 경험을 하고 있다.

"우리는 학생을 하나의 개인으로 바라봐요. 스스로 계획하는 수업을 운영하고, 사회 정서 교실이 있고, 신체 활동 프로그램도 있죠. 아이들은 즐겁게 배울 수가 있고, 그러면서도 혹시 어려운 일이 생기면 선생님과 이야기를 나눌 수 있다는 사실도 잘 알고 있죠. 우리는 아이들을 위해서 자리를 지키고 있으니까요. 아이들의 눈이 자신감으로 환하게 빛나는 모습을 볼 수가 있어요."

마리가 가르치는 중요한 가치 중 하나는 바로 공감의 중요성이다. 마리는 5년 전에 가르쳤던 학생인 아바를 떠올린다. 아바는 형편없는 생활기록부를 들고 초등학교에서 올라왔다. 생활기록부는 시험 성적이 좋지 않고 학습 장애가 있다는 내용을 부각하고 있었다. 생활기록부를 보며 마리는 자기 경험을 떠올렸다.

"아바는 엄청나게 긍정적인 아이였어요. 공감 능력이 넘쳤고, 부당한 모습을 보면 가만히 있지 않았어요. 정말 똑똑했죠. 그냥 이런 생각이 들 따름이었어요. 와, 아바의 초등학교 선생님은 어쩜 이렇게까지 사람을 볼 줄 모를까? 초등학교에서 보낸 피드백은 치워두었죠. 눈앞의 아이를 제대로 설명하지 않았으니까요."

아바와 마리는 초등학교 생활이 어땠는지, 또 아바가 수업 시간에 어떤 기분을 느꼈는지 얘기를 나눴다.

"아바는 시험을 볼 때면 스트레스에 짓눌리는 기분이고, 마치 머릿속이 텅 비는 것 같았다고 말했어요. 초등학교 선생님은 그런 모습이 무능하다는 신호라고 생각해 아바의 부모에게 부정적인 피드백을 보냈던 것이죠."

초등학교 시절 중에 아바는 특수교육이 필요한 아이로 취급을 받을 뻔했다. 초등학교 선생님들은 아바가 실패할지도 모른다는 불안감 때문에 얼마나 부정적인 영향을 받았는지를 이해하지 못했다. 마리는 그의 불안감을 곧바로 알아보았고, 마리의 보살핌으로 아바는 마음 놓고 변화의 꽃을 피웠다. 아바가 변화

우리는 학생을 하나의 개인으로 바라봐요. 스스로

계획하는 수업을 운영하고, 사회 정서 교실이 있고,

신체 활동 프로그램도 있죠. 아이들은 즐겁게 배울 수가

있고, 그러면서도 혹시 어려운 일이 생기면 선생님과

이야기를 나눌 수 있다는 사실도 잘 알고 있죠. 우리는

아이들을 위해서 자리를 지키고 있으니까요. 아이들의

눈이 자신감으로 환하게 빛나는 모습을 볼 수가 있어요.

하는 순간은 바로 첫 번째 시험을 봤을 때 찾아왔다.

"아바를 안심시키면서, 아바 곁을 지켜주겠다고 얘기했어요. 우리는 시험을 투명하게 다뤘기 때문에 아바는 잘 준비한 상태였죠. 앞으로 어떤 일이 벌어질지 잘 알고 있었고, 이 점도 아바에게 도움이 되었어요. 아바는 우리 모두 자기를 믿고 있다는 사실을 알고 있어서, 자신을 믿는 데 힘을 얻었죠."

학생이 부정적인 믿음의 악순환에서 벗어나 자신의 힘으로 성공을 거머쥘 수 있다는 사실을 마음 깊이 깨닫는 모습을 볼 때면 언제나 감탄스럽다. 그런 순간은 학생의 모든 것을 뒤바꾼다.

"아바는 자기가 훌륭한 학생이라고 생각하게 되었어요. 성적은 올라갔고, 배우는 일을 즐겁게 여겼죠. 학부모 상담을 하던 날, 아바도 그의 어머니도 모두 눈물을 흘렸어요. 그동안 긍정적인 피드백을 받았던 적이 한 번도 없었던 거예요. 두 사람은 정말 행복해했어요. 아바는 고등학교에 합격했고, 지금은 대학에서 법학이나 심리학을 전공하려고 준비하고 있어요."

마리가 얼마나 아바를 관심 있게 보살펴주었는지 눈에 훤히 보인다. 이렇게 훌륭한 결과를 낳았다는 사실이 그다지 놀랍지 않을 정도다. 마리는 자신이 사는 나라의 아이들하고만 일한 것이 아니라, 나이지리아 학교에서 벌인 교육 프로그램에도 참여했다. 그는 2009년에 시범 프로그램에 착수했을 때 친웬두를 처음 만났고, 그 뒤로 시범 프로그램은 지속적인 프로그램으로 자리 잡았다. 그래서 마리는 2011년, 2012년, 2013년에도 다시 나이지리아를 찾았고, 그때마다 몇 달씩 머물렀다.

"친웬두는 좋은 학생이었어요. 우리가 진행한 프로젝트에 참여하지 않았다면, 친웬두는 자신의 잠재력을 한껏 발휘할 만한 돈이나 지원을 받지 못했을 거예요. 우리는 친웬두의 뒤에 자리 잡은 원동력이 되어 그를 지원하고 멘토링을 했죠. 결국 친웬두는 석사 학위를 받았어요. 지금은 마케팅과 커뮤니케이션 분야에서 일하고 있어요."

마리와 친웬두는 나이지리아에 관해, 또 친웬두의 성장 배경이 된 이그보 문화에 관해 많은 이야기를 나누었다. 마리는 '이페오마'라는 나이지리아 이름을 얻게 되었는데, 이는 '좋은 것'이라는 뜻을 지닌다.

"친웬두를 통해서, 또 공동체, 가족, 환대에 관한 이그보의 가치를 통해서 정말 많은 것을 배웠어요. 친웬두가 독일에 찾아왔을 때 나는 막 딸을 낳은 상태였죠. 딸이 태어난 지 채 넉 달이 안 되었을 무렵이죠. 친웬두는 딸에게 무척 잘 대해주었고, 정말 엄청난 세심함을 보였죠. 처음으로 엄마가 되었던 저는 불안하고 확신이 서지 않았지만, 친웬두가 저를 안심시켰어요. 그는 항상 미소를 지었고, 모든 일에서 긍정적인 면을 발견했죠. 그는 그냥 있는 그대로의 모습으로 지내도 괜찮다는 사실을 제게 가르쳐주었어요."

마리는 아바와 친웬두 모두와 계속 연락을 하며 지낸다. 마리는 대학에서 선생님이 되기 위해 공부를 하는 것은 그저 시작에 지나지 않는다고, 직업 생활의 이론적인 부분에 지나지 않는다고 한다. 사실은 학생 30명이 있는 교실을 직접 마주한 뒤에야 우리가 어떤 선생님인지를 알게 된다는 것이다.

"학생 하나하나를 이해하고, 아이들이 왜 화가 났는지, 아이들의 감정이 우리에게 어떤 말을 하는지 이해하는 일이에요. 요즘 대학생에게 가르치는 일에 관해 이야기할 때면 그들은 항상 똑같은 질문을 던져요. '교실에서 아이 하나하나를 실제로 어떻게 파악할 수가 있나요?' 시간이 걸리는 일이고, 한 사람 한 사람을 비단 학생으로만 볼 것이 아니라 사람으로 대하며 노력해야 한다고 얘기하죠. 우리 선생님들이 이해하고 있다는 사실을 학생들이 알게 해주어야 해요."

마리는 자신을 구해준 것은 바로 고등학교 선생님이라고 얘기하는 동시에, 자신의 어머니에 관해서도 이야기한다. 마리의 어머니는 체육 선생님이자 자기 자식에게는 '사자'와도 같았다. 마리의 어머니는 마리와 마리의 형제자매에게 밖으로 나가도록 독려했고, 스포츠 활동을 최대한 많이 할 수 있게 한 것이다.

"모든 부모에게 똑같은 이야기를 하고 싶어요. 아이들과 함께 밖으로 나가 신체 활동을 하세요. 어린 시절, 가장 강렬하고 최고였던 기억은 바로 그런 것이었어요. 뛰어다니고, 나무를 타고

오르고, 엄마한테서 수영하는 법을 배웠던 기억이요."

지금 마리는 사회적으로 취약한 난민 학생과 다른 발달 기회를 지닌 아이를 위한 사회적 스포츠 프로젝트를 운영하고 있다. 마리는 이런 활동이 얼마나 중요한지 잘 알고 있으며, 신체 활동을 할 만큼 넉넉하거나, 아이가 활동적이고 자유롭게 놀도록 독려하는 법을 잘 알고 있는 가족은 얼마 되지 않는다는 사실도 알고 있다.

"어떤 부모는 자전거나 수영을 배운 적이 없어요. 그래서 자기 자식을 가르칠 가능성도 줄어들죠. 그 부모는 아이에게 자전거를 사줄 만한, 수영 수업에 등록해줄 만한 돈이 여의치 않을 수도 있고요. 내가 진행하는 프로젝트를 통해서 아이들에게 이런 가능성을 만들어주고, 운동이 신체적이고 정서적인 건강에 얼마나 도움이 되는지를 보여줄 수가 있어요. 그리고 팀 스포츠도 정말 중요하죠. 이기고 지는 것이 중요한 게 아니라, 리듬과 팀 정신이 중요해요."

마리가 내게 남긴 가장 강렬한 인상은, 바로 어린 시절에 선생님과 겪었던 부정적인 경험을 긍정적으로 탈바꿈시킨 회복력이다. 그 덕분에 마리는 더 좋은 선생님이 될 수 있었고, 그가 필요한 학생들을 만날 수 있었다. 그 모습을 지켜보는 것만으로도 기분이 좋아진다.

　　이 책의 일원이 되겠다고 수락해주고 자신의 경험을 너
그럽게 공유해준 모든 선생님에게 뜻깊은 감사를 보낸다. 그 선
생님들의 탁월한 통찰과 마음 아픈 추억이 너무나 고맙다. 이런
통찰과 추억 덕분에 행복해서, 또는 슬퍼서 눈물을 흘리는 일이
많았다. 이들은 단순한 직책을 훌쩍 넘어서서 자신들의 존재를
정의하는 일에 관한 열정을 보여주었다. 이들은 (교육과정이나 예
산이나 인사고과가 아니라) 학생들을 우선순위이자 축하해야 할 이
유로 삼았다. 자신들이 가르쳤던 학생들에게서 얻은 진실을 나
눠준 덕분에, 우리도 함께 덕을 본다.

　　자, 여러분은 이 훌륭한 선생님들에게서 어떤 것을 배웠는
가? 역경을 극복하는 놀라운 청소년을 보면서 여러분도 나만큼

감동하고 깊은 인상을 받았으리라 생각한다. 이제 나는 그 이야기를 곱씹으면서 여러분의 일상 속으로 그 이야기를 가지고 가서, 여러분의 상황에 맞는 아이디어를 시도해보라는 도전 과제를 내밀고 싶다. 언제든 필요할 때면 글을 다시 살펴보시기를. 또 이 선생님들의 이야기는 여러분이 감사하게 여기는 예전 선생님과 맺은 긍정적인 경험을 떠올리게 해주었을지도 모른다. 이 책에는 우리 모두에게 도움을 주는 정말 많은 지혜가 담겨 있다. 우리가 부모이건, 선생님이건, 아니면 그저 각자의 삶을 살아가고 있건 간에 말이다.

여러분은 특별한 선생님 30명을 만나보았지만, 특별한 선생님은 어디에나 있다. 조용히 빛을 내뿜고 있다. 이 사실은 아이들이 집에서 수업을 받아야 했던 팬데믹 시기에 더욱 극명하게 드러났을 것이라 생각한다. 누구의 말인지는 모르지만 내 게시판에는 이런 구절이 붙어 있다.

"공학자는 다리를 만들어낸다. 예술가는 그림을 만들어낸다. 과학자는 로켓을 만들어낸다. 그렇지만 선생님은 그 모두를 만들어낸다."

전 세계에 있는 모든 선생님께 감사하다. 매우 어려운 환경에서 일하는 선생님도 많고, 자신들이 공동체에 끼치는 영향을 미처 온전히 깨닫지 못하는 선생님도 있다. 나는 여러분의 모습이 똑똑히 보인다.

마치며

감사의 말

첫째로, 예술적인 재능으로 대화에 생명을 불어넣어준 루시 브레이저에게 진심으로 감사하다. 우리가 줌으로 나누던 대화와 당신의 정원에서 들려오던 소리가 정말로 그립다.

그리고 자신들의 이야기를 공유할 수 있도록, 또 내가 자신들의 학교 세상에 발을 디딜 수 있도록 허락해준 멋진 친구 30명에게도. 여러분이 내어준 인내심과 시간에 감사하다. 여러분과 함께 작업할 수 있어서 진정으로 영광이었다.

훌륭한 편집자 케이티 폴레인에게, 그의 긍정적인 마음가짐과 인내심에 감사하다. 케이티의 아이디어 덕분에 이 여정이 실현될 수 있었다.

커커스(Quercus) 출판사의 모든 팀원에게도 무척 감사하다.

니나 샌델신, 타니아 윌더, 에밀리 페이션스, 앤드루 스미스, 존 버틀러, 립폰 탱, 데이비드 머피, 크리스 키스-라이트, 엠마 솔리, 한나 커즈, 이안 비니, 재키 루이스, 라이언 맥케이에게 말이다.

멋진 에이전트인 레이첼 밀스에게도. 그 에너지와 지지와 늘 그 자리를 지켜주었다는 사실에 감사하다.

'아티스트 인 레지던스(Artists in Residence)' 팀에게도, 조지와 조의 지원과 헌신에 감사하다.

나를 지지해주고 또 하루 24시간, 일주일 내내 언제든지 전화를 받아준 비카스에게 감사하다.

친구, 부모, 형제자매가 나를 사랑해주고 또 내가 하는 일을 응원해주니 나는 운이 좋다. 정말 고맙다.

마지막으로, 언제나 묵묵히 곁을 지켜주는 남편 존, 그리고 딸 소피아와 안나 마리아에게 고맙다. 내 기운을 북돋아주고, 차를 끊임없이 내어주고, 나를 참고 받아들여준 것에 말이다.